悲傷諮商
原理與實務

Howard R. Winokuer
Darcy L. Harris ◎著

陳增穎◎譯

Principles and Practice
of
Grief Counseling

HOWARD R. WINOKUER
DARCY L. HARRIS

目錄

第一部分：認識理論

第二部分：實務與歷程

第三部分：當代議題與趨勢

關於作者

　　Howard R. Winokuer 博士，是北卡羅萊納州夏洛特市 Winokuer 諮商與療癒中心的創辦人，亦是該中心的全職臨床服務人員。他在 1999 年獲頒密西西比州立大學博士學位，就學期間即首度開設悲傷諮商技巧課程。身為非營利教育與諮商機構 TO LIFE 的創辦人，他身兼七個 PBS 電視臺特別節目的聯合製作人，是協助推動東南部地區青少年自殺防治課程的先驅。他教授過無數課程，曾應邀至許多大學院校擔任客座教授，包括紐約大學、羅徹斯特大學、北阿拉巴馬大學、皇后大學、阿巴拉契亞州立大學和北卡羅萊納大學。

　　Winokuer 博士在全美各地及海外九個國家舉辦工作坊與研討會，如：聖克里斯多夫安寧療護院、英國倫敦聖喬治醫學中心、巴貝多國家援助委員會、荷蘭海牙的聯合國大使館等。他每兩個月在《康科特論壇報》（*The Concord Tribune*）撰寫「瞭解悲傷」（Understanding Grief）專欄，在 WEGO 廣播電臺主持「生活閒談」（Life Talk）節目。911 悲劇事件發生後，他榮任 WBTV 北卡羅萊納州夏洛特 CBS 電視臺的顧問，福斯電視臺「The Edge」新聞節目心理衛生「專家在線」的特別來賓。近來，他頻上廣播節目「療癒悲傷心靈」（Healing the Grieving Heart），接受《ACA 當代諮商期刊》、《史坦頓先鋒報》、《休士頓紀事報》、《夏洛特觀察家報》、《底特律自由報》、《芝加哥論壇報》的專訪。他亦帶領禮儀師國際代表團前往俄羅斯共和國與荷蘭，學習死亡與葬儀相關事務。

　　Winokuer 博士早在 1979 年就致力於參與瀕死、死亡和喪慟等領域的活動，是許多機構辦理工作坊與研討會的授課講師，如：全美禮儀師學會、北卡羅萊納大學神經外科學系、田納西健康照護學會和長老會醫院。他也為 Cabarrus 郡的各級學校設計一套危機管理計畫。他是死亡教育與諮商學會（ADEC）30 年的資深會員，負責多項領導職務。30 多來年的會員生涯裡，他榮膺公關委員會主席、2000 年及 2003 年全國

年會的共同主席、理事，2011 年擔任 ADEC 協辦的「當代社會的悲傷
與喪慟國際年會」共同主席、ADEC 理事長等。他亦是《當代社會的悲
傷與喪慟：結合研究與實務》（*Grief and Bereavement in Contemporary
Society: Bridging Research and Practice*）（2011）的共同作者之一。

　　Darcy L. Harris 博士，是國王學院、西安大略大學跨學科方案課
程學系的教授，亦是倫敦大學、安大略大學、加拿大大學死亡學課程方
案的協調負責人。她的私人執業內容著重在跟改變、失落與過渡時期有
關的議題。她擔任南安大略生殖治療方案的顧問，為創傷失落的倖存者
提供社區諮詢服務。她亦任職於倫敦和安大略省聖約瑟夫健康中心的倫
理委員會與優質照護委員會。

　　Harris 博士在國王學院推動和發展死亡學的學士學位課程，期讓世
界各地的學生有機會研讀死亡、瀕死與喪慟等課程。她在批判理論、社
會正義等特殊領域推展死亡學課程，探討非死亡形式的失落哀傷。她也
擔任西安大略大學研究院的兼任教授、ADEC 理事。

　　Harris 博士著作等身，經常發表跟當代社會的死亡、悲傷與失落等
相關論述，如：西方社會脈絡下的悲傷、女性的生產失落經驗、死亡
及悲傷的羞恥與社會污名化等議題。她出版的書《數算失落：反思日
常生活的改變、失落與過渡時期》（*Counting Our Losses: Reflecting on
Change, Loss, and Transition in Everyday Life*）探討非死亡形式與不確
定性有關的失落。她也是另一本書《當代社會的悲傷與喪慟：結合研究
與實務》的共同作者之一。

關於譯者

陳增穎

現職：南華大學生死學系所副教授

學歷：國立臺灣師範大學教育心理與輔導學系博士

美國伊利諾大學香檳校區訪問學生

經歷：諮商心理師高考及格

國高中輔導教師

諮商與心理治療實務工作者及督導

譯作：《敘事治療入門》（2008，心理出版社）

《諮商概論：諮商專業的第一本書》（2012，心理出版社）

《團體諮商：概念與歷程》（2014，心理出版社）

《諮商技巧精要：實務與運用指南》（2015，心理出版社）

《悲傷諮商：原理與實務》（2016，心理出版社）

《40個諮商師必知的諮商技術》（2017，心理出版社）

《社會心理學》（2019，心理出版社）

《兒童與青少年諮商：理論、發展與多樣性》（2021，心理出版社）

《青少年心理學》（2022，心理出版社）

序

　　本書的誕生，乃出於想撰寫一本適用於大學課程，協助學生精進悲傷諮商的知識與技巧。我們發現有很多書探討的是諮商心理學的研究和理論，其他則著重於闡釋喪慟理論和研究，可是我們卻找不到一本能兼具諮商實務與當代喪慟研究和理論的書。經過數年累積一篇篇的論文、一籮筐的教材、精挑細選多本教科書的章節後，我們決定撰寫一本能同時探討諮商實務知能和當代失落、悲傷與喪慟研究與理論的教科書。我們已在這個領域執業超過 30 年，因此希望藉由本書把我們的臨床工作心得「去蕪存菁」，期能協助臨床工作者更有效地處遇喪慟者。

　　其他諮商界的實務工作者常問我們：「你們怎麼有辦法一直做這個工作？」學生看到我們並沒有老是穿著一襲黑衣，一副病懨懨、不苟言笑的模樣，一點都不符合世人以為成天與瀕死者或喪慟者為伍的刻板印象，往往露出驚愕的表情，我們也微笑以對。我們試著告訴學生我們對這個領域的熱情，實際接觸喪慟者的收穫，每天都是珍貴的一天。個案不斷地提醒我們生命就是禮物，我們的時間有限，因此更應該善加利用。我們堅信服務瀕死者和喪慟者讓我們的生命活得更有自覺、完整、感恩。與喪慟者工作時，我們很榮幸和這些受傷、脆弱、心碎的人分享一段非常私密的時間。然而，我們也得到一睹喪慟者發揮力量和內在韌性的機會，看見他們變得更堅強，重新與世界連結，見證生命送給他們的禮物。

　　我們認為悲傷諮商是一個獨特的諮商實務，這也是我們撰寫本書的理由之一，雖然諮商處理的多是日常生活中面臨到的問題，但失落的確是普世經驗。悲傷既是痛苦的經驗，但也是適應的歷程，這是有別於一般諮商議題的特點。稍後我們會多加探討這個觀念，但在此開宗明義地申明，悲傷諮商的重點不是放在哪裡出了差錯，而是喪慟者合情合理的經驗歷程。因此我們強調的是如何健康地開展適應歷程，而非將其除之而後快。

　　本書的另一個特色，是探討跟死亡和非死亡事件有關的悲傷反應，以及明確的失落與不明確的失落經驗。不一定要等摯愛過世才能悲傷，將罹患失智症的摯愛安置在長期照護機構、親密關係瀕臨結束、失去希望與夢想、失去自我等等，都可能是改變一生的事件。悲傷是對經驗的適應性反應，這些經驗挑戰我們對世界的假設、對自己和他人的看法。雖然我們要花一整章談這個主題，但從廣義的角度看悲傷亦穿插在不同的章節。

　　由於我們並未對讀者的背景設限，因此先從諮商的基本觀念與治療關係著手。第一章和第二章說明諮商的目的，處遇經歷重大失落的個體時會面臨到特殊問題和挑戰。接著進入到第三章，解說當代的喪慟理論，以及如何將之運用在臨床實務，然後我們把重點移到與個案建立治療關係，闡釋特殊的喪慟者諮商實務。第四章全部都在強調如何增進諮商的陪伴關係，以此作為悲傷諮商的基石。沒有一種諮商關係不重視陪伴的意義與時機，一心只想替個案解決或「修好」問題的諮商師恐怕會覺得服務喪慟者是一件相當令人挫折和徒勞無功的事。我們認為應該讓悲傷諮商師瞭解陪伴的重要性，這是服務喪慟者時最重要的治療態度。在第五章中，我們要討論基礎的諮商實務，奠定基本的諮商技巧。

　　從第六章開始，我們將諮商和喪慟的理論與實務直接整合在一起，在這一章，我們會探討與喪慟者進行諮商的「大小事」。第七章會接著探討非死亡事件引發的悲傷與失落，這種悲傷通常沒有得到認可，甚至被錯誤診斷。第八章討論的是如何處理強烈的情緒，許多臨床工作者常被個案的強烈情緒弄得不知所措，備感威脅，同一章裡也會談到情緒智商，以及如何善用強烈的情緒化險為夷，有效催化個案的進展（包括諮商師的自我覺察）。

　　本書最後五章檢視悲傷諮商的特殊議題。第九章列出如何看出個案的悲傷歷程出了差錯，複雜性的悲傷發生時有哪些資源和轉介方向。第十章概述一些有效處遇喪慟者的治療技術和方法，給臨床工作者的「工具箱」增添些許可用的資源，以協助特殊的個案類型與境遇。第十一章特別探討悲傷諮商的相關倫理議題，確保悲傷諮商師在合乎能力和遵循倫理的要求上進行實務工作。第十二章指出數種常影響悲傷諮商師的陷

阱、諮商師的個人特質如何吸引他從事此類工作，但極有可能陷諮商師
於險地，如引起耗竭和繼發性創傷。最後一章則詳述悲傷諮商這一領域
的趨勢與爭議。因此，有志成為悲傷諮商師的人應好好反省個人的實
務工作，覺察這些常見的陷阱是否阻礙自己發揮實力。每章最後都提供
讀者數個有助於吸收和反思內文的問題與練習活動，包括重要的名詞釋
義。

　　我們希望本書能提供讀者實用的臨床知識，並加深對理論的瞭解。
服務喪慟者的工作相當具有挑戰性，但專業和個人層面的收穫亦多不勝
數。我們期待讀者學然後知不足，讀完本書後能做出更好的準備以陪伴
喪慟者開展療癒歷程。我們更冀望讀者和我們一樣，能藉由這個工作發
現和欣賞人性的優點、韌性與能耐。最後，如同我們在生命旅途中遇到
的同伴一樣，期盼讀者能肯定自己關懷他人的能力，它是不可多得、彌
足珍貴的天賦。

xii

譯者序

　　人生在世，要說誰從未經歷過悲傷與失落，幾乎是不可能的事，甚至任何人終不免於一死。但文明日漸工業化與都市化的結果，使多數人相信人定勝天，視悲傷與失落為洪水猛獸，是弱者的象徵。見悲傷者則告之應力圖振作、放下過去向前走，或很快地斷定他們的悲傷是正常還是不正常，不瞭解悲傷其實是失落後的適應性歷程，依個人的自我因素與環境因素而有個別差異。如果從事悲傷諮商的助人工作者不瞭解這一點，往往會自以為是地將理論的框架套用在悲傷者身上，卻忽略了本書作者強調的「陪伴」的重要性，或者漠視了悲傷者當前最迫切的需要與協助。

　　本書最難為可貴之處，在於隨著眾多實徵研究發表，往昔奉為圭臬的理論與對悲傷的看法，都在本書細細重新檢視，並佐以正確的觀點，以免助人工作者和社會大眾繼續引用錯誤的迷思。此外，兩位作者發揮他們在諮商的專長，將悲傷理論與諮商實務結合，能令助人工作者讀之為之上手。再者，本書另指出看似非死亡事件，但對當事人來說卻是深受折磨、然不被社會認可或看見的失落。因為沒有獲得認可，這些悲傷者往往求助無門。當然，本書也不忘指出有的悲傷出差錯了，造成當事人生活功能損害，這也是臨床工作者亟須學會辨識與評估的重點。

　　感謝心理出版社發行本書，林敬堯總編及執行編輯高碧嶸小姐細心校對與編輯，集合眾人之力方能不愧於各位讀者。譯者任教於生死學系，常有感於世事無常，但人世間最美的仍是人類溫柔的心靈。悲傷與失落或許是斷裂，但也是連結。期盼譯介本書能使助人工作者對悲傷有更深一層的體會，更能以此激發我們同舟共濟的精神。

增穎

於南華大學學海堂

誌謝

對我們兩人來說，決定成為諮商師並撰寫一本跟諮商有關的書，是
許多生命經驗的累積及諸多善心人士對我們的鼓勵、支持與信任，才得
以攀上的頂峰。

Harris 博士要感謝在她人生動盪不安時支持她的人，他們鼓勵她在
低潮期不忘初衷，期勉她成為負傷的治療者。她也要特別感謝她的良
師兼同事帶給她的啟示，永為職場的榜樣。這些良師兼同事分別是：
Anne Cummings、Margaret Rossiter、Marg McGill、Derek Scott、Gary
Smith、Ralph Howlett 和 Paul Liebau。

Winokuer 博士要感謝他的良師 Robert Rieke、Mary Thomas Burke、
Jonnie McLeod、Joe Ray Underwood 和 Craig Cashwell，感謝他們引導
他順利完成學業。感謝好友兼同事 Billie Thomas 在人生起落期間不離
不棄。

我們要向我們曾服務過的個案致上謝意，是他們賜給我們進入個人
內心世界的特權，分享脆弱的時刻。我們由衷感佩他們賦予的信任。此
外，我們要將本書獻給在悲傷諮商課程上樂於精進學習、認識自我的學
生。能夠在這段旅程上齊頭並進、同舟共濟是莫大的榮耀。

撰寫本書的過程中，我們深深震懾於人與人之間相濡以沫的情感，
以及人類經驗的普同性將你我連結。謹以謙卑恭敬之心，和各位讀者分
享我們的喜悅。

Part 1

認識理論

CHAPTER ❶

諮商的基本原理

絕大多數的時候，我們不太需要專業人員的協助即能度過難關。生命充滿起伏跌宕，我們學會適應改變、因應挫折，沿途發展出個人的復原力。然而，仍有些時刻，生命將我們拋擲於深淵，嚴苛地考驗我們的因應能力。這些經驗以痛苦和重大失落為武器向我們宣戰，迫使我們懷疑自己、他人和這個世界。這個時候，我們需尋求諮商師的協助。在這一章裡，我們要探討何謂諮商，檢視對諮商的常見誤解。我們也要細細端詳諮商師和個案的治療關係、不同的諮商樣貌。接著，再針對悲傷諮商的目標進行簡短的討論。

何謂諮商？

簡而言之，諮商（counseling）是指兩個人坐在隱密的空間裡，其中一人仔細地聆聽對方的話語，給予有效的回應，以此表達出對其問題的關注（Feltham, 2010）。諮商心理學在 1960 年代以草根運動起家，力抗以往把個案視為依賴心重、傻頭傻腦，只著眼於缺點和弱點、笨手笨腳的菁英治療師。

諮商是面向日常生活、關注生活議題的途徑，但不是用來剖析個人深層心理秘密和失功能家庭的工具。諮商的哲學觀是人類擁有與生俱來

的優點和復原力，在困頓和危機時刻即可派上用場。諮商提供機會，協助個人覺察這些存於內在的優勢。諮商歷程也是要賦能個體擷取資源，度過難關。諮商的目標包括：

- 協助個案對其處境、行為、情緒與關係獲得新的洞察和觀點。
- 提供一個安全的場所讓個案表達情緒和理清思緒。
- 以較開闊的視野（如：從家庭脈絡、社會政治結構或存在的觀點）看個案的經驗。
- 強化與發展個案因應艱困處境的技巧。
- 賦能個案，自己就是最佳的發聲者。
- 催化個案發現及找出生命經驗的意義。

諮商是體驗、是關係，也是歷程。諮商歷程以及個案與諮商師間的互動皆流動不拘、生氣勃勃，關注的重點是個案的需求與經驗。諮商靠的不是專家式的精闢解析和修繕修理，在諮商關係中，諮商師與個案攜手同心，組成一個團隊，協助個案瞭解個人經驗、培養自我覺察、促進行動改變，修通面臨的問題。

區辨諮商與治療（therapy）之間的不同至關重要。諮商師協助個案解決日常生活中引發憂慮和困境的問題。諮商師協助的個案通常具備一般生活功能，但正與生命中的重大困境苦苦纏鬥。一般說來，諮商是短期的或療程時間有限，相反地，治療則是深度工作，個案面臨的是長期棘手的困境和未解決的深層議題，因此個案需要的是時間較長、持續性的支持。進行治療時，個案要處理的是重建核心自我；而進行諮商時，個案的著眼點則是重新架構日常生活，辨識可用的優勢與資源，順利度過難關。

對諮商的誤解

大眾傳播媒體和文化常常對諮商含沙射影，醜化求助的個案是「神經病患者」，只會坐在道貌岸然的專家辦公室裡，而專家則是以唯我獨尊、不屑一顧的態度與個案說話。除此之外，廣播電臺和電視常見的

「叩應」（call-in）節目更塑造心理學家或「醫生」等特別來賓為十分鐘內可解決問題的形象，這些譁眾取寵的娛樂效果並沒有正確解讀諮商歷程。許多人皆因這些畫面而對諮商抱有不切實際的幻想和刻板印象。在這一節裡，我們要來駁斥幾個對諮商常見的誤解。

誤解 1：只有軟弱的人才會求助諮商

許多人認為見諮商師是自己出了毛病，或視尋求專業協助為軟弱的表現，有這種想法的人斷定尋求專業協助是因為無能或貧窮。此番誤解反映當代社會重視堅忍不拔、獨立嚴肅的價值觀，在脆弱時應否認和隱藏情緒，而不是藉由向外求助社會和醫者來滿足需求。公開表達某些示弱的情緒，如：難過或焦慮，不一定能獲得協助，相反地，還可能招致批評和非難，連帶導致社會地位降低（Harris, 2009）。

這個社會過度期待我們要「擱置」情緒、「凌駕」人性，因此諮商常與被社會污名化的情緒綁在一起。尋求諮商是「軟弱」的人在做的事，因為他們無法控制或管理情緒以符合社會的期待。其實見諮商師與軟弱無關，當我們的適應能力受到挑戰時，求助反而更契合人類的需要。我們是社會性的群體，有群居於世的傾向，但當我們沒那麼堅強獨立，想與他人連結歸屬時，這之間的界限竟如此壁壘分明。專業諮商師見識到個案直面問題的勇氣，願意曝露他們的脆弱，期能度過困難時期。

004

誤解 2：諮商師是專家

另一個跟諮商有關的誤解為強調諮商師做為專家的角色。的確，專業諮商師接受過充分的訓練，擁有碩士學位，所以視諮商師為專家無可厚非，個案根據諮商師的專業知能前來約見諮商師，尋求問題的解答。但我們要辨明諮商師是諮商歷程的專家，個案才是自身生活與抉擇的專家，個案比任何人都還要熟悉自己的價值觀、信念和生活經驗，諮商師的角色不是給建議或絞盡腦汁告訴個案應該做什麼。反之，諮商師擔任

的是催化者，協助個案找到自己的答案、解決之道和選擇。我們堅信每個人內在都有最佳回答，諮商師並不是要越俎代庖解決個案的問題，而是協助他們找到自身所需資源，以克服困境和困難。

誤解 3：需要諮商的人情緒不甚穩定

　　另一個跟諮商歷程有關的誤解是，如果某人求助諮商師，這個人必定是瘋了或情緒不穩。的確，當個體遭逢困境時，尤其是急性悲傷反應，牽涉到許多和失落有關的情緒（Worden, 2009），喪慟者通常形容這些情緒像「坐雲霄飛車」，情緒轉變之快、變化之大、失控的狀態常讓人痛不欲生。這些反應讓許多個案不禁懷疑自己：「我還正常嗎？」和「我是不是瘋了？」

005

　　我們常跟個案一再保證，雖然他們尚屬正常，但這種失衡、心慌意亂的經驗可能會逼得人「發狂」！這並不是說個案發瘋了或腦袋秀逗，所以才要尋求諮商。相反地，是因為他們正面臨重大的關卡（如：死亡、離婚、悲傷、創傷、早年未解決的議題），所以才需要一處安全的場所，一位具有同理心、客觀的人士陪伴他們走過這一段歷程。

誤解 4：有好朋友的人不需要諮商師

　　許多人會說他們從跟親友聊天中得到的支持，跟與諮商師談話殊無二致。沒錯，在困頓時期少不了需要親友幫忙，但親友們仍免不了亦深陷於水火之中苦苦掙扎。當此時，他們或許各執一詞，或亂成一團、自顧不暇，沒辦法向他們請求協助。

　　事實上，諮商師受過的專業傾聽訓練和提供的支持，是親友們所不能及的。Lewis Aron 即描述諮商師的傾聽是：

　　這是我們能辦到的：我們可以長時間集中注意力深度傾聽，我們留意個案說出口的話語及未說出口的肢體動作訊息，也留心我們的內言、發想和身體反應。我們傾聽個案的生命故事，也

感受發生在你我之間的故事，關注他們的過去、現在與未來。
我們傾聽他們早已了然於心的事，也諦聽他們的不明所以。我
們觀察自己的傾聽行為（Safran, 2009, p. 116）。

　　此種特別的傾聽方式為諮商獨有，與其他的互動交往不同。和朋
友、親戚、同事或其他善心人士等關係迥異的是，諮商師不只傾聽，他
們還會協助個案更清楚地瞭解自己，藉此覺察情緒的來龍去脈。雖然朋
友也可能具備超群的傾聽技巧，但把朋友當諮商師會有風險。看到朋友
受苦難免迫不及待想伸出援手，但想要「修理」或「解救」的渴望反倒
會干擾個案自己解決問題的能力。不用說，絕大多數的個案都有善良的
親友雪中送炭，但個案常會發現，諮商師在困境時刻提供的獨特諮商關
係，往往令他種形式的關係望塵莫及。

誤解 5：聚焦在問題上只會讓事情更糟

　　最後一個誤解是，我們應該忘掉問題，義無反顧繼續向前走。雖
然不是每個人都能體會諮商的效果，對於生性不喜歡跟別人分享隱密心
事的人尤為如此。但社會壓力迫使人們忽視情緒，要表現得好似萬事太
平，這點著實令人擔憂。不幸的是，這種情節經常上演，使得問題在暗
處越發惡化，消耗生命能量，不時伺機而動欲重見天日。

　　進行諮商時，我們的焦點常放在個案的情緒與表達，不希望他們礙
於社會期待而過於壓抑隱忍。不過，重視情緒表達、主動處理強烈情緒
並不會造成個案失控或「精神崩潰」。深入探討這些難以啟齒的情緒也
不致害個案憂鬱或陷溺在痛苦和自憐自艾中。相反的，許多個案告訴我
們，能夠和支持他們的專業人員一起合作，認清和分享情緒，心裡輕鬆
多了，也更瞭解自己，更能與他人接觸連結。

　　身為諮商師，覺察這些常見的誤解如何影響個案是很重要的。許多
人非常擔心求助諮商，就是對諮商的目的和歷程一知半解。然而，如果
他們瞭解諮商歷程的真實情況，或許對諮商的看法會完全改觀。

006

治療關係

　　與個案工作時，培養廣泛的技巧與技術十分重要。不過，沒有一種介入策略比初次晤談的關係建立來得關鍵（Goldfried & Davila, 2005; Lambert & Barley, 2001）。諮商師與個案的關係，與其他形式的關係同中有異、異中有同。諮商關係何以如此特別？從以下數點可看出治療同盟（therapeutic alliance）的特色：

- 此種關係是為了滿足個案的需求而存在，個案的需求與議題才是重點。
- 雖然諮商師具備諮商歷程的專業知能與訓練，但個案才是真正的專家，個案對自己的生命握有第一手經驗，只有個案才知道什麼對自己最好。
- 此種關係是真正的關係；諮商師對歷程和個案擁有真實的感受，而個案的情緒與生命故事亦對諮商師產生重大影響。由於此種關係是真正的關係，因此人格特質的適配性與否可能會左右治療的成敗。諮商師必須明白他們無法做到八面玲瓏，個案也要瞭解，找到「適配」的諮商師，跟找到具備合格訓練與證照的諮商師同等重要。
- 此種關係具有特定、明確的界線，用以保護個案和諮商師雙方。
- 此種關係憑藉清楚的諮商倫理架構進行。
- 此種關係不是朋友關係、不是親子關係，更不是師生關係。雖然此種關係偶爾具有上述關係的特徵，但卻須以治療同盟為依歸。
- 此種關係以尊重與賦能的模式為基石；諮商師跟隨個案的帶領，發掘個案本來固有的優勢。

　　Rogers（1995）創立的個人中心學派將諮商的基本條件定義為：正確的同理心（accurate empathy）、無條件正向關懷（unconditional positive regard）與一致（congruence）。正確的同理心意指諮商師能夠明瞭個案內在世界中的個人意義與情緒感受，「彷彿」就像諮商師自己

的一樣，但又不失「彷彿」的意味。以此種方式進入個案的內在世界，深刻地傳達出「我完全與你同在」的訊息。無條件正向關懷是指諮商師對個案的立場，即使個案有缺點或犯錯，諮商師仍以尊重、珍視、無條件關心的態度待之。這並不是說諮商師以「糖衣」美化個案的問題，或對顯而易見的負向特質視若無睹，而是指諮商師選擇把重點放在只要給予適當的環境，相信人類必有成長與發展的潛能。

　　最後，從治療同盟的觀點來描述一致會有點複雜。基本上，若諮商師是一致的人，即能在與個案晤談時覺察自身的想法與情緒，並與個案分享這些真實存在的想法與感受。與一致有關的名詞是真誠（genuineness），意指諮商師不僅為了在治療關係中扮演好專業角色，而是一個真真切切的人，願意從自身的經驗出發，跟個案分享想法、感覺與反思，不會躲在專業知識與診斷的鏡頭後面與個案互動（Geller & Greenberg, 2002; Yalom, 2002）。在本書裡，我們會反覆提及這幾個條件，視為諮商關係的基石。瞭解這些概念並劍及履及，是諮商師將這些必要條件提供給個案的首要之務。

悲傷諮商

　　介紹完諮商的「是」與「非」之後，接下來要將焦點放在探討悲傷與喪慟的諮商歷程。Judith Viorst（1987）在她的《失落的必然性》（*Necessary Losses*）一書中提到，失落無法避免，失落可為困境，亦可成為轉化成長的經驗。隨著時間流逝，我們的生命受到不同失落經驗的形塑和粉碎。至親死亡是人生最為痛徹心扉之事。由於我們生活在預期壽命提高、身體健康的社會裡，少有接觸死亡的機會。在陷落首次重大的失落經驗前，幾乎不瞭解面臨死亡時會產生的反應。我們也缺乏示範如何走過悲傷的榜樣，遑論社會上充斥著空泛的陳腔濫調，鼓勵喪慟者保持忙碌、轉移注意力，以及「趕快振作起來」。瞭解諮商歷程的基本原理，也熟稔悲傷歷程的諮商師，方能為正與重大失落艱苦搏鬥的個體提供高度專業的支持協助（Worden, 2009）。

個別諮商

個別諮商是悲傷諮商最常用的形式，提供支持與輔導以協助喪慟者順利度過重大失落經驗。受過悲傷諮商相關專業訓練的實務工作者能協助個體更佳瞭解失落經驗，並以常態和預期的觀點看待之。悲傷諮商亦可協助個案辨識及培養因應此關鍵時期的有效資源。此外，悲傷諮商師還是個案的避風港，傾聽個案難以對家人和朋友啟齒的事。悲傷諮商和一般的諮商息息相關，因為失落與悲傷是普世經驗，諮商的目標側重於協助個體因應深具挑戰性或難熬的日常生活經驗。

婚姻／伴侶諮商

當兩個共享親密關係的人遭遇重大失落時，雙方可能會面臨悲傷風格歧異的挑戰。伴侶諮商最常見到的場面是喪子（Rosenblatt, 2000），喪子是最難以因應的失落經驗；我們會預期父母親比我們早走，有50% 的機率喪偶或失去重要他人，但喪子卻違反自然法則。即使是健康的婚姻關係，面臨喪子亦可能引發衝突。喪子後，傷心欲絕的伴侶通常已無餘力跟另一半化解衝突，悲傷風格的差異更讓這段悲慟時期雪上加霜（Doka & Martin, 2010）。因此，常聽到雙方說這種痛楚、令人難以招架的悲傷，以及表達悲傷的方式互異，使他們不僅失去了孩子，也同時失去了另一半。此時的伴侶諮商既可協助他們瞭解悲傷，亦能探討陷入悲傷時手邊可運用的資源，學習新的行為與技巧，打破戕害親密關係的自責與孤立的惡性循環。

家族諮商

我們以為家庭成員會一起悲傷，相互支持，但現實卻是分歧或不同調的悲傷常引發家庭系統內的風暴衝突（Cook & Oltjenbruns, 1998; Gilbert, 1996）。同時經歷失落的一家人至少要能共患難，但彼此之間

及與故人的關係動力卻經常妨礙家人在悲傷路上同行。任何一位家人逝去都會打亂家庭系統，家庭也必須意識到這一點。經過一段長期照護後，家庭成員也都筋疲力盡了，沒有多餘的力氣再去處理家庭動力暗潮與長久累積的壓力，而這些壓力往往在家人過世後浮上檯面。受過家族治療專業訓練，也瞭解家庭系統內悲傷複雜性的諮商師，或可挽回被照護重擔、失落和不同步的悲傷（dyssynchronous grief）扯得四分五裂的家庭系統。

諮商目標

悲傷諮商的目標乃是要以符合喪慟者人格特質、偏好、價值觀與目標的方式，協助個體處理跟故人有關的情緒、想法和回憶。瞭解悲傷諮商的目標有助於實務工作者提供更有效的服務。雖然大多數人認為悲傷諮商師的協助對象是喪親者，但其實悲傷諮商的服務範圍還包括各種人生會面臨到的改變、過渡時期與失落。檢視這些目標時，你可以思考怎麼將這些目標應用到非死亡形式的失落，如：關係結束、失業、失能或失去健康。

以下列出幾種悲傷諮商的目標：

- 提供喪慟者安全的場所分享經驗與感受。
- 協助喪慟者在故人不在的情況下繼續生活下去，獨立做決定。
- 協助喪慟者與故人建立持續性的連結，在人生旅途上重新出發、放眼未來。
- 在安全的環境下，提供支持與正視悲傷的時間。
- 認識節日，如：生日、週年紀念日等的重要性，協助個案度過這些日子及某些具特殊意涵的時刻。
- 教導關於正常的悲傷與個別差異的知識。
- 協助喪慟者將失落經驗整合或重建至內在假設的世界。
- 協助喪慟者瞭解他的因應方式。
- 協助喪慟者認識自身本有的優勢，適應重大失落經驗。

- 辨識喪慟者因應過程中產生的問題，推薦社區裡可運用的專業資源。
- 經歷過足以改變人生的失落後，賦能個案面對未來的生活。

　　我們希望本書能為讀者的諮商和悲傷理論打下堅實的基礎，並提出實用的建議。悲傷諮商奠基於當代的研究、理論與實務現場的智慧，花費數年建構而成。面對個案遭逢重大、改變人生失落經驗時，希望本書的內容有助於你成為一位更有知識、更具反思能力的實務工作者。

名詞釋義

- **正確的同理心（accurate empathy）**：諮商師能夠明瞭個案內在世界中的個人意義與情緒感受，「彷彿」就像諮商師自己的一樣，但又不失「彷彿」的意味。
- **一致（congruence）**：若諮商師是一致的人，即能在與個案晤談時覺察自身的想法與情緒，並跟個案分享這些真實存在的想法與感受。
- **諮商的核心條件（core conditions of counseling）**：Rogers 創立的個人中心學派認為，這些條件是產生治療同盟的必要條件，分別是：正確的同理心、一致、無條件正向關懷。
- **諮商（counseling）**：有明確界線的專業協助，目的是協助個體有效地因應引發困境或煩惱的日常生活問題。
- **治療同盟（therapeutic alliance）**：與個案建立的獨特關係，專注於個案的需要，使個案感受到安全、支持、被諮商師瞭解。
- **治療（therapy）**：深度的專業工作，著眼點是經年累月的困擾與未解決的深度議題，需要長期的支持協助。進行治療時，個案通常須重建自我的核心層面。
- **無條件正向關懷（unconditional positive regard）**：指諮商師對個案的立場，即使個案有缺點或犯錯，諮商師仍以尊重、珍視、無條件關心的態度待之。

反思問題

1. 腦力激盪一下你想到的傳播媒體與一般人對諮商師的描述。他們
   對諮商師的形容是？
   你認為這些說法會如何影響諮商專業及社會大眾對諮商師和求助
   諮商的看法？根據本章所提供的資訊，實際的諮商歷程跟這些說
   法有何相異之處？

2. 在本章中，我們討論了諮商跟從親友那兒得到的支持不同。你認
   為從諮商師那兒得到的協助，跟其他形式的支持，有哪些具體的
   不同點呢？

3. 讀完本章後，你對諮商的看法有改變嗎？如果有的話，你改變了
   哪些看法？

4. 如果你想對喪慟者進行悲傷諮商，就你本身而言，最大的挑戰是
   什麼？

參考文獻

Cook, A. S., & Oltjenbruns, K. A. (1998). *Dying and grieving: Life span and family per-spectives*. Fort Worth, TX: Harcourt Brace.

Doka, K. J., & Martin, T. L. (2010). *Grieving beyond gender: Understanding the ways men and women mourn*. New York, NY: Routledge.

Feltham, C. (2010). *Critical thinking in counselling and psychotherapy*. London, UK: Sage Publications.

Geller, S., & Greenberg, L. (2002). Therapeutic presence: Therapists experience of presence in the psychotherapy encounter in psychotherapy. *Person Centered & Experiential Psychotherapies, 1*, 71–86.

Gilbert, K. R. (1996). "We've had the same loss, why don't we have the same grief?" Loss and differential grief in families. *Death Studies, 20*(3), 269–283.

Goldfried, M. R., & Davila, J. (2005). The role of relationship and technique in thera-peutic change. *Psychotherapy: Theory, Research, Practice, Training, 42*(4), 421–430.

Harris, D. L. (2009). Oppression of the bereaved: A critical analysis of grief in Western society. *Omega, 60*(3), 241–253.

Lambert, M. J., & Barley, D. E. (2001). Research summary on the therapeutic rela-tionship and psychotherapy outcome. *Psychotherapy: Theory, Research, Practice, Training, 38*(4), 357–361.

Rosenblatt, P. C. (2000). *Help your marriage survive the death of a child*. Philadelphia, PA: Temple.

Safran, J. (2009). Interview with Lewis Aron. *Journal of Psychoanalytic Psychology, 26,* 97–116.

Viorst, J. (1987). *Necessary losses: The loves, illusions, dependencies, and impossible expectations that all of us have to give up in order to grow*. New York, NY: Simon & Schuster.

Worden, J. W. (2009). *Grief counseling and grief therapy* (4th ed.). New York, NY: Springer Publishing Company.

Yalom, I. (2002). *The gift of therapy*. New York, NY: HarperCollins.

CHAPTER ❷

悲傷諮商的特色

　　失落、改變與死亡是人類的普同經驗。終其一生,我們每個人都有與悲傷歷程近身接觸的機會。多數受過心理學和諮商相關專業的人大概都瞭解重大失落發生後的治療歷程。不過在本章中,我們將進一步探討悲傷諮商何以成為一種特殊的治療方式,以及悲傷諮商進行的過程與處理其他類型議題諮商的不同之處。

　　悲傷與個案尋求諮商時帶來的其他議題最重要的區別在於,悲傷歷程是一種適應性反應,而不是病態心理。悲傷是遭逢失落時再正常也不過的反應。悲傷不是我們要努力去「克服」,或像成癮和疾病一樣要「恢復健康」。協助喪慟者的諮商師明白,雖然悲傷歷程意味著極度痛苦與耗神的適應行動,但悲傷諮商的目標就是要催化每位個案以健康和適當的方式體現悲傷歷程,相信這樣的體現終能協助喪慟者重建有意義的生活。

悲傷與假設世界

　　基本上,我們對這個世界該如何運作的期待從出生時就開始了,嬰幼兒時期依附關係依然持續發展。Bowlby（1969, 1973）指出,早年的依附經驗主導個體形成自我和世界的「運作模式」（working models）。

從這些運作模式中，我們慢慢認定這個世界是個令人覺得安全抑或危機重重的地方。從 Bowlby 的依附理論亦可看出，重大的失落會威脅這些運作模式，導致個體必須重建或重構內在運作基模，以契合失落事件發生後的世界。以 Bowlby 的理論為本，Parkes（1975）把「內在運作模式」的概念擴充為「假設世界」（assumptive world）。他說：「……這些對世界和自我的諸多假設，往往堅定不移、難以撼動，是理解、規劃和行動的依歸」（p. 132）。這就是「……我們知道的唯一世界，包含我們對過去的詮釋和對未來的期待，以及我們的構想與偏見」（1971, p. 103）。

　　Parkes（1971）主張，個體對世界的假設乃奠基於先前的生命經驗和依附經驗，他也強調重大失落會威脅個體的假設世界。近來的研究將依附風格與重大失落後的悲傷歷程結合，早年與依附對象相處的經驗是往後生活的樣板（Stroebe, 2002）。從創傷經驗的脈絡探討假設世界的構念時，Janoff-Bulman（1992）指出，對世界該如何運作的期待，早在幼兒會說話前就建立了，孩提時期的假設還會類化應用至成年期。相信這個世界是安全的信念跟 Erikson（1968）人類發展模式中的「基本信任」（basic trust）不謀而合。

　　雖然依附理論源於傳統的心理分析學派，但本章主要是以依附理論做為瞭解假設世界如何發展的基礎。事實上，假設世界的範疇非僅止於心理學的理論或認知。Janoff-Bulman（1992）將假設分為三大類別。第一個類別是相信世界本善——好事多於壞事，人是值得信賴的。第二個類別為世界是有意義的——好事和壞事公平分布，控制自如。此類別強調正義與控制，多數人傾向於相信不幸並非偶發隨機發生，不測風雲和旦夕禍福皆屬壞事。簡言之，壞事常被視為懲罰，好事則是獎賞。Janoff-Bulman 說這種假設是（1992）：

　　……個人的行為可以直接控制事情發生與否。如果行為表現得宜，就能免受壞事侵擾，好事自然跟著來（p. 10）。

　　第三個類別則是看重自己、相信自己。Janoff-Bulman 認為這三個

信念類別可稱之為對世界的假設，一併組成個體的假設世界。

　　為什麼要探討假設世界的發展呢？因為重大失落經驗常會動搖我們年輕時業已成形的假設世界。我們學到人類會傷害、甚至謀殺我們的摯愛。隨著人生閱歷增多，我們發現這個理應安全、穩定的世界，努力勤奮的人會有好報、每個人都有存在的價值等觀念皆跟現實人生不符。不管怎樣，我們必須調和現實的世界與原本相信的世界，而悲傷歷程就是要幫助我們重新建立假設世界，帶著煥然一新、與先前抱持的信念大相逕庭的覺察與體驗，再度發揮生活功能。修正後的假設世界讓我們賦予經驗意義，重拾安全感，因此，與其說悲傷是疾病的症狀，毋寧說它是翻天覆地的重大失落事件發生後，針對混亂與解組應運而生的多重適應反應。所以，與其壓抑悲傷，我們反倒認為應移除阻礙經驗悲傷的障礙物，如此一來失落經驗方能同化至個體已有的假設世界，或重新建構假設世界以理解失落經驗。

接受改變與失落

　　對悲傷諮商的內涵與喪親者治療性支持作法有所誤解的人比比皆是。悲傷諮商師接到某人來電，聲稱家人「克服」悲傷的進展不如預期，因此需要悲傷諮商的要求屢見不鮮。悲傷諮商常見的誤解即是可以「治好」這個人，或恢復往日的功能水準。對喪親者的這些期待乃根源於贊許生產力、堅忍不拔和物質主義的社會規範，我們將在下一章再來討論。逆轉時間或意圖控制無法控制之事都是不可能的任務，我們無法「回復」已然發生的事情。例如，無法用起死回生的方式減緩喪慟者的分離痛苦。協助喪慟者的重點不是放在一定要讓他們覺得好多了，因為在重大失落事件發生後，重建個人世界的過程必令人心力交瘁，有太多跟失落相關的層面需處理，重新適應接下來的生活談何容易。

　　我們渴望生命具有可預測性及穩定性。事實上，許多人抱持人定勝天的想法，或像 Janoff-Bulman（1992）所說的假設類別一樣，絕大多數西方社會文化下成長的人都相信有努力必有回報。從我們的臨床實務工作中，常可看到手足無措、焦慮不安的個案，因為他們無法繼續活在

萬物恆常不變的假象裡。這樣的領悟通常發生在經驗重大失落事件後。即使我們想活得好像日常生活一成不變，但周遭的世界，甚至我們的身體，都在暗喻失落、改變與轉換的應當與必然。四季更迭，只要是活的東西，就有出生、成長、繁衍和死亡。我們體內現存的細胞跟一年前的不一樣，甚至也跟一個月後的不一樣。物換星移、時生時滅，我們無法改變生命的自然法則，就好像無法讓時間停駐不前或改變事物運行。這樣的想法不過是一場幻夢，是科幻作品才會出現的情節。

Weenolsen（1988）指出，抗拒改變的天性以及希望萬物長春、一如既往的想法是「基本錯覺」（fundamental illusion），如此一來我們才覺得安心踏實。然而，當重大失落事件發生，或驚覺原來我們對人事時地物的掌控力微乎其微，這個錯覺將不再適用，一直巴著它不放只會徒增困擾。因此，要讓求助諮商的喪慟者瞭解的是：(1) 生命中有許多事我們仍力有未逮；(2) 世事無常、難以預料；(3) 打從諮商歷程開始啟動，一切將今非昔比。

認識諮商實務中的喪慟理論

　　想要有效地協助喪慟者，諮商師必須具備當代喪慟理論的知識。與其他研究領域相較，死亡學的文獻稍晚發展，且多數當代悲傷諮商的思考方向都根基於近 20 年來在悲傷、失落、適應及因應等主題的研究報告與專書。本章將探討當代的喪慟研究、喪慟理論，以及有效協助喪慟者的方式，但我們也必須瞭解，仍有些獨樹一格的文獻可直接運用於悲傷諮商上。

　　喪慟研究重要的特色之一，也是我們須銘記在心的是，悲傷不僅是單一的心理現象。個體經驗悲傷與表現悲傷的方式，包括想法、感覺和情緒等不可勝數；或透過生理症狀、人際關係變化與對喪慟者的期待等社會層面、渴求意義或存在受苦等靈性層面、財務狀況改變和支出等經濟層面，還有日常生活習慣變化等現實層面，都可能會在失落後陸續浮現。因此，我們必須檢視跨領域的研究文獻，方能從各個角度瞭解複雜的悲傷歷程。

　　悲傷諮商的另一特色是，必須瞭解經驗的複雜性與影響個體失落反應的因素。例如，發生於家庭系統內的失落，每位家庭成員的悲傷，會依個人與故人、個人與其他家人的關係、年齡、發展階段、是否提供照護、悲傷風格等而定（Gilbert, 1996）。個體的悲傷方式往往與年齡、發展階段、人格特質與依附風格一致（Doka & Martin, 2010; Stroebe, 2002），亦受社會角色與期待（Doka, 2002; Harris, 2009-2010）、其他相關事件、同時期承受的壓力等影響（Worden, 2009）。因此，悲傷諮商師必須全盤考量交錯縱橫在失落經驗內的諸多因素，例如，僅探索與失落相關的情緒，但卻不考慮社會支持或其他同時發生的壓力對情緒造成的衝擊，如此一來只會過分簡化個案的經驗，犯了以偏概全的錯誤。

020

　　瞭解當代的喪慟理論與研究，使諮商師能覺知不慎被標籤為病態或異常的悲傷樣貌。例如，直至最近，悲傷的主流觀點仍是「悲傷工作」假說（"grief work" hypothesis）（Stroebe, 2002），聲稱個體必須經由談論失落與情緒來完成悲傷「工作」，如果喪慟者沒有這麼做，就表示這個人有問題。悲傷工作模式亦假定悲傷工作的目標是協助喪慟者「放下」（let go）心愛的人，繼續往前走。不過，1990 年代中期，針對不同族群的喪親者研究證實，多數人的確需要討論失落與情緒等悲傷反應，但仍有許多人沒有這個需要，這些人其後似乎也適應的很好。此外，由 Klass、Silverman 與 Nickman（1996）等學者的研究所建構的持續性連結理論（continuing bonds theory），也證實喪慟者與故人建立持續性連結乃是正常的現象。從這些研究可發現，找到與故人連結的方法，有助於喪慟者在失落事件發生後繼續開展未來的人生。

誰能從悲傷諮商中獲益？

　　多數悲傷諮商師會假定他們對喪慟者的協助是有效的。然而，近期對悲傷諮商效能的研究，已顯示哪些人能從悲傷諮商中獲益，哪些人則否。從 Kato 與 Mann（1999）、Allumbaugh 與 Hoyt（1999）的研究可推測出，專業的悲傷支持對喪慟者的助益不見得大。我們必須退一步想想協助喪慟者的基本前提。如同本章先前所言，悲傷是正常和適應性的

過程，我們必須思考喪慟者為何需要專業的協助來介入這個適應歷程。的確，Stroebe、Hansson、Stroebe 與 Schut（2001）的研究也觀察到，無論有沒有專業協助介入，多數喪慟者都能自行好轉。再者，Kato 與 Mann（1999）的研究顯示，許多喪慟參與者若分配到的是控制組（沒有接受治療）而非治療組，說不定得到的效果會更好。另外，Jordan（2000）的研究報告也指出，專業的介入對某些喪慟者反而是弊多於利。

針對這些發現，喪慟領域的研究者提出數點可運用在悲傷諮商實務的建議。大家都知道，多數喪慟者能在家人朋友的支持下適應失落，毋須專業協助。假定所有的喪慟者都需要專業協助，跟悲傷是一種適應性歷程的概念不符。雖然悲傷是正常且適應性的歷程，但假使個人的悲傷不被社會接受或認可，該名喪慟者可能會被視為不正常，需要轉介接受治療。事實上，社會大眾往往以狹隘的觀點限制個體表達悲傷的方式，但並不能因此斷定此人失常錯亂。Wolfelt（2005）提出喪慟者「陪伴」（companioning）模式，強調關係支持的治療效果。如果喪慟者身邊沒有可用的資源能「伴行」或正處於急性悲傷期，此時專業協助特別能派上用場。

在 Jordan 與 Neimeyer（2003）的喪慟效能研究中，他們主張：

……對一般的喪慟者進行專門處遇，無異是疊床架屋且事倍功半，相反地，對高危險族群（如：喪子女的母親、自殺倖存者等），或經過一段合理時間後悲痛不減反增的喪慟者，提供專業適用的協助，還比較能發揮效果（pp. 778-779）。

Parkes（2002）、Stroebe 與 Schut（2001）指出幾種能從悲傷諮商中獲益的特定高危險族群。這些族群包括：喪偶老人、喪子女母親、意外或暴力失落的創傷性倖存者等。其他可能為高危險群的是：有憂鬱病史、物質濫用、創傷後壓力違常、精神疾病史者等。此外，喪慟經驗發生初期過度悲痛者，較能從專業介入中獲益。Larson 與 Hoyt（2007）建議，某些關於悲傷諮商效能的研究（以及那些缺乏正面效果的研究）

可能是由於參與者召募的過程與實際認為自己需要額外協助，因而求助
諮商的個案不同。這些研究聲明，回覆願意參與研究的人，與求助諮商
服務以處理悲傷相關議題的喪慟者，兩者之間不可等同視之。

022

對悲傷諮商助人工作者的啟示

　　當你開始進行悲傷諮商的臨床實務工作後，無疑會碰到遭遇各種失
落經驗，以及悲傷反應、因應型態、適應失落方式不一的個案。或許你
最重要的工作，就是跟與你分享生命經驗的個案「並肩同行」、扭轉被
社會規範視為異常的反應，辨識高風險、需要額外支持的個案。當代的
喪慟理論與研究是你這一路上的利器。熟悉與瞭解諮商實務亦能為行走
在悲傷旅途上的個案創造一個安全的環境，療癒失落經驗並整合至他們
的生命裡。

名詞釋義

- 假設世界（assumptive world）：個體對世界該如何運作、對他人與
  自我看法的基本信念。假設世界帶給個體寓居於世的安全感。
- 依附（attachment）：與生命中的重要他人建立有意義、穩固的連
  結。依附的過程始於嬰兒期。當其時，幼兒漸與一或多個主要照顧者
  產生連結，並延伸至長大成人後的其他重要關係。依附是確保安全與
  生存的本能反應。
- 基本錯覺（fundamental illusion）：希望萬物長春、一如既往的想
  法；如此一來個人才覺得安心踏實。
- 「悲傷工作」假說（"grief work" hypothesis）：主張個體必須經由
  談論失落與情緒來完成悲傷「工作」。如果喪慟者沒有這麼做，就認
  定這個人有問題。這個假說也認為悲傷工作的目標是協助喪慟者「放
  下」心愛的人，繼續往前走。

反思問題

1. 若悲傷是適應的、健康的過程，為什麼對自己和對外在社會承認悲傷的存在這麼困難呢？

2. 複習假設世界這一節。你的生活受哪些假設指引？哪些假設因生命經驗的影響而受到挑戰？

3. 若如本章所言，改變與轉換乃世間恆常存在之理，為什麼多數人仍難以適應生命的改變與失落呢？

4. 假設你是位悲傷諮商師，接到某女士來電，希望你為她的爸爸諮商，因為他的妻子（即這位女士的母親）剛過世。她說她很擔心爸爸，他看起來一點都不悲傷，她認為他需要找人談談。你會如何回應她的要求？

5. 進入知名的搜尋引擎網站，以「悲傷諮商」（grief counseling）、「悲傷復原」（grief recovery）和「協助喪親（慟）者」（helping bereaved individuals）等關鍵詞進行搜尋，閱讀你連結的內容。有多少網站在吹捧喪慟的悲傷工作理論？你認為這些網站鎖定的視聽對象是誰？在讀完本章後，你認為這些網站可能隱含哪些對喪親者造成傷害的內容？

參考文獻

Allumbaugh, D. L., & Hoyt, W. T. (1999). Effectiveness of grief therapy: A meta-analysis. *Journal of Counseling Psychology, 46*(3), 370–380.

Bowlby, J. (1969). *Attachment and loss: Attachment* (Vol. 1). London, UK: Hogarth.

Bowlby, J. (1973). *Attachment and loss: Separation* (Vol. 2). New York, NY: Basic Books.

Doka, K. J. (2002). *Disenfranchised grief: New directions, challenges, and strategies for practice*. Champaign, IL: Research Press.

Doka, K. J., & Martin, T. L. (2010). *Grieving beyond gender: Understanding the ways that men and women mourn*. New York, NY: Routledge.

Erikson, E. H. (1968). *Identity: Youth and crisis*. New York, NY: Norton.

Gilbert, K. R. (1996). "We've had the same loss, why don't we have the same grief?" Loss and differential grief in families. *Death Studies, 20*(3), 269–283.

Harris, D. (2009–2010). Oppression of the bereaved: A critical analysis of grief in Western society. *Omega, 60*(3), 241–253.

Janoff-Bulman, R. (1992). *Shattered assumptions: Towards a new psychology of trauma*. New York, NY: Free Press.

Jordan, J. R. (2000). Research that matters: Bridging the gap between research and practice in thanatology. *Death Studies, 24,* 457–468.

Jordan, J. R., & Neimeyer, R. A. (2003). Does grief counseling work? *Death Studies, 27,* 765–786.

Kato, P. M., & Mann, T. (1999). A synthesis of psychological interventions for the bereaved. *Clinical Psychology Review, 19,* 275–296.

Klass, D., Silverman, P. R., & Nickman, S. L. (1996). *Continuing bonds: New understandings of grief.* New York, NY: Routledge.

Larson, D. G., & Hoyt, W. T. (2007). What has become of grief counseling? An evaluation of the empirical foundations of the new pessimism. *Professional Psychology: Research and Practice, 38,* 347–355.

Parkes, C. M. (1971). Psycho-social transitions: A field for study. *Social Science & Medicine, 5,* 101–115.

Parkes, C. M. (1975). What becomes of redundant world models? A contribution to the study of adaptation to change. *British Journal of Medical Psychology, 48,* 131–137.

Parkes, C. M. (2002). Grief: Lessons from the past, visions for the future. *Death Studies, 26*(5), 367–385.

Stroebe, M. S. (2002). Paving the way: From early attachment theory to contemporary bereavement research. *Mortality, 7*(2), 127–138.

Stroebe, M. S., Hansson, R. O., Stroebe, W., & Schut, H. (2001). Future directions for bereavement research. In M. S. Stroebe, R. O. Hansson, W. Stroebe, & H. Schut (Eds.), *Handbook of bereavement research: Consequences, coping, and care* (pp. 741–766). Washington, DC: American Psychological Association.

Stroebe, M. S., & Schut, H. (2001). Models of coping with bereavement: A review. In M. S. Stroebe, R. O. Hansson, W. Stroebe, & H. Schut (Eds.), *Handbook of bereavement research: Consequences, coping, and care* (pp. 375–404). Washington, DC: American Psychological Association.

Weenolsen, P. (1988). *Transcendence of loss over the life span.* New York, NY: Hemisphere.

Wolfelt, A. (2005). *Companioning the bereaved: A soulful guide for caregivers.* San Jose, CA: Companion Press.

Worden, J. W. (2009). *Grief counseling and grief therapy* (4th ed.). New York, NY: Springer Publishing Company.

CHAPTER ❸

喪慟理論簡介

　　在本章中，我們會簡要說明喪慟的理論與模式，協助大家多瞭解悲傷歷程。理論與模式就像諮商師和個案的導遊，帶領我們「導覽」一個人遭逢重大失落後可能會發生的事。理論也提供瞭解人們如何經驗與適應失落悲傷的知識架構，以及悲傷諮商專業人員在個案身上觀察到的悲傷反應。根據研究而建立的理論與模式方能將臨床工作建基在實證知識上，我們還可從一些描述性研究中個案的現身說法獲得實務上的洞察。不過我們仍須謹記，沒有一種理論或模式能全盤解釋所有的悲傷與失落現象、表達方式和經驗。然而，熟悉這些闡述說明，對諮商師和個案雙方都裨益良多。

　　探討各種喪慟理論和模式前，有數個重點必須謹記在心。第一，雖然失落與悲傷是普世經驗，每個人幾乎都會碰到，但每個人的悲傷歷程卻是相當分歧不一。第二，悲傷不只是情緒反應。很多人的悲傷經驗不僅表現在情緒上，也反映在認知歷程、生理（身體）變化、社交生活圈與人際模式改變。此外，個體對失落的悲傷反應有社會與文化脈絡的意涵，如果我們斷定個人的悲傷與他們存在的時空毫無關聯，反而會幫倒忙。最後，我們傾向於認為應該適應失落和整合這些經驗到我們的假設世界裡，而不是強調要從悲傷中「復原」（recovery）或「克服」（overcoming）失落。

定義與比喻

　　根據本書的撰寫宗旨和我們對喪慟的研究，失落（loss）的定義是被剝奪了有形或無形等深具意義的東西。失落可為死亡相關事件，或跟非死亡（nondeath）有關。失落經驗是指不可能再回到過去珍惜或重視的某些生活面向。悲傷（grief）是面臨失落時正常且自然的反應，不過用「正常」（normal）這個詞，則有暗示悲傷應如何表現才是正常的期待意味，但這跟事實相去甚遠。雖然悲傷是人類的普世經驗，實際上每個人的悲傷反應卻是與眾不同，表達悲傷的方式更是人人殊異。有許多因素，如：人格特質、當前的壓力、先前的失落經驗、失落的本質、社會期待等，都會大大影響個體的悲傷歷程，我們會在後面幾章詳加討論。

　　有時候，用比喻的方式跟喪親者解釋悲傷是相當個別化及獨特的經驗，特別是對那些被說成悲傷反應不正常的人特別有用！

- 悲傷反應就像雪花。看到雪花時，我們會統稱為「雪」，但若仔細瞧瞧，每片雪花的結晶都是獨一無二的，不計其數的模樣讓人目不暇給。
- 悲傷反應就像指紋。每個人都有指紋，但仔細辨識每個人的指紋後，卻能發現世界上每個人的指紋都不一樣。
- 重大失落就像受到重創的傷口，需要適當的照護與關注。傷口接受治療後，通常會留下疤痕，所以，雖然「傷口」已經復原，但表皮看起來卻跟以前不一樣了（這個比喻的另一個面向是，傷口結疤處的皮膚會比周圍的皮膚更厚實、更強健）。

依附與悲傷反應

　　如同先前提到的，喪慟理論的關鍵概念是依附（attachment）。就人類而言，依附是我們最深植的安全需求之一（Bowlby, 1969, 1973）。

依附的連結比關係的連結更深刻，超越個人意識的覺察層次（Parkes & Weiss, 1983）。從這個脈絡談依附，我們所說的意思遠不止是關係的連結。依附關係是我們最原始、本能的需要，想親近重要他人，好獲得安全感，在這個世界找到一個「靠山」。在嬰兒時期，依附系統是環繞著能滿足嬰兒基本需要、回應嬰兒哭聲、開啟社會互動的主要照顧者。後來，我們對最親近或對我們具有重要意義的人產生依附關係。注意，依附關係的存在不必然跟關係的品質有關，也不一定跟涉入依附關係中的人的人格或氣質有關。

　　John Bowlby 是首位說明人類依附行為的先驅，他是一位心理分析學家，在戰後的英國接受訓練，成為小兒精神醫師。任職於 Tavistock 診所期間，他觀察與雙親（主要的依附對象）分離的兒童，發現兒童的反應有幾個共同點，他稱之為「分離痛苦」（separation distress）。Bowlby 的研究也受到 Hinde（1982）的影響。Hinde 像 Harlow（1961）一樣研究恆河猴的母嬰關係連結。Bowlby 注意到他們兩人的研究，證實人類的嬰兒跟母親分離時，其行為和靈長類動物的母嬰分離行為近似。他把這種一致性的行為稱為「依附行為」（attachment behaviors），指出這些行為的作用是確保主要照顧者對嗷嗷待哺、無助無依的嬰兒隨侍在側（Cassidy, 1999）。

　　Bowlby 其後假設母嬰之間的依附是動物行為學的基本構念[1]，是要用來保護嬰兒，保障嬰兒生存。因此，依附理論的誕生最初是結合心理分析學派的思想、動物行為學、動物行為研究。依附是嬰兒對母親的本能反應，這個反應透過客體表徵、依附行為維繫等，勾勒出嬰兒正在發展的心靈狀態（Bretherton, 1992）。Bowlby 後期的研究工作整合心理分析、動物行為學、實驗心理學、學習理論、家庭系統，成為一折衷模式，用來描述兒童的心理和情緒發展。

　　英國倫敦的精神醫學家 Colin Murray Parkes 在 John Bowlby 底下

---

[1] 動物行為學（ethology）關注行為的適應或生存價值及演化過程。它強調發展的基因與生物基礎。因此，依附是人類和多數哺乳類動物的本能驅力（Hinde, 1992）。

任職於 Tavistock 診所。他假設嬰兒與母親分開的依附行為，跟至愛死亡後悲傷的個體表現的行為相去無幾（Parkes & Weiss, 1983）。Parkes（1996）對年長喪夫者進行一項大規模的長期研究，記錄她們喪偶後的行為、想法和情緒。他發現 Bowlby 的研究中被迫分離的嬰兒，和他研究中的喪偶者有許多共同之處，包括：尋找、執念、抗議依附對象離開。Weiss（1975）探討離婚的依附行為，也發現類似的結果。

除了比較母嬰分離與成人跟依附對象死別的現象外，另有研究進一步探討成人不同關係中的依附行為。例如以長期縱貫的研究探討成年期關係中依附的角色（Berman & Sperling, 1994），Sroufe、Egeland 與 Kreutzer（1990）的研究紀錄發現，兒童的依附行為直到 10 歲都呈穩定的模式。Kobak 與 Hazan（1991）從已婚伴侶的特定互動行為判定其成人依附風格，研究資料顯示，安全依附和婚姻品質間有顯著相關。Hazan 與 Shaver（1987）檢視成人親密關係中依附風格扮演的角色，他們假定成人在親密關係中所表現出的依附風格，跟他們早期的依附風格如出一轍。因此，他們主張成人在親密關係中的因應策略和行為受依附風格主導，從兒童期的依附經驗大致底定了。

上述討論要傳達的「關鍵」訊息是：

- 悲傷是基於依附系統所產生的本能反應，除非受到威脅，一般說來是存於我們的意識覺察之外。
- 失去依附對象，對大多數人來說都是一種備感威脅的經驗。
- 依附關係雖然重要，但依附連結本身跟關係品質並無絕對關係。嬰兒也會跟不用心體貼的母親形成依附關係。不過，依附連結的品質（quality）必受雙方互動行為影響。
- 依附關係終生可見，並不只會跟早期發展階段的雙親建立依附關係。

悲傷的雙向歷程模式

　　近來，Stroebe（2002）和 Stroebe、Schut 與 Stroebe（2005）的研究
結合依附領域中所有學者的論點，指出：(1) 依附在悲傷與喪慟的角色；
(2) 成人的依附風格與兒時的依附風格一致；(3) 依喪慟者的依附風格提
供特定的因應策略、合宜的期待與介入方式。這些學者提出喪慟的雙向
歷程模式（dual process model），藉此檢視喪慟者潛在的依附議題，對
分離與失落的多重反應。雙向歷程模式（見圖 3.1）主張喪慟者會對失
落產生急性、主動的悲傷〔稱為「失落導向」（loss orientation）〕，但
也會花時間繼續日常生活，回歸生者的世界，分散悲傷的影響力〔稱為
「復原導向」（restoration orientation）〕。

030

029

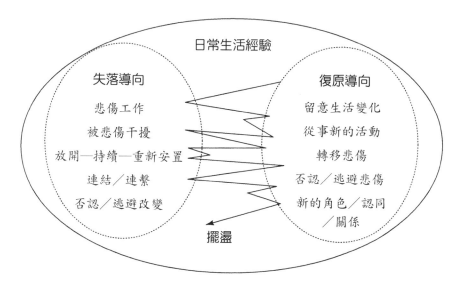

圖 3.1　雙向歷程模式

（授權翻印："Attachment in Coping with Bereavement: A Theoretical Integration" by M.
Stroebe, H. Schut, and W. Stroebe, 2005, *Review of General Psychology*, 9, pp. 48-66.）

　　根據 Stroebe 等人（2005）的研究，安全依附風格的個體基本上較具有悲傷情緒的調節能力，在失落導向（隱藏的悲傷）和復原導向（日常的生活功能與活動）之間的「擺盪」（oscillate）較平均。逃避依附風格的個體則把較多的注意力放在復原導向，壓抑表達憂傷，不願尋求支持。焦慮─矛盾依附風格的個體則較偏向失落導向，被悲傷的心思纏繞，對故人念念不忘。解組型依附風格的個體和遭受創傷經驗的個體類似，難以將他們的經驗統整至關係脈絡中。這些學者的結論是，依附風格會影響依附對象死後的悲傷進程、強度和模式。

　　運用依附理論的術語、背景知識和相關的預測因子，可得出幾個有趣的可能性。例如，把從動物行為學的構念建立起來的依附理論應用到悲傷歷程，意味著悲傷歷程本身是一種適應機制，有確保個體在失去重要依附對象後存活下去的功能。悲傷，如我們所知，是一種本能反應，物競天擇下的產物。若此主張為真，那麼就必須讓悲傷歷程在沒有阻礙的情況下表露開展，協助喪慟者承受悲傷，達成適應。悲傷反應亦是切斷與故人已有的關係，更是生者依附模式的延伸。當然，關係的品質對悲傷歷程有舉足輕重的影響。

雙軌模式與持續性的連結

　　在芝加哥及稍後在以色列對喪慟者進行研究和臨床工作中，Rubin（1991-1992, 1999）聲稱若要有效評估失落的反應，應同時考量個體的行為─心理功能，以及與故人內化的關係。這個模式主要要以多向度的觀點探討悲傷，包括：(1) 喪慟者在重大失落發生後的功能和生活能力（第一軌）（track I）；(2) 喪慟者能與故人保持一個有意義、但卻無形的關係很長一段時間，甚至直到永遠（第二軌）（track II）（Rubin, Malkinson, & Witzum, 2011）。Rubin 強力主張臨床工作者要辨識喪慟者的哪個「軌道」出問題，或哪個軌道對喪慟者才是重點，並就那一層面的悲傷提供支持協助。例如，如果有一位喪夫女性說丈夫的房產財務問題弄得她焦頭爛額，此時諮商師處理的重點應該是這個問題（第一軌），而不是把治療工作放在她對亡夫的回憶和感覺（第二軌）。

　　一開始提出喪慟的雙軌模式（two-track model of bereavement）時，Rubin 就強調與故人的關係是喪慟者餘生的焦點。與此模式相互輝映的，是 Klass、Silverman 與 Nickman（1996）提出的與故人的持續性連結（continuing bond）理論。從這些學者的研究資料清楚顯示，喪慟者仍然跟故人保有連結，與故人建構新的關係。這個關係隨時間延續和變化，常帶給喪慟者撫慰與慰藉。許多喪慟者掙扎於想在生命中為故人保留一個位置，跟別人談起他們仍與故人繼續保有關係時，常覺得尷尬窘迫，害怕被別人視為有問題、有毛病。這種與故人持續保有關係的概念，跟以往強調要放下故人、好迎向未來的大眾化觀點（根據 Freud 的論著）大相逕庭，是一個非常大膽新奇的假設。這群研究者的發現，事實上證實了能跟摯愛的故人保有連結感（持續性的連結）的個體，在重大失落發生後更有功能、適應的更好。很明顯地，這個過程會產生一些副作用，尤其跟故人的關係原本就難以相處或錯綜複雜（見 Field & Wogrin, 2011），或喪慟者有延宕性悲傷的症狀，而不是與故人發展出適應性的持續性連結時（見 Prigerson et al., 2009），這點我們會在後面詳細討論。

　　持續性連結理論帶給悲傷諮商師重要的啟示，首先，讓喪慟者重新跟故人建立有意義的連結或許才是給他們的最好服務。在臨床實務工作中，你會聽到喪慟者提到無數個跟摯愛故人「連結」的故事——對話、寫信、作夢、被保護或陪伴在身邊的感覺，或相信是故人欲傳達給他們的「訊息」。曾有個案告訴我們，好巧不巧在收音機裡聽到一首意義深遠的歌、鳥兒停在陽臺上、地毯上的紋路、自動開機的電器、夢中相會和夢的象徵、聽見呢喃低語、感受風兒輕拂、在顯而易見處尋回許久前遺失的物品，還有數不清的的方式，讓喪慟者跟摯愛故人緊緊相繫。這些弦外之音不言自明，正如莫瑞在《最後十四堂星期二的課》（Tuesdays with Morrie）中教導米契的：「死亡或許是生命的終點，但卻不是關係的結束」（Albom, 1997, p. 174）。諮商師必須以正常的眼光看待悲傷的這一面向，認可它對喪慟者的意義。

052

　　在臨床實務工作中，我們常見到喪慟者尋求協助，乃是因為摯愛肉體已逝，但他們尚未與故人建立無形的連結。眾所周知，有許多因素

會影響個體在重大失落發生後求助的決定。但我們可以主動跟個案保證他們的經驗是正常的，讓他們知道可以找到一個方法與故人「相守」（hold on），好讓他們能「繼續向前走」（move on）。

這是個檢視「悲傷工作假說」（grief work hypothesis）引發爭議的好時機。這個假說認為喪慟者一定要談論失落、表達情緒才能修通悲傷。一旦修通痛苦的情緒，這個人就可以解決悲傷了（Stroebe et al., 2005）。現在我們已經知道，不是所有人都透過情緒表達來經驗悲傷，事實上，頑固地堅持人們一定要按照這種方式悲傷，而不考慮個人的性格習慣，反而是弊多於利。悲傷工作假說也指出，悲傷工作的最終目標是要放下故人，切斷與故人的關係，面向未來前進。從上述討論得知，許多喪慟者在失去至親摯愛之後，不一定要靠「放下」（letting go），他們一樣能繼續邁向未來的人生。

階段、時期與任務

如果你在尋常對話中問一般人對悲傷的看法以及悲傷的模樣，你得到的回答大概會是引用自 Elisabeth Kübler-Ross（1969）在《論死亡與瀕死》（*On Death and Dying*）一書中提及的悲傷階段（stages）。這本劃時代的巨著大膽揭示在這個日益否定死亡的社會下，瀕死者的需求與感覺。在她的書中，Kübler-Ross 說面臨死亡與重大失落時的五個階段為：(1) 否認；(2) 憤怒；(3) 討價還價；(4) 沮喪；(5) 接受。早期擁護這個模式的人都說這些階段以依次、直線的方式進行。然而，Kübler-Ross 稍後卻說這些階段比較像是描述用語，而非互斥的概念，個體會從一個階段很快地擺盪到另一個階段。雖然社會大眾（及學術界）已耳熟能詳這些階段，但這五個階段事實上並未證實發生在瀕死或喪慟者身上（Maciejewski, Zhang, Block, & Prigerson, 2007）。這個理論最主要的用處正如它而言——對普遍迴避死亡和悲傷這個話題，因此對死亡和悲傷相當無知的這個社會，提供一個開啟討論的跳板。

有許多的喪慟理論認為喪慟者在悲傷時會經歷數個「時期」（phases）。Bowlby（1982）曾描述「哀悼的歷程」，首先是渴望與尋

找，接著是混亂和絕望，最後則是重新再站起來。其後 Parkes（1996）在這些時期之前加上「麻木」為悲傷的起點。Sanders（1999）則說悲傷的歷程分為五個時期：(1) 震驚；(2) 體認失落；(3) 卻步／退縮；(4) 療癒；(5) 恢復。Rando（1993）指出喪慟的「六 R」過程是：(1) 承認失落；(2) 做出反應；(3) 追想與回顧跟失落有關的回憶；(4) 放棄原來的世界；(5) 重新適應失落後的生活；(6) 重新投注與重新回到這個世界。很明顯地，描述悲傷歷程的說法不勝枚舉，這些說法亦從不同的角度提出各種觀點。

　　Worden（1998, 2002, 2009）發展出任務導向（task-based）的悲傷模式。他認為悲傷歷程跟個體應精熟的發展任務一樣，都是為了要繼續生活下去。隨著時間演進，這些任務與當代的喪慟研究整合，它們分別是：

034

1. 接受失落的事實

　　喪慟者必須停止否認死亡已然發生的事實，要承認摯愛真的過世、不會再回來了。喪慟者要正視和評估失落的真實，不能嗤之以鼻或誇大其詞。

2. 處理悲傷的痛苦

　　傷心、沮喪、生氣、疲累和苦惱都是至親摯愛死亡時的正常反應，我們應該肯定、鼓勵喪慟者適當地體驗這些感覺，這樣他們才不會背負這些感覺直到終老。

3. 適應故人不在的世界

　　喪慟者可能要花一些時間才能完全瞭解已失去故人在自己生命中扮演的所有角色。喪慟者在此時要面臨的挑戰是擔負起新的角色，重新界定自我，學習新的因應技巧，抑或把注意力重新放在其他人或別的活動上。

4. 展開新生活的同時亦與故人建立永恆的連結

　　喪慟者在靈性或無形層面為故人找到一個適當的地方安置，這項任務涉及創造，在情感連結與回憶上與故人保持適當的關係，如此一來故人將永遠與他們同在。Worden（2009）已經修正這個

早期版本的任務模式，現在的模式比較接近先前提到的持續性連結理論。

　　每個時期、階段和任務都指出了悲傷歷程的重要面向，也對喪慟者賦予某些合理的期待。但時期和階段論不是所有喪慟者應依樣畫葫蘆的劇本，更不是每個人應該如何悲傷的「地圖」。不過，這些模式的缺點就是將悲傷歷程視為線性發展（即使這些模式的創始者並無此意），它們在意的似乎是每個喪慟者悲傷經驗的同質性，而不是尊重悲傷的多元性。請記得，沒有一個人的悲傷經驗可以跟某個單一理論契合得天衣無縫。對失落的覺知、如何表達悲傷、如何度過悲傷，有太多的獨一無二之處。我們稍後會多談談個人對失落的反應。

意義重建與成長

　　重大的失落經驗經常對個體的恆定感造成莫大的威脅。因應、療癒和調適該經驗，都是個體面臨這個跟往日的期待或假設不相符的現實，試圖「重新學習」他們的世界所做出的努力（Attig, 1996）。如同我們先前討論過的，我們認為這個世界（和我們的生活）是有意義的，乃是根據早期的生命經驗和人際互動所建立起來的假設。重大失落經驗會動搖世界本應如此的假設，使我們心慌意亂，無法理解發生了什麼事，或不再覺得我們生活的世界安全有保障或穩定不變。

　　個人的假設世界受到挑戰時，個體經常透過同化（assimilation）（假設世界可以順利地詮釋事件）或調適（accommodation）（慢慢修正假設，使其能解釋新的經驗）兩種方法達成協議。不過，總會有公然違抗信念的事情發生，或個人無法用原有的世界運作方式來整合經驗的時候。「假設世界失利」（loss of the assumptive world）一詞就是用來說明負向生命事件威脅個人對世界的基本假設，使得這些假設失去意義，又沒有其他可行的替代方案能夠將先前的假設和信念與新的現實調和（Attig, 1996; Janoff-Bulman, 1992; Parkes, 1971）。先前的假設再也無法有效地解釋這個世界，所以個體的內在運作模式或基模必須從頭修

正，使個體重獲安全感。不過這個過程可是千阻萬難。Janoff-Bulman（1992）使用「破碎不堪的假設」（shattered assumptions）一詞來形容負向生命事件完全摧毀個體的核心假設，以至於要從個體現有的假設世界去調和現實已是徒勞無功。

Tedeschi 與 Calhoun（2004）用「天搖地動的生命事件」（seismic life events）一詞指稱「擾亂」個體世界該如何運作的基模。注意個體的主觀評估歷程是非常重要的，一個人如何詮釋與覺知事件，決定了該事件對假設世界的影響力。意義建構是許多探討創傷、失落與負向生命事件反應學者的研究焦點。理解事件牽涉到試圖將事件調和至個人的假設世界運作模式（Davis & Nolen-Hoeksema, 2001）。集中營倖存者及意義治療學派創始者 Frankl（1963）堅稱，藉由發現意義和目的，個人可堅強地度過任何傷害與艱苦。轉念思考負向生活事件可能的正向意涵，個體賦予經驗意義，有助於重建個人的假設世界，再度振作。Janoff-Bulman（2004）說經歷關鍵事件後，必須帶出存在的議題並賦予意義。倖存者不只想知道事情為何會發生，也想搞懂為何這件事特別會發生在他們身上。討論存在議題時，她引用 Sartre（1966）的話，指出在面臨無意義時，必須審慎的選擇，創造自己的意義。她最後下結論道，我們或許無法阻止不幸降臨，但卻可以在惡運發生之後，創造生命的價值。

在重大失落事件發生後尋求意義幾乎是普世現象，也是悲傷歷程重要的一環（Davis, 2001; Miles & Crandall, 1983; Parkes & Weiss, 1983; Wheeler, 2001）。重大失落造成的創傷、震驚、苦惱侵蝕個體的假設世界根基。意義建構可以是重新詮釋負向生命事件、學習用新的眼光看待自我或生命，亦可為協助同病相憐的他人，或貢獻一己之力給社會（如：成立遊說團體或致力於協助有相同處境的人）。或許這種說法可以解釋為什麼許多喪慟者會成立信託基金會、遊說組織和喚起公眾意識覺察的團體。反酒駕母親聯盟（Mothers Against Drunk Drivers）就是傷心的父母親在孩子們被酒醉駕車者撞擊意外過世後，從教育大眾並倡議嚴格執行取締酒駕中建構意義。

Neimeyer（2001）與 Neimeyer 等（2002）學者從社會建構論的

觀點看意義建構，說明個體如何在經歷重大失落後重新框架敘事。

037

Neimeyer（2001）稱之為「主導敘事」（master narrative），也就是「對個人的生命與經驗，以及其附屬意義的瞭解」（p. 263），非常近似於其他學者稍早提到的假設世界。他說重大失落會打亂理所當然的敘事，勒緊原有的假設。個體必須用「重新編入」的方式替中斷的生命事件建構意義，將新的經驗跟現有的生命故事統合，使其再次協調一致，永續長久。

從看似無意義的事件中尋求意義，是人們重建秩序和安全感的嘗試，減緩假設世界破碎後的脆弱無助感。Davis、Nolen-Hoeksema 與 Larson（1998）的研究聚焦在兩種意義，分別是：從既定事件中發現好處、瞭解失落的意義。Attig（2001）進一步將各種尋找意義的概念區分為：意義建構和發現意義。意義建構（meaning-making）是指有意且主動地重新詮釋個人的經驗，找到新的意義。發現意義（meaning finding）則指覺察及接受悲傷和苦難帶來的意義。當個體遭遇重大失落，欲重建個人的假設世界時，這兩個過程會交織相融，相輔相成。

創傷後成長與復原力

Tedeschi 與 Calhoun（2004）的研究顯示，遭逢「天搖地動的」生命事件後，個體有做到比適應還要更上一層樓的潛力。他們在研究中引用了無數個體遭受創傷性死亡、重大傷病、暴力或政治迫害的例子，但即便遭遇此類事件，個體卻獲得相當正向的成長與發展。他們使用創傷後成長（posttraumatic growth）一詞，說明個體有從創傷、高度壓力和危機事件轉化的潛能。成長不是接觸到這類事件後直接產生的結果，而是個體奮力掙扎，在這些事件發生後致力於發現新大陸的結果。創傷後成長可能和負向事件帶來的痛苦同步進行，因此它是過程，也是結果，但不一定是指接受事實。

038

復原力（resilience）和堅毅（hardiness）是兩個在重大失落經驗發生後易被提及的正向結果。復原力強調在困境或逆境發生後，仍繼續好好地過日子（而不是癱倒在地或被逆境摧毀）。復原力不只是「回到基

準線」、回復往昔的功能水準或生活態度而已。堅毅是指遭逢挑戰時某些個體的內在意向（Lang, Goulet, & Amsel, 2003）。「堅強的人」是指視生命為挑戰，願意迎向挑戰激發個人潛能的人。經歷創傷後成長的人可能有、也可能沒有這些特質，但在堅毅量表上得分高的人比較有可能在重大失落發生後經驗到創傷後成長。

　　或許這些研究最為耀眼之處，在於發現創傷後成長其實是個體面對固有的假設世界受到重創時，自我力量的發展與展現。自我的力量包括：更為自立自強、不屈不撓、自我尊重。Janoff-Bulman（2004）舉了一位重大意外的倖存者為例，經過了數月密集的復健治療後，他說：「我覺得我真的很堅強……我從來不知道我可以這麼堅強」（p. 30）。她也引用了一位強暴倖存者的話：「我現在更堅強了，我問心無愧——幾個月來我在地獄走了一遭，我知道我是個百折不撓的人」（p. 31）。從他們的敘述中可看到，創傷性失落事件的倖存者知道他們平安度過人間苦楚，最終成長茁壯。在苦難、痛苦和逆境背後，個體認識到生命的可貴，能夠體認到何謂生命中真正「最重要」的事，這是他們以前想都沒想過的事。

被剝奪的悲傷

　　我們早先提到，要從個體生活的社會和政治脈絡來看他們的悲傷經驗。個體如何詮釋失落經驗和表達悲傷，會因社會對某些特定失落事件的觀點而受到抑制。不管失落經驗有沒有得到個體的認可，以及個體是否被社會常規視為合格的悲傷者，都是建基在個體所生存的社會與政治結構上。

　　不被社會認可或鼓勵的悲傷，或悲傷反應超出社會「正常」標準的框架，都是被社會剝奪的悲傷。Doka（1989, 2002）說「被剝奪的悲傷」（disenfranchised grief）這個詞用在失落不被承認的情況、個體的悲傷反應落於社會常規之外，或失落本身被社會蓋上污名化的烙印，因此悲傷者不能哀悼失落。被剝奪的悲傷通常被暗指為不合適的悲傷、得不到社會支持，或對發生該失落的個體貼上社會污名與禁忌的標籤。例

如，至愛的寵物過世通常也是被剝奪的悲傷，因為寵物不被視為家庭成
員，不等於人類。但許多飼主在寵物過世後，卻依然經驗到沉痛深切的
悲傷。

結語

　　透過喪慟研究者、臨床工作者和學界的實證研究，現今對喪慟的
看法已能舉一反三。悲傷歷程是我們生存的本能之一，目的是要整合失
落經驗至生命中，持續發揮功能，在這個無常的世界生存下去。悲傷反
應幫助我們前進，學習如何繼續在這個不再安全、沒有對方的世間過日
子。悲傷是健康的、適應的歷程，但也伴隨著痛苦。悲傷諮商要催化個
人的悲傷經驗歷程開展，諮商師必須謹記，悲傷諮商的目標，不是要讓
個案覺得好多了（通常這是不可能的事），而是提供支持與協助，一路
陪伴，才不至於讓他們在這段痛苦的過程中形單影隻地踽踽獨行。

名詞釋義

- 持續性連結理論（continuing bonds theory）：主張讓喪慟者重新跟
  故人建立有意義的連結或許才是最好的結果。總而言之，死亡雖是生
  命的終點，但卻不是關係的結束。
- 被剝奪的悲傷（disenfranchised grief）：失落不被承認的情況、個
  體的悲傷反應落於社會常規之外，或失落本身被社會蓋上污名化的烙
  印，因此悲傷者不能哀悼失落。
- 雙向歷程模式（dual process model）：主張喪慟者會經常「擺盪」
  在復原導向（如：日常生活活動、轉移注意力、專注於現實生活）和
  失落導向（如：回憶故人、追憶失落前的生活、感受悲傷的痛苦）之
  間的悲傷模式。
- 悲傷（grief）：對失落正常且自然的反應。
- 堅毅（hardiness）：視生命為挑戰，願意迎向挑戰激發個人潛能的
  人格特質。

- 失落（loss）：被剝奪了有形或無形等深具意義的東西。
- 主導敘事（master narrative）：一致、面面俱到的故事，對個人的生命與經驗，以及其附屬意義的瞭解。
- 創傷後成長（posttraumatic growth）：個體有從創傷、高度壓力和危機事件轉化的潛能。
- 復原力（resilience）：在困境或逆境發生後，仍繼續好好地過日子（而不是癱倒在地或被逆境摧毀）。復原力不只是「回到基準線」、回復往昔的功能水準或生活態度而已。
- 悲傷的雙軌模式（two-track model of grief）：同時探討喪慟者在重大失落發生後的功能和生活能力（第一軌），以及喪慟者能與故人保持一個有意義、但卻無形的關係很長一段時間，甚至直到永遠（第二軌）。

反思問題

1. 在你閱讀本章前或接觸當代喪慟理論前，你對悲傷和悲傷歷程的看法為何？在你閱讀本章的悲傷和喪慟理論前，你的那些想法是如何形成的？

2. 有一位個案在施虐、酗酒、做盡傷天害理之事的丈夫過世後，前來求助悲傷諮商。自從丈夫過世後，她極度焦慮不安，不斷回想起他們之間的相處關係。許多朋友和家人都告訴她應該要放寬心，她也的確鬆了一口氣，不用再惶惶不可終日，不用擔心對自己的家庭生活無能為力。但是她告訴你，很多時候她覺得「徬徨失措」、心灰意懶。根據本章關於依附和悲傷，以及其他理論模式的討論，你覺得她發生了什麼事？

3. 想想一個你曾遭遇過、或某人曾有的失落經驗。讀完本章對適應失落的各種解釋後，哪種喪慟理論最能說明你在失落後所經歷的狀況？

4. 思考被剝奪的悲傷的例子。你認為是什麼因素讓某些失落比其他失落更容易得到社會的接納呢？如果你曾有被剝奪的悲傷的經

驗，若這個失落能得到承認和認可，你認為這個經驗將會有何不同？

參考文獻

Albom, M. (1997). *Tuesdays with Morrie*. New York, NY: Doubleday.

Attig, T. A. (1996). *How we grieve: Relearning the world*. New York, NY: Oxford University Press.

Attig, T. A. (2001). Relearning the world: Making and finding meanings. In R. A. Neimeyer (Ed.), *Meaning reconstruction and the experience of loss* (pp. 33–53). Washington, DC: American Psychological Association.

Berman, W. H., & Sperling, M. B. (1994). The structure and function of adult attachment. In W. H. Berman & M. B. Sperling (Eds.), *Attachment in adults: Clinical and developmental perspectives* (pp. 3–28). New York, NY: Guilford.

Bowlby, J. (1969). *Attachment and loss: Attachment* (Vol. 1). London, UK: Hogarth.

Bowlby, J. (1973). *Attachment and loss: Separation* (Vol. 2). New York, NY: Basic Books.

Bowlby, J. (1982). *Loss: Sadness and depression (attachment and loss)*. New York, NY: Basic Books.

Bretherton, I. (1992). The origins of attachment theory: John Bowlby and Mary Ainsworth. *Developmental Psychology, 28*, 759–775.

Cassidy, J. (1999). The nature of the child's ties. In J. Cassidy & P. R. Shaver (Eds.), *Handbook of attachment: Theory, research, and clinical applications* (pp 3–20). New York, NY: Guilford.

Davis, C. G. (2001). The tormented and the transformed: Understanding responses to loss and trauma. In R. A. Neimeyer (Ed.), *Meaning reconstruction and the experience of loss* (pp. 137–155). Washington, DC: American Psychological Association.

Davis, C. G., Nolen-Hoeksema, S., & Larson, J. (1998). Making sense of loss and benefiting from the experience: Two construals of meaning. *Journal of Personality and Social Psychology, 75*(2), 561–574.

Davis, C. G., & Nolen-Hoeksema, S. (2001). Loss and meaning—how do people make sense of loss? *American Behavioral Scientist, 44*, 726–741.

Doka, K. J. (1989). *Disenfranchised grief: Recognizing hidden sorrow*. Lexington, MA: Lexington Books.

Doka, K. J. (2002). *Disenfranchised grief: New directions, challenges, and strategies for practice*. Champaign, IL: Research Press.

Field, N., & Wogrin, C. (2011). The changing bond in therapy for unresolved loss: An attachment theory perspective. In R. Neimeyer, D. Harris, H. Winokuer, & G. Thornton (Eds.), *Grief and bereavement in contemporary society: Bridging research and practice* (pp. 37–46). New York, NY: Routledge.

Frankl, V. E. (1963). *Man's search for meaning: An introduction to logotherapy*. New York, NY: Washington Square Press.

Harlow, H. F. (1961). The development of affectional patterns in infant monkeys. In B. M. Foss (Ed.), *Determinants of infant behavior* (pp. 75–97). New York, NY: Wiley.

Hazan, C., & Shaver, P. (1987). Romantic love conceptualized as an attachment process. *Journal of Personality and Social Psychology, 52*, 511–524.

Hinde, R. A. (1982). Attachment: Some conceptual and biological issues. In C. M. Parkes & J. Stevenson-Hinde (Eds.), *The place of attachment in human behavior* (pp. 60–76). New York, NY: Basic Books.

Hinde, R. A. (1992). Developmental psychology in the context of other behavioral sciences. *Developmental Psychology, 28*(6), 1018–1029.

Janoff-Bulman, R. (1992). *Shattered assumptions: Towards a new psychology of trauma.* New York, NY: Free Press.

Janoff-Bulman, R. (2004). Post-traumatic growth: Three explanatory models. *Psychological Inquiry, 15,* 30–24.

Klass, D., Silverman, P., & Nickman, S. (1996). *Continuing bonds: New understandings of grief.* Washington, DC: Taylor & Francis.

Kobak, R., & Hazan, C. (1991). Attachment in marriage: Effects of security and accuracy of working models. *Journal of Personality and Social Psychology, 60*(6), 861–869.

Kübler-Ross, E. (1969). *On death and dying.* New York, NY: MacMillan.

Lang, A., Goulet, C., & Amsel, R. (2003). Lang and Goulet hardiness scale: Development and testing on bereaved parents following the death of their fetus/infant. *Death Studies, 27,* 851–880.

Maciejewski, P., Zhang, B., Block, S., & Prigerson, H. (2007). An empirical examination of the stage theory of grief. *Journal of the American Medical Association, 297*(7), 716–723.

Miles, M. S., & Crandall, E. K. B. (1983). The search for meaning and its potential for affecting growth in bereaved parents. *Health Values: Achieving High Level Wellness, 7*(1), 19–23.

Neimeyer, R. A. (2001). The language of loss: Grief therapy as a process of meaning reconstruction. In R. A. Neimeyer (Ed.), *Meaning reconstruction & the experience of loss* (pp. 261–292). Washington, DC: American Psychological Association.

Neimeyer, R. A., Botella, L., Herrero, O., Pecheco, M., Figueras, S., & Werner-Wilder, L. A. (2002). The meaning of your absence. In J. Kauffman (Ed.), *Loss of the assumptive world: A theory of traumatic loss* (pp. 31–47). New York, NY: Routledge.

Parkes, C. M. (1971). Psycho-social transitions: A field for study. *Social Science & Medicine, 5,* 101–115.

Parkes, C. M. (1996). *Bereavement: Stories of grief in adult life.* London, UK: Routledge.

Parkes, C. M., & Weiss, R. S. (1983). *Recovery from bereavement.* New York, NY: Basic Books.

Prigerson, H., Horowitz, M., Jacobs, S., Parkes, C., Aslan, M., Goodkin, K., . . . Maciejewski, P. K. (2009). Prolonged grief disorder: Psychometric validation of criteria proposed for *DSM-V* and *ICD-11. PLOS Medicine, 6*(8). Retrieved August 12, 2010, from http://www.ncbi.nlm.nih.gov/pmc/articles/PMC2711304/pdf/pmed .1000121.pdf/?tool=pmcentrez

Rando, T. (1993). *Treatment of complicated mourning.* Champaign, IL: Research Press.

Rubin, S., Malkinson, R., & Witzum, E. (2011). The two-track model of bereavement: The double helix of research and clinical practice. In R. Neimeyer, D. Harris, H. Winokuer, & G. Thornton (Eds.), *Grief and bereavement in contemporary society: Bridging research and practice* (pp. 47–56). New York, NY: Routledge.

Rubin, S. S. (1991–1992). Adult child loss and the two-track model of bereavement. *Omega, 24*(3), 183–202.

Rubin, S. S. (1999). The two-track model of bereavement: Overview, retrospect, and prospect. *Death Studies, 23,* 681–714.

Sanders, C. (1999). *Grief: The mourning after: Dealing with adult bereavement* (2nd ed.). New York, NY: Wiley.

Sarte, J. P. (1966). *Being and nothingness: A phenomenological study of ontology.* New York, NY: Washington Square Press.

Sroufe, L. A., Egeland, B., & Kreutzer, T. (1990). The fate of early experience following developmental change: Longitudinal approaches to individual adaptation in childhood. *Journal of Child Development, 61,* 1363–1373.

Stroebe, M. (2002). Paving the way: From early attachment theory to contemporary bereavement research. *Mortality, 7*(2), 127–138.

Stroebe, M., Schut, H., & Stroebe, W. (2005). Attachment in coping with bereavement: A theoretical integration. *Review of General Psychology, 9*(1), 48–66.

Tedeschi, R. G., & Calhoun, L. G. (2004). Posttraumatic growth: Conceptual foundations and empirical evidence. *Psychological Inquiry, 15,* 1–18.

Weiss, R. (1975). *Marital separation.* New York, NY: Basic Books.

Wheeler, I. (2001). Parental bereavement: The crisis of meaning. *Death Studies, 25,* 51–66.

Worden, J. W. (1998). *Grief counseling and grief therapy: A handbook for the mental health practitioner* (2nd ed.). New York, NY: Springer Publishing Company.

Worden, J. W. (2002). *Grief counseling and grief therapy: A handbook for the mental health practitioner* (3rd ed.). New York, NY: Springer Publishing Company.

Worden, J. W. (2009). *Grief counseling and grief therapy: A handbook for the mental health practitioner* (4th ed.). New York, NY: Springer Publishing Company.

Worden, J. W., & Winokuer, H. (2011). A task-based approach for counseling the bereaved. In R. Neimeyer, D. Harris, H. Winokuer, & G. Thornton (Eds.), *Grief and bereavement in contemporary society: Bridging research and practice* (pp. 57–68). New York, NY: Routledge.

Part 2

實務與歷程

CHAPTER ④

陪伴的修練

　　當我（本書作者 Darcy L. Harris）還是護校學生時，被分派照顧一位罹患轉移性大腸癌，名叫艾拉的老婆婆。艾拉是個非常活潑風趣的女性，在我擔任她的個人看護時，總是樂於和我分享她的想法和意見。我們的關係很好，她是我這幾週輪班的主要照顧病患。有一天，當我準備上工照顧艾拉時，前一班的護理人員告訴我，艾拉情況不太樂觀。進入艾拉的病房前，我先穩住情緒，但不知道接下來會發生什麼事，也不敢想像看到前一班的護理人員跟我描述的景像時，我會有什麼感覺。

　　走進艾拉的房間後，我看到她的早餐原封不動，背對著門正在熟睡。我輕輕地走到她身邊，低喚她的名字，她虛弱地微微一笑，對我點點頭。因為不知道該做什麼才好，我只能幫她擦擦身體、換換床單。這段時間非常短暫，艾拉始終閉著眼睛，沒有回答我任何問題。完成今日的照護工作後，看看時間還很充裕，但其實以前我們可說好多話來打發時間。百般無聊之下，我只好走到窗臺澆澆盆栽植物，整理一下浴室裡好一陣子沒有使用的個人物品。我擦拭她的床頭櫃，在水壺內換上新的冰開水，但我心裡很清楚，她應該是喝不到了。我盯著走廊，擔心臨床指導員走進來看到我一點都不忙，以為我在偷懶，我在艾拉的身上再蓋了一條毯子，又在她頸後墊了一塊枕頭。艾拉突然伸出手來抓住我的手臂，張開眼睛對我說了一聲：「坐著吧！」我只好坐在床邊的椅子上，

她的手依然緊緊地抓著我不放……我又看了走廊一眼，擔心被人看到我在「工作中」竟然還敢坐著，一定會被罵得狗血淋頭。我看向艾拉，她好像睡著了，根本忘了我還坐在旁邊。不過，只要我一有離開的動作，她又緊抓著我的手。艾拉已經沒力氣開口和我說話了，但她仍舊固執地不要我在旁邊忙得不可開交，只要我乖乖地陪著她就好。

多年後，我回學校念諮商研究所，又回想起這段經驗。這是我學到的第一個陪伴的功課，讓我現在可以跟學生分享那天從艾拉身上學到的教訓：不要在那裡忙個不停，坐下來！念到這個主題時，我聯想到「同在」這個概念。同在的面向很廣，除了隨侍在側、有事服其勞之外，還有另一層次的「陪伴」。例如，透過傾聽、同理心、不批判、完全接納這個人和他遭遇的一切等，全心全意的陪伴與關懷對方。進一步延伸這個概念，也就是 McDonough-Means、Kreitzer 與 Bell（2004）所說的治療性的同在（therapeutic presence）。這種同在是與對方「心心相連」（spirit-to-spirit connection），「照顧者必須具備專注、有心、直覺、活在當下、想像力和建立關係等技巧」（p. 25）。

我們身處的社會非常重視個人的成就與效益，人們過著忙碌的生活，如果你看起來很悠閒，那麼你這個人肯定有問題。一碰面，人們問的第一句話就是：「最近在做什麼？」我們的生命和心態就建立在做事、生產和消費上。不過，諮商師最須具備的重要技巧之一，就是與對方「同在」，而不是為對方「做什麼」。研讀理論和學習介入技巧是成為良好諮商師的要件，但是，當傷心欲絕的個案坐在你面前時，技巧與書本上的知識遠遠不夠。

諮商師的訓練多著重在治療晤談，強調要培養溝通技巧和處理特殊個案議題的方法與介入策略（Hick & Bien, 2008）。這些訓練極少用來探究諮商師「陪伴」個案的品質，但好些研究卻已指出最能促進個案成長與改變的因素，在於諮商師與個案的關係、諮商師是否有能力陪伴個案；諮商師使用的理論取向和特定技巧的關聯反而較少（Geller & Greenberg, 2002; Wampold, 2001; Yalom, 2002）。簡言之，諮商師與個案建立的關係，以及諮商師付出的關懷與陪伴，才是治療晤談得以繼續下去的基礎。

「同在」

　　開始從事悲傷諮商工作時，諮商師可能會「卡在」歷程中，不知道個案跟你分享深切痛苦時該說什麼或該「做」什麼。你或許會害怕說錯話，害得個案情緒更糟，或覺得話說得不夠好，心有餘而力不足。一般說來，絕大多數的療程時間中，新手諮商師往往抓耳撓腮，絞盡腦汁不知道怎麼回應個案。在你吐出任何一個字前，應該先學習怎麼好好地與個案同在，讓你們共處的時間發揮效用、深具意義。本章即以此為契機，說明少即是多——更是無與倫比。

　　新手諮商師往往不確定該對個案說什麼，以為一定要說些什麼或做些什麼才能幫到個案，心理負擔極大的壓力。然而，認真停下來想想，喪慟者不會因為你說了什麼而如願以償，因為你不可能讓時光倒流、起死回生。眼下最重要的問題，在於失去摯愛或部分的自我崩壞，而不是要去修理、改變或逆轉情勢。沒有所謂的「啊哈」領悟時刻，喪慟者突然告訴你說他現在「好多了」，頓時眉開眼笑。你刻意表現的所做所言並無法減輕他們失落的痛苦。

　　多數喪慟者心知肚明，周遭的人往往因害怕說錯話或做錯事，而對喪慟者保持距離——進而退避三舍，對難以預料的事敬而遠之（Harris, 2009-2010）。悲傷諮商師絕不可以讓這種情節上演。協助喪慟者時，諮商師並不是在幫他們的心情變好，而是全心全意地陪伴個案，認可他們訴說的經驗。現代的醫療科技過度重視療效和修復，視之為助人專業的目標，強調結果與復原的觀念堂而皇之地侵入我們對生命的看法，但它並不適用於悲傷諮商。療癒（healing）重視的是關心和歷程，而不是療效（cure）和結果。懷著「我沒辦法免除他的痛苦，但我不會留下他一個人經歷這些痛苦」，才有助於重新調整悲傷諮商師的角色期待（Kurtz, 1990）。

　　如同先前提到的，悲傷不是疾病，而是適應的歷程，是為了讓個體調整適應生命中的重大失落事件。基於此，悲傷諮商的目標之一即是要移除阻撓悲傷適應歷程開展的障礙，如此一來喪慟者才能將失落經驗

整合至生命中。因此，做為一位悲傷諮商師，重要的是學習與悲傷「共處」，即使這是一個非常繁雜吃重的過程亦然，「共處」仰賴的是諮商師坦誠、投入、慈悲心的陪伴。接下來我們會描述「治療性的陪伴」的意涵，以及練習如何與自己和個案同在。

陪伴的修練

或許穩固治療關係最好的方法，就是先從你和自己的關係做起。許多智者說我們沒辦法給別人我們沒有的東西，的確，「負傷的治療者」（wounded healer）（Nouwen, 1972）一詞告訴我們，熬過痛苦的人生經歷，能使人更為體察他人的痛苦，人溺己溺，人飢己飢。眾多諮商文獻也提到諮商師如何善用自我，使治療關係成為療癒的利基（Baldwin, 2000; Geller & Greenberg, 2002; Geller, Greenberg, & Watson, 2010; Wosket, 1999; Yalom, 2002）。在這一節裡，我們要來認識支持身處困境及經歷失落痛苦的個體時，真正能派上用場的陪伴方式。

內在外在皆安心

049

這個詞和鎖上門窗無關，而是對自己和他人皆感安心、自在。想想身邊最親近和最信任的人，是什麼讓你願意信任他們、願意將內心最深處的想法和感覺跟他們分享呢？當你知道某人對你坦誠相見，但依然尊敬你、關心你，跟他在一起時，你的內心感到非常安心踏實。Rogers（1995）主張個體會渴求無條件的愛與關懷，這並非自戀，而是源自對安全感和想被深深欣賞的需求。

說到「內在安心」，是指個人的內在世界——你的想法、感覺和對自己的反應。例如，一個老是追求完美主義和成功的人，他的內心必然充塞負面的想法，認為自己沒有「達到標準」，或必須一直證明自己的價值，或老是覺得自己不足、不好。常會聽到他們吶喊：「我好笨！」這些反應或許看來很可笑，也常被一笑置之——但你必須認真聽取你對自己的看法，以及你如何回應生活周遭的情境。培養內在的安全感，意

指兢兢業業地對待自己，就好像你也會小心翼翼地選擇要跟摯愛說的話一樣——你和那些值得你愛和尊敬的對象並無不同。

羞恥感，是一種深覺自己百無一是的感覺，是一種非常痛苦的體驗，對個體的打擊非同小可。羞恥感和罪惡感不一樣。罪惡感通常是針對已經做了的事，希望能有亡羊補牢的機會；相反地，羞恥感暗指自己有問題，而且羞於承認，因為它來源不明、行動飄忽——是一種根深蒂固的自卑感、無價值感，或自認像瑕疵品一樣糟糕（Harris, 2010）。擺脫不掉羞恥感造成的痛苦，同時又想沖淡難以啟齒的羞恥感，害我們無法與他人建立有意義的連結（Harris, 2010）。

檢核內心經常產生的對話，也就是傾聽你的「自我內言」（self-talk），是成為諮商師前很重要的起點。若你能尊敬自己，對自己好一點，誠實地進行自我評價，方能心平氣和地與自我同在。無法做到這一點，卻妄想能與自己和他人同在，無異是緣木求魚，因為你沒辦法對沉默處之泰然——此種安靜的時刻會讓你的心落入消極、自我厭惡和心神不寧，令你避之唯恐不及。

050

自我覺察與反思

陪伴始於治療師的自我反思能力，和為尋求治療晤談的個案所下的準備功夫。當個案的經驗和你的經驗類似，或他們的經驗讓你聯想到過去的痛苦時，瞭解自己、瞭解什麼會「觸動」你是一件很重要的事。在課堂上，我們會派給學生一項作業，要求他們填答一份從出生到現在的生命失落經驗問卷（請見本章末的失落線練習）。這些失落經驗不一定涉及至親死亡；或者應該說是生命在出乎意料之際轉彎的經驗，造成一段時間的適應與悲傷。學生常見的答案有：搬家、因生活環境變化而失去友情、失戀、失去希望與夢想，以及因重要他人過世而衍生的種種失落。這個練習給我們一個機會反思失落如何形塑我們的生活，看見它們依然徘徊不去遺留下的傷口，方不至於將你與個案的感覺和經驗混為一談。

培養增進自我覺察與誠實地反思個人的生命與經驗，必要時更須承

擔自我修正的責任。經過反思與選擇之後做出回應（respond），而非不假思索的反應（react），你的一切所為方能符合你真實的立場與價值觀。此種陪伴賦予你敞開心胸傾聽他人的能力，依個案分享的內容做出回應，而不是馬上就跳針到提供建議與下定論。

培養慈悲心

　　慈悲，意指展現仁慈、理解和不批判的態度，特別是對受苦、失能或受挫者表現出體諒理解的反應（Bennett-Goleman, 2001; Brach, 2003; Neff, Kirkpatrick, & Rude, 2007; Salzberg, 1997）。上述這些學者一致主張慈悲能緩和焦慮，增進心理健康。Berlant（2004）更視慈悲乃出於理解天下蒼生經驗共有，而對一切有情萬物做出的反應。她認為欠缺慈悲是殘忍的表現，個體和整個社會皆有可能缺乏慈悲心。慈悲思及冤親平等、同體大悲，世無完人，孰能免於痛苦的生命經驗，沒有人敢說在人生的某個時刻不會遭受苦難。

　　投入助人專業工作的人通常懷有利益眾生的慈悲心腸，但對自己卻不大慈悲。對自己不仁慈的人貽害無窮，等於是將自我阻絕在慈悲他人之外。由於對自己過於嚴厲苛刻，以至於得不斷假手他人來證明自己的價值和重要性。以這種心態來服務心靈正受傷害的個案是一件十分危險的事。刻薄自己的助人者，往往會利用個案來提高他脆弱的自我，在治療過程中為滿足個人的需要剝削個案，違反治療關係裡要以個案的福祉為優先的目標。

　　暫停一分鐘，請思考你對慈悲的定義。如果請你描述一位具慈悲心腸的人，你認為他具備哪些特質呢？具慈悲心腸的人見眾生苦，產生同體大悲至極同情，發願修習慈悲心，乃是願見世人之苦，接近受苦之人，並願助人拔苦與樂。由於我們無法免除世間一切苦惱，例如死亡與重大失落，因此我們能做的，就是見證他人的苦難，和他人的苦難共鳴，在他們悲傷時陪伴在側，不妄加批判評斷。看似被動的過程，其實不然。慈悲心起，則主動實踐無邊願行。當別人見無法「修復」已經發生的事情，一溜煙轉身離去或半途而廢時，慈悲者依然與之同在。修習

慈悲心時亦須培養內在大力量與大智慧，潛心實踐，漸次步入心無旁騖地與他人「同在」。

Geller 與 Greenberg（2002）採用質性研究的方式，探討資深諮商師的治療關係陪伴經驗。他們認為在治療會晤中全心全意地陪伴個案，是指： 052

- 準備陪伴（preparation for presence）：指治療師許下承諾，願意在日常生活中練習陪伴，培養開放、接納、不批判的態度。
- 陪伴的過程（the process for presence）：在療程中真誠地與個案同在，開放且接納個案的經驗。用「第三隻耳」傾聽。
- 陪伴的體驗（experiencing the presence）：深深融入個案的世界，不執著於結果。全然地覺察、留神與專注在個案身上。

這些學者主張：

> 治療師的陪伴乃是以當下的感受與深度的關係連結為本。以溫柔、不批判和慈悲的態度，坦然接受個案的經驗……願意被個案的經驗影響和感動，但同時亦堅守與回應個案的需求及經驗（p. 85）。

〔更多探討陪伴的詳細內容和概念建構研究，請見 Geller、Greenberg 與 Watson（2010）〕。

在西方社會裡，陪伴是一個很難理解的概念，如同本章一開始提到的艾拉案例。助人專業的重點一般都放在「做了什麼」，而不是「陪伴」對方。其實，全然陪伴、同理對方的能力，是我們擁有的最棒的禮物。想要好好地陪伴對方，必須先從學習跟自我和自己的經驗好好相處做起。

東方哲學與西方心理學融會貫通成為新興的熱門話題，特別是運用正念於治療情境。已有數位學者點出治療師規律練習冥想或正念的好處，日日保持覺照，並推己及人，心無二用地陪伴前來求助諮商的個

案（Epstein, 2007; Geller & Greenberg, 2002; Hick & Bien, 2008）。某些治療模式索性採用這些練習，協助個案重新思考存在的狀態，專注於現下的生命，放下過多的期待，想想是什麼干擾自己完全活在當下（Kabat-Zinn, 2005; Kumar, 2009; Kurtz, 1990; Welwood, 2000）。雖然許多學者強調靜坐冥想練習的價值，但其實此種練習乃是為了建立放下期待與結果的觀念，反求當下的此時此刻，與自己和他人同在，促進覺察。

許多的治療專業訓練都要求在學諮商師將接受個別諮商當作訓練的一部分，這種作法的優點自不待言，它也是訓練學生培養同理心的最佳策略之一。自己當個案，與訓練有素的諮商師晤談，體驗治療歷程，亦是培養自我覺察和反思能力的出發點。或許坐而言不如起而行吧！

覺察與陪伴的練習

以下的練習活動是為了協助諮商師自我覺察與自我省思，練習陪伴。花些時間體驗這些練習活動，也找一個能欣賞你的努力過程，願意聽你分享心得的夥伴。

失落線練習

個人的失落，是指導致生命重大改變的任何失落。個人的失落包括：重要他人死亡、關係失落、失業、失去寵物、失去夢想、離婚、移民、失去健康，或失去自我等等。

1. 依個人失落的發生順序列張清單，包括失落發生的年份和失去的對象。為了呈現視覺效果，最好是在紙上以時間軸的方式顯示。
2. 端詳你畫的「失落線」。思考你在紙上列出的每樣失落，以及它們對你生命造成的影響。註記失落對每個生命階段造成的發展或成熟差異。你經歷的失落如何形塑現在的你？有哪些失落到現在仍然「原封不動」地干擾你的生活？面對跟你有類似失落經驗的

個案時，你因應失落的方式，會如何影響你跟他們的互動？

陪伴的練習（本練習須找一位夥伴）[1]

理想上，跟你一起練習的夥伴最好不要太相似，雖然這種情形難以避免。若有第三人在場為你們大聲宣讀練習過程尤佳。

▸▸ 第一部分

跟你的夥伴面對面坐下來，找一個雙方都自在的距離，但又能夠近到你們可以前傾，聽到彼此的聲音。

閉上眼睛，放鬆身體姿勢。回想你曾經用純真好奇的眼光觀察這世界的時刻，如果想不起來有這種時刻，請想像彷彿你第一次睜開眼睛看到這個世界的光景。花幾分鐘的時間發掘內在的純真與好奇。

現在，睜開你的雙眼，低垂眼瞼，維持溫和、稍微迷離的目光，不要瞪視或怒視……。待會兒也可看一下夥伴的膝蓋周圍。現在，請輕輕地睜開你的眼睛。

你覺察到另一位夥伴的存在。在你的視野範圍內，你全部的感官都在告訴你，有某樣活生生的東西在這裡。即便只是掃視眼前四周，你的內在知識在低語，有一個像你一樣有生命跡象的客體在這裡。你甚至可以感覺到對方呼吸的動作。

現在，請輕輕地、溫柔地把你的視野提高到夥伴的腹部位置——把目光焦點集中在胸腔下方。你現在可以清楚地看見對方的呼吸起伏了，你們的呼吸節奏看來似乎很協調，但千萬不要刻意這麼做——只要溫柔地讓此種和諧一致自然地同步發生就好。靜默地跟這種感受共處一會兒。

此刻，再度輕輕地抬起你的目光，溫和地逡巡肩膀到膝蓋周圍，對方的身軀映入你的眼簾。看著對方的呼吸起伏，也感受你自己呼吸起伏，吸入的空氣充塞上半身——不會只停留在鼻腔或肺部裡。你現在已

---

[1] 本練習活動獲 Brad Hunter 授權使用。

經可以完全感覺到在你面前的對方的存在了。

050 　　現在，慢慢地、溫柔地，懷著對你倆的慈悲心，凝視夥伴的臉。你注視的是世界上獨一無二的臉龐，但是，基本上看來，他的臉與你的臉並無多大差異。端詳這張臉，彷彿看著一面鏡子……這張臉經歷了數不清的失落與悲傷……這張臉渴望的歡愉與你殊無二致……這張臉曾因得到愛與接納而激動不已……也曾因被拒絕與羞愧而深受折磨……這張臉訴說這顆心的一切過往……這個人和你一樣渴求平靜與幸福……引頸盼望苦難能畫下句點。

　　溫柔地凝視夥伴的臉一會兒。此時的你可能會有些暈眩或遲疑，因為這部分的練習會讓你有點彆扭，覺得很不好意思。如果發生這種情況，請試著回想方才的練習，大方地凝視夥伴的臉。聽從這項指令時，請不要移開你的視線，若頓時覺得緊張，只要閉上你的眼睛，再度把想像定格在天真無邪、了無成見的畫面上即可。

▸▸ 第二部分

　　在這個部分，你必須回想一個真實的個人失落故事。失落的發生時間及深切程度由你自己決定。很顯然地，你分享的故事越深刻，這個體驗越有影響力。首先決定由誰先開始敘說，聽的人則是失落故事的見證者，但他只要傾聽就好，重要的是不要交互對話，請克制你想要回應、碰觸或安慰對方的衝動。不要刻意正襟危坐——讓你的肢體語言和臉部表情自然地回應對方的故事，但請先不要說話。

　　花三到五分鐘的時間敘說這個故事，當第一個夥伴說完後，接著打個暗號，然後換第二個夥伴開始敘說。

　　當第二個夥伴說完他的故事後，閉上眼睛數分鐘，跟你的夥伴同在，只是聆聽，但不「做」或說話的感覺如何？敘說故事時的感覺呢？

　　透過這個練習，常可發現僅是陪伴對方、但卻不做任何事情是多麼困難。它也告訴我們，如何全心全意地與對方同在，不去干擾對方的思緒或經驗歷程。

簡易陪伴練習

　　這是一個你隨時隨地都能做的練習，每次只需花一到兩分鐘。不管是社交場合或實務工作現場，當你正和對方說話時，把全副注意力放在他身上。閉上眼睛傾聽對方說話的語氣和音質，接著，傾聽對方使用的詞彙，以及這些詞彙如何傳達出感覺、想法和意見。如果對方不再說話，默不作聲，花些片刻用你的呼吸配合他的呼吸節奏。從這段簡短的專注練習中，反思你從對方（或你自己）身上學到什麼。

名詞釋義

- 慈悲心（compassion）：展現仁慈、理解和不批判的態度，特別是對受苦、失能或受挫者表現出體諒理解的反應。
- 陪伴（presence）：全心全意與他人「同在」的行動和意圖。
- 治療性的同在（therapeutic presence）：指治療師具備專注、有心、直覺、活在當下、想像力和建立關係等技巧。
- 負傷的治療者（wounded healer）：意指熬過痛苦的人生經歷，能使人更為體察他人的痛苦，人溺己溺，人飢己飢。

反思問題

1. 從你個人的經驗裡，有哪些因素會阻礙你完全與他人同在？本章所描述的陪伴，跟你過去對服務喪慟者的助人者的觀念有何相符或差別之處？

2. 跟某位你信任的夥伴一起完成本章提供的兩個練習。你對這個練習有什麼感想？那位跟你一起完成這個練習的夥伴的感想呢？

3. 我們常不自覺地認為療癒等同於療效或自痛苦中解脫。根據本章的觀點，當事情已成定局、無法改變，或無法減輕對方的痛苦時，此時療癒該如何發揮作用呢？

4. 回想你曾經因為不知道該說什麼而渾身不自在的場景。請你思考在同樣的情境下，還有哪些作法可以做到本章所提的「陪伴」？

參考文獻

Baldwin, M. (2000). *The use of self in therapy* (2nd ed.). Binghamton, NY: Hayworth.

Bennett-Goleman, T. (2001). *Emotional alchemy: How the mind can heal the heart*. New York, NY: Three Rivers Press.

Berlant, L. (2004). *Compassion: The culture and politics of an emotion*. New York, NY: Routledge.

Brach, T. (2003). *Radical acceptance: Embracing your life with the heart of a Buddha*. New York, NY: Bantam.

Epstein, M. (2007). *Psychotherapy without the self*. New Haven, CT: Yale University Press.

Geller, S. M., & Greenberg, L. S. (2002). Therapeutic presence: Therapist's experience of presence in the psychotherapy encounter. *Person-centered and Experiential Psychotherapies, 1*(1–2), 71–86.

Geller, S. M., Greenberg, L. S., & Watson, J. C. (2010). Therapist and client perceptions of therapeutic presence: The development of a measure. *Psychotherapy Research, 20*(5), 599–610.

Harris, D. L. (2009–2010). Oppression of the bereaved: A critical analysis of grief in Western Society. *Omega, 60*(3), 241–253.

Harris, D. L. (2010). Healing the narcissistic injury of death in the context of Western society. In J. Kauffman (Ed.), *The shame of death, grief, and trauma* (Vol. 1, pp. 75–87). New York, NY: Routledge.

Hick, S. F., & Bien, T. (2008). *Mindfulness and the therapeutic relationship*. New York, NY: Guilford.

Kabat-Zinn, J. (2005). *Full catastrophe living*. New York, NY: Bantam.

Kumar, S. M. (2009). *The mindful path through worry and rumination*. Oakland, CA: New Harbinger.

Kurtz, R. (1990). *Body-centered psychotherapy: The Hakomi method*. Mendocino, CA: LifeRhythm.

McDonough-Means, S. I., Kreitzer, M. J., & Bell, I. R. (2004). Fostering a healing presence and investigating its mediators. *The Journal of Alternative and Complementary Medicine, 10*(Suppl. 1), 25–41.

Neff, K. D., Kirkpatrick, K. L., & Rude, S. S. (2007). Self-compassion and adaptive psychological functioning. *Journal of Research in Personality, 41*, 139–154.

Nouwen, H. J. (1972). *The wounded healer: Ministry in contemporary society*. New York, NY: Doubleday.

Rogers, C. (1995). *On becoming a person*. New York, NY: Houghton Mifflin.

Salzberg, S. (1997). *Loving kindness: The revolutionary art of happiness*. Boston, MA: Shambhala.

Wampold, B. E. (2001). *The great psychotherapy debate: Models, methods, and findings*. Mahwah, NJ: Lawrence Erlbaum.

Welwood, J. (2000). *Toward a psychology of awakening*. Boston, MA: Shambhala.

Wosket, V. (1999). *The therapeutic use of self: Counselling practice, research, and supervision*. New York, NY: Routledge.

Yalom, I. (2002). *The gift of therapy*. New York, NY: HarperCollins.

CHAPTER ❺

基礎諮商實務

　　雖然我們堅信諮商有賴於諮商師，以及諮商師與個案之間建立的關係，但諮商師使用的治療技巧和回應仍是跟個案互動時很有幫助的「通行證」。新手諮商師常說他們很擔心，害怕說出讓喪慟者更難過的話，或說話不得體，或舌頭像打結一樣，一個字都說不出來，顯得自己很蠢。希望本章能提供你善加回應喪慟者的實用建議。我們會從基本技巧開始，盼你學用合一，融入自己的日常生活中勤加練習。接著我們會討論如何跟個案開始晤談。最後，要進入一些較「難搞」的狀況，你可以在跟個案開始晤談前先思考如何應對。

打好基礎

　　如同先前所討論過的，建立治療同盟是開啟諮商歷程最重要的一步。學習如何與你自己和個案完全同在，開放而接納，是奠定諮商工作的基礎。詳述同在與治療同盟的條件後，我們要從如何與個案同在，前進到該對個案說什麼、做什麼，才能有效傳達出你想陪伴他們一同走在這段旅途上的好意。我們先從說明基本專注技巧出發，接下來，我們要探討同理心在治療關係中的角色，最後是協助個案敘說的實用觀念，以及陪伴他們走過這段悲傷之旅時，可以提供的最大支持。

專注技巧

專注技巧（attending skills）是指諮商師「關注」自己和個案，這是首要之務。當你專注在個案身上時，你留意個案跟你分享的事情、觀察個案的肢體語言，也留心你自身的內在反應和肢體語言。我們幾乎都是透過非語言訊息與他人溝通，即使對方正在說話亦然。所以，聆聽某人說話時，也要注意對方的肢體語言，辨識隱含其間的「不言之言」——這是個案同樣在對你做的事。所以，你的肢體語言必須要和你跟個案分享的話語、想法、感覺、意圖一致。以下是基本的專注技巧：

1. **眼神接觸（eye contact）**：以合乎文化禮儀的方式看著個案。這並不是說要直盯著對方瞧，而是不時地看著他們，尤其是對方正在說話時，這樣他們才會覺得跟你有所連結，知道你在關注他們。不是所有的文化都將眼神接觸視為舒適或合宜的舉動，如果你發現個案對你的眼神接觸侷促不安，你應該修正你的視線，例如只注視側臉或偶爾短暫地直視他們的眼睛。如果眼神接觸讓他們越來越不舒服，最好跟個案確認這個問題，瞭解他們的期待，怎樣才是適當的作法。會對眼神接觸不自在的原因之一，是有些人不習慣成為別人注意的焦點，遑論諮商師在晤談時把全部心力放在個案身上。如果以敏感和尊重態度探討這些感覺和議題，是加深信任感和尊重的好機會。

2. **話音品質（vocal qualities）**：想想自己跟個案說話時的速度、音量和聲調。我們常不自覺地說得太快，因為已經習慣在短時間內透過科技傳輸工具迅速地回應和分享許多訊息，或與他人快速交流。特意在諮商晤談中放慢步調、花時間探討個案談話的內容，以及他們如何說出這些內容是很重要的。我們應該想想要怎麼說才「好聽」——音調不要太高、太低或太單調乏味。詢問值得信任的朋友，請他們就你的話音品質提供回饋，或用錄音機錄下你自己的聲音——必要時，聲音是可以調整的。

3. 口語跟隨（verbal tracking）：意指諮商師主動傾聽，密切注意個案敘說的內容，詢問相關的問題以求深度理解。要讓個案主導談話，不可任意插話灌輸我們的想法，除非是對個案有用的話。雖然不太可能一字不漏地跟隨個案的說話內容，何況有些個案的話確實難懂、雜亂無章，但諮商師應想辦法理出頭緒，抽絲剝繭。另一個與口語跟隨有關的面向是「憑直覺跟隨」（intuitive tracking），此時關注的重點不是個案敘說的內容細節，而是隱含於其中的感覺和涵義。這或許需要花一些時間練習，但比起其他技巧，它相對容易多了。

4. 傾聽的肢體語言（attentive body language）：諮商師的姿勢和肢體表現發送出你正在關心個案的強力信號。從肢體動作也可看出你是否興致缺缺、不耐煩或注意力渙散。想想有哪些肢體線索顯示出你正在傾聽或關注對方。我們建議你坐在離個案約 100 公分處，不要直接面向個案，而是稍微側向。傾聽的時候，你要微微地傾向個案，毋須顧慮用手勢和臉部表情傳達你的想法。觀看諮商師與個案晤談的錄影帶時，常看到諮商師模仿個案的肢體動作、臉部表情與手勢。諮商師與個案的動作同步並不稀奇，這顯示諮商師與個案間的默契協調，「配合」得恰到好處。

　　如果諮商師坐得太近、肢體語言太頻繁，或諮商師的肢體動作太靠近或令人分心，例如看錶、雙手抱胸、雙腳動個不停，會容易讓個案覺得不舒服。記住，個案常覺得諮商是個親密的歷程，說出自己的隱私具有風險。所以，思考個案會如何解讀你的肢體語言是很重要的。

062

　　另一個相關的問題是：要不要在晤談中作筆記。我們認為這是諮商師個人的決定，每位諮商師都要自己抉擇。如果你覺得你需要作筆記以詳細記錄與監控諮商歷程，那麼就要在第一次晤談時跟個案說明你會如何使用這些紀錄，以及你為什麼要作筆記。個案會很在意你在晤談中的作筆記行為。不管你記得多，或似乎沒記下他們認為很重要的話，個案都會受到影響。要確保作筆記不會妨礙你完全與個案同在，而且筆記本不會成為阻撓你保持專

注力的「程咬金」。無論何時，關注的焦點都是個案。記住，個
案才是坐在你面前跟你分享故事的人。

5. 跟個案晤談時，最好記的專注技巧是 Egan（2009）在《助人歷
程與技巧：有效能的助人者》（*The Skilled Helper*）（譯註：
中文版第二版由雙葉書廊出版）一書中提出的 SOLER 模式。在
SOLER 模式中，需謹記在心的重點是：

S：面向（**squarely face**）個案，或維持 45 度角。不要有桌子橫
在你們中間。

O：開放的姿勢（**open posture**），不要交叉雙臂。交錯雙腿在我們
的文化是可以的，但不要把腳踝放在膝蓋上（蹺二郎腿）。

L：稍向前傾（**lean forward slightly**），略微彎向個案，邀請他
們談話。

E：適當的眼神接觸（**eye contact**），不時直視個案，但偶爾也
要將眼神移開，好讓對方喘口氣。

R：輕鬆姿勢與肢體語言（**relaxed posture and body language**），
不要太緊張或焦慮；自在且舒服的姿勢。

觀察與跟隨技巧

觀察技巧（observation skills）是指諮商師仔細觀察，藉以查明個
案敘說的內容。多數人都懂得運用觀察技巧來「解讀」他人的非語言線
索。你偶爾會記得對話的「重點」或對方的感覺，但可能無法鉅細靡
遺地記住對談的內容。身為諮商師，學習如何同時專注在個案的非語言
和語言線索上，是亟需培養的重要技巧。很多個案不知道該怎麼用言
語正確地表達他們的想法或感覺，但你可以觀察他們在晤談時的表情、
肢體動作和行為舉止，協助他們表達。觀察個案時，你可以將眼前所見
和個案的談話內容連結，協助個案清楚地道出內心深層的想法與感覺。
例如，你可以說：「當你說每件事情都很順利時，我注意到你有些遲
疑。你可以就這部分多說一點嗎？」另一個例子是指出沒有說出口的非

語言線索，例如：「我看到你的臉上露出難過的表情……可以跟我多談談嗎？」許多時候，諮商師想也沒想，就會自動地對應個案的肢體動作或姿勢。此種配合個案肢體動作的行為稱為「動作同步」（movement synchrony）。當你和個案都全心投入晤談時，常可看到這種現象。

　　口語跟隨（verbal tracking）是指諮商師緊緊跟隨個案的故事或個案敘說經驗的方式，進行口語跟隨時，諮商師會「挑選」可以深入探究個案經驗或覺察的事情。個案常以含蓄但卻蘊含重要意義的詞彙描繪他們的生命主題。當個案使用的字詞暗示強烈的感覺，或有密切相關、言外之意時，諮商師應該要記下來，不要遺漏這些線索。這類詞彙的例子有：無望感、無助感、束手無策、受不了、無力感或不知所措等。這些字詞通常富含象徵意味，告訴我們個案認為他身上發生了什麼事，或個案的「關鍵」（crux）問題所在。運用口語跟隨這個技巧時，諮商師或許有自己的選擇性注意力——意指諮商師會聚焦在自認為重要的事，但相對地，也有可能錯失個案覺得重要的事。在對話中覺察自身的偏見和喜好，才不至於用滿足諮商師個人需求，而非以個案的需求為重的方式跟隨個案。

　　另一種口語跟隨的方式，是順著個案的表達方式。例如，有些個案習慣以具體明確的方式思考，如果諮商師用隱喻和抽象的解釋和他們討論，這些個案會覺得不舒服，如果能用更確切和行為取向的方式討論，他們會更樂意。有些個案可能已準備好要討論生活型態，想要瞭解他們內在的感覺與動機，配合個案的說話風格才能協助他們放鬆，特別是諮商初期要建立關係時。隨著時間過去，如果他們願意跳脫思考框架，一點一滴「創新突破」（out of the box），個案會更成長，擴展他們對自我和他人的覺察。但這種挑戰要等到治療同盟已建立好時才能發揮效果。

064

　　當個案說出類似：「我認為……」、「我覺得……」或「我相信……」的句子時，他們就是在發出「我」訊息（"I" statement）。此種訊息是個案內在世界的重要指標，諮商師必須凝神關注。很多個案不知道該怎麼說「我訊息」，因為他們早已習慣不被聽見或不受重視，如果有這種情形，諮商師應鼓勵個案在晤談中嘗試練習這種說話方式。

　　口語跟隨的最後一個面向，就是留意個案的口語風格（遣詞用句）。多數人都有偏好的口語風格，如果你仔細聆聽個案描述經驗時選用的詞彙，你可以立刻「配合」個案的風格，如此一來，個案在分享時會覺得輕鬆不少。配合個案的口語風格邀請個案厚實描述，探索他們的內在世界與感覺，有助於諮商歷程開展。當諮商師留意個案的敘說風格時，常會讓個案覺得諮商師很瞭解他們，因而更樂於分享。口語風格的例子有：

- 視覺（visual）：個案使用的字詞會提到看見、想像、設想、詳述細節。
- 聽覺（auditory）：個案使用的字詞著重在他聽到的事情，使用的詞彙有聽說、聽起來好像、和諧、嘈雜的、刺耳的。
- 動覺（kinesthetic）：個案聚焦在動作、行動、事件、感覺、觸感、溫度和速度。

適度發問

　　問問題（questions）是從他人處獲取資訊的代表性作法。的確，在某些喜歡打趣諮商的情境劇裡，諮商師會問個案問題，匆匆記在筆記本上，不時搔搔下巴說：「嗯……聽起來很有趣……」。問個案問題，有幾個重點要記住：第一，問問題置諮商師於療程主導地位。回想先前提到的，我們要賦能個案，讓個案引導諮商歷程，但問問題卻只是讓諮商師得到某些特定的答案，引導的方向可能跟個案原先想走的方向大相逕庭。連續問太多問題會讓個案覺得你比較像是在審問他們，而不是要聽他們說話。此外，要小心，不要因為你對沉默坐立不安，就用問問題當作「填補」沉默的手段。沉默與停頓是個案的重要時刻，他們可利用這段安靜不受干擾的時間梳理想法和感覺。新手諮商師常說對話中的停頓、沉默和暫停，最為棘手和不舒服。如果諮商中出現停頓的狀況，在你說話前先暫停並深呼吸一下，允許你自己稍等一兩分鐘——跟隨個案的帶領——試讓這段充滿張力的時刻發揮作用，給個案機會整理思緒，

深入探索晤談的素材。別因諮商師插話，使個案為了回答問題而太快岔開話題。

　　基本上問題可分為兩種，每一種都立意良善。封閉式問題（closed questions）是指僅得到「是」（yes）或「不是」（no）的回答的問題，或只能得到單一字詞的回應。可以藉由封閉式問題得知某些事實，如地址、年齡、事情發生過多久了等等。封閉式問題有助於獲取特定訊息，如基本資料，以及跟諮商有關的問題，但不一定是諮商歷程不可或缺的部分。封閉式問題的範例如：「你之前看過諮商師嗎？」或「你有定期看醫生嗎？」當然，很多個案會用回答開放式問題的方式回答封閉式問題，因為他們想多說一些。有時候，整個療程因詢問個案一個簡單的問題而展開，個案也不厭其詳地回答，因為他們覺得這是一件重要的事。

　　開放式問題（open questions）以什麼、如何、為什麼和可否起頭，個案可根據他們的需要回應。這類型的問題邀請個案詳述故事，盡量增補細節。開放式問題無法簡短回答，希冀藉由這類問題瞭解個案的想法和情緒。開放式問題使用的目的和特定時機如下：

- 開啟治療，或邀請個案說他的故事，象徵你很願意傾聽，也想知道更多的細節：

「可以請你多告訴我，是什麼原因帶你前來諮商呢？」
「對你現在生活上所發生的事情，你有哪些想法？」
「死亡事件發生後，其他家人的情況如何？」

066

- 用來更深入個案的內心世界或經驗：

「可以請你多說一些嗎？」
「你對這個經驗有何想法？」

- 用來進一步瞭解個案說的內容，獲取特定訊息：

「可以請你舉例說明那是什麼意思嗎？」

「你想過哪些辦法以度過這次的難關？」

・用來評估個案目前的狀況：

「誰是一向最支持你的人？」

「你目前典型的一天情況是如何？」

　　以誰、什麼、如何、何時、為什麼和哪裡開頭的問句，可以是開放式問題，也可以是封閉式問題。但用這些字詞問問題時，你是在希望個案回答。你選用的字詞決定了回答的重點：

・誰（who）──人。
・什麼（what）──事實。
・如何（how）──感覺與反應。
・何時（when）──時間。
・為什麼（why）──理由（盡量少用）。
・哪裡（where）──情境與場合。
・可否（could）──可能是最開放、最有效能的問題。

以下是問問題時需謹記在心的原則：

1. 當你需要獲得某些資訊，且有必要「採取行動」時，須有意識且有選擇性的問問題。

2. 想想如何將擴展覺察的問題融入你的治療中：

「可以請你說明一下你理想中的……」

「如果這一切有所改變，你的生活會變得如何？」

「目前的日常生活中，你覺得最難受的部分是什麼？」

3. 所有的問題和探究都要以同理心為基礎──瞭解個案做出選擇必

有其理由，尊重他在來到這裡之前所經歷的一切。 　067

4. 當你連續詢問兩個或多個問題時，應該有所警覺，並停下來問問自己為什麼這麼做。留意這一點，找出你的答案。問太多問題會阻礙思緒流動，讓個案停留在理智層面，過度引導。

5. 根據治療脈絡與個案帶出的議題來問問題。

6. 如果對方似有自殺傾向，你一定要詢問（我們會在稍後詳加討論這一點）。

7. 避免用問問題來展現你的同理心——相反地，要以陳述句來代替。例如，你可以說：「這真的是一段難困的時期。」而不要問：「現在的情況對你而言有多困難？」

8. 在治療中期盡量少用封閉式問題。

9. 問問題時，避免使用「為什麼」這個詞。這種問句聽起來好像在論斷或指控個案。

同理心

同理心（empathy）是諮商實務中不可或缺的要素。同理個案的能力意指你能不能「穿上個案的鞋子」（get into the client's shoes），彷彿你就是個案般的看待和感受他的經驗。個人中心學派創始者 Carl Rogers（1959）即言同理心是指諮商師有能力：

> 正確地覺知對方的內在參考架構，包括蘊含在參考架構內的情緒與意義，好像你就是對方，但是又沒有失去「彷彿」（as if）這個條件。因此，同理心意指感受對方的痛苦或喜悅，就像他／她本人感受的一樣，也覺知對方有此感受的緣由，但並沒有失去**彷彿**是我的痛苦或喜悅等這個事實（p. 185）。

以同理心回應個案，意指諮商師有意地進入個案的參考架構——個案對事情的看法和感覺，試著經驗個案的世界，但同時又明白那不是諮商師的參考架構和經驗。好的諮商的目標，都是要增加我們對個案的同

理性瞭解，參與個案的經驗世界，讓他們覺得深深被瞭解和被接納。你大概已經聽過「將心比心」（walk a mile in my shoes）這個詞，同理的連結是指你有意地穿上個案的鞋子，從他們的視野角度去看事情，思考他們對這個世界的體驗。當我們站在同理的立場看個案時，就是跟他們產生珍貴的共鳴（resonance），這種經驗對個案的影響力極大。

有時候，嘗試進入個案內在世界的過程中，我們的確需要同理的交會，但你或許也憑直覺感覺到個案並沒有完全開誠布公。不過，當你越來越與個案同在時，很多事情似乎豁然開朗，這種情況有時被稱為高層次同理心（advanced empathy）。你可能發現個案並未清楚覺察某些經驗，但事實上它就在那兒——個案正在散發這些訊息，而你接收到了。以同理心傾聽個案時，我們傾聽的不只是他們說出口的話，還要運用上述提到的專注技巧。甚者，還要運用你的直覺和你對個案談話內容的反應來深度傾聽。Yalom（2009）形容治療師應具備「如兔子般靈敏的耳朵」（rabbit ears）——注意到常被忽略、但卻是個案的故事和經驗中相當重要的部分。國際個人意義網絡主席（President of the International Network on Personal Meaning）Paul Wong（2004）就曾說高層次同理心的意思是：

> 高層次同理心要求傾聽者不只要聆聽口語與非口語訊息，還要培養洞察力，瞭解對方的意思、希望與說不出口的擔心。它須具備用第六感傾聽的技巧、感受內心世界的脈動、詳細地說明在對方意識覺察之外的訊息。抽絲剝繭眾多看似瑣碎的線索，得出深具意義的見解。它要你驗證你對失落的那幾塊拼圖所做的假設是否正確，提出可能的解決方法（para. 25）。

每當你認為有「聽進」個案的話，相信你對個案的理解益發深刻，仍有必要跟個案確認你的洞察是否正確。你可以讓個案知道你對某些事情的「直覺」，也想瞭解個案的想法。高層次同理心並非詮釋或「聰明地解讀」個案的談話內容，而是給諮商師一個深入個案內心世界的機會。當你體驗到高層次同理心時，你會感覺到某種模式浮現，你真的

「懂了」——個案的故事、經驗、感覺、想法等等，如此分明清晰，接
著再將之反映回去給個案。記得把你的直覺當作可能性之一——邀請個
案檢視考慮。如果個案反對或不以為然，立刻轉往它處，不要再耗在那
邊。

　　同理心不只是一套技巧，對多數諮商師而言，它更是與生俱來的
內在本質。學習何謂同理心，以及如何增加你進入個案世界的能力，對
發展治療同盟無比重要。它讓個案安心，願意分享他們的感覺與想法，
跟你建立有意義的關係。想讓同理心發揮效果，治療師必須培養同理的
態度或心態。換句話說，同理心只有在一個人真正關心對方、真的有一
顆慈悲心的情況下才能發揮作用。在治療過程中，知道諮商師真的關心
你、重視你，比智性的瞭解和知道事情的細節更重要。此種對個案的關
心可以「掩蓋」很多諮商師在時機不對、誤解和辭不達意的情況下犯下
的錯誤。失去同理心，諮商師將會對個案擺出高姿態、品頭論足，或者
以居高臨下態度對待個案。

鼓勵、改述及摘要

　　這些技巧涉及口語反應（不是問問題），向個案傳達出你聽到他們
的故事，瞭解他們的想法與感受。這些技巧也給個案一個機會反思他們
的故事，澄清他們說過的內容，再深入探索內在的想法與感覺。

- 鼓勵（encouragers）：點頭、手勢、邀請個案說話的正向臉部表
  情。包括輕微的口語表達，如：「嗯哼」，加上諮商師肢體語言
  表現出來的專注與關注。
- 改述（paraphrasing）：將個案談話的內容精華反映回去，用對
  方的話語，也納入你的用詞。當你想讓個案知道你有「聽進」他
  們說的話，或你想把焦點放在對話或故事的某部分時，改述是很
  有用的技巧。改述個案的話的好方法之一，就是以個案的用語為
  基底，做為句子的主幹，然後用你自己的話濃縮那些內容，再跟
  個案核對正確性：

眼見：「就我所看到的，……」

聲音：「我聽到你說……」

動靜：「你似乎受到……的影響」

例如：「我想知道我是否正確聽進你說的話。我認為你說的是，有太多東西要消化——太多失落、太多需要適應的地方，但卻不給你喘一口氣的時間。這樣說對嗎？」

- 摘要（summarizing）：與改述類似，但摘要涵蓋的時間範圍較長，訊息內容更多。摘要可以用來開啟療程（begin the session），例如：「上一次談話的時候，我們談到……，從那之後情況如何？」在療程中期階段（middle of the session），摘要可用在要談某個話題之前，概括療程的部分內容：「到目前為止，我們已經談到葬禮上發生的事。你提到那天的光景、你的家人挑起的話題，以及你在葬禮舉行之前的感覺……。所以，我想知道他過世後的數週，發生了哪些事？」好的摘要通常在療程結束（end of the session）時發揮畫龍點睛的效果，用以回顧總結這次的療程，摘要跟個案有關的重要事件、感覺和內容，末了再跟個案核對正確性。

例如：「就我所見，妹妹的死亡讓你幾乎發狂，一部分的原因是意外來得突然，你沒有心理準備。你必須成為家中最堅強的人，扶持悲慟的雙親和其他兄弟姊妹。面對種種該做的事，你可能沒有時間去悲傷，但現在你快受不了了、快崩潰了。聽起來你的負荷過重，或許下一次晤談時，我們可以從這些議題開始談起。」

立即性

個案─諮商師的互動通常會反映出個案與其他人互動的模樣。

如果你覺得個案很難相處、看來漠不關心、思緒雜亂，或老是煩躁不安，那麼個案周遭的人極有可能也跟你有同樣的感覺。運用立即性（immediacy）即是正視「此時此刻」（here and now）——正視諮商現下發生的事，是瞭解個案的大好機會。當個案分享他們的故事時，我們可以用過去式、未來式、現在式穿梭其間，但停留在當下可能對個案最有影響力（也最有幫助）。Yalom（2009）就曾說立即性以及與個案停留在「此時此刻」，是協助他們邁向成長與療癒的關鍵。

071

　　當你決定把你和個案在療程中相處的經驗拿出來談時，記住，時機很重要。立即性就像是自我揭露和回饋之間的「雙人舞」，也就是跟個案分享你此時此刻的經驗。由於此類回饋在多數人的生活中鮮少發生，個案可能不知道該如何回應你對他們如此直率的經驗分享，有些個案甚至會覺得你在挑戰或批評他們。使用立即性需要熟練的溝通技巧，覺察諮商師對自己和對個案的想法。這個社會教我們不要用這種方法挑起話題，所以這是一個再學習的過程。使用立即性意謂著我們正在確認諮商室當下發生的事，把它帶到意識覺察層次中，也就是注意你所看到的，並坦誠地提出來討論。Yalom（2009）說明他如何在一次療程中，對某位經常若無其事不斷敘說同一個故事、一再老調重彈的個案運用立即性的例子：

> 「我知道你以前聽過這個故事……」（病人又開始訴說一段冗長的故事）
>
> 「我很訝異，你常常說我已經聽過這個故事了，可是你還是繼續說。你覺得我一再聽同樣的故事，會是什麼感覺呢？」
>
> 「一定覺得很煩吧！你可能希望這個鐘頭趕快結束——你大概一直在看時鐘。」
>
> 「你想不想直接問我呢？」
>
> 「你是不是有這種感覺？」
>
> 「一再聽同樣的故事，我的確會不耐煩。我覺得你跟我之間被這個故事擋住了，好像我們之間並沒有真正的對話。你說對了，我的確在看時鐘，但我這麼做是暗自希望你說完故事後，

我們在療程結束前仍有時間對話。」（pp. 24-25）。

072

注意，個案或許不習慣這種互動方式，會把它解讀成你在評價或羞辱他們，或認為你在「斥責他們」，雖然你的本意並非如此。因此，很重要的是，你應該要用同理心提出此種回饋，第一次對個案使用立即性時，應以細心和體貼的態度為之。運用立即性的例子如：「我注意到你剛剛嘆了一口氣，我在想那是不是跟……有關。」

「當你說到那件事時，你扮了一下鬼臉……」
「我現在的感覺是……，你呢？」
「我發現我很難理解你現在的笑容，因為你的故事聽來令人相當難受。可以請你多告訴我一些嗎？」

自我揭露

這項技巧是指在治療過程中，諮商師在適當時機分享個人的故事與狀態。Yalom（2009）指出，諮商師的自我揭露（self-disclosure）有三種：(1) 治療機轉；(2) 此時此刻的感覺；(3) 分享治療師個人的生活和經驗。分享你個人的經驗或許是最難的自我揭露。諮商師向個案坦露個人的某些訊息有幾個可能的好處。這些好處是：

- 有助於正常化個案的經驗。
- 有助於加諸合理的期待。
- 向個案示範自我揭露，特別是難以揭露個人訊息的個案。
- 傳達給個案，他們並不孤單。
- 若你覺得你必須要分享你的感受／感覺，好讓你像個真實的人；或有必要平衡治療關係的權力時，這是個非常有用的技巧。

自我揭露跟界線息息相關，因此，若你跟個案的界線岌岌可危或有部分缺失時，分享你的個人訊息就不是個好主意。不該跟個案自我揭露

的情況如下：

- 沒有設好界線或界線出問題（如：個案想利用從你那邊得知的個人訊息接近你，或個案因為他個人的依賴需求或不當行為，難以跟他人維持親密關係）。
- 在療程中，你有不吐不快的個人需求和驅力。
- 你意識到跟個案分享某些個人訊息，會傷害你們的關係，或無助於改善關係。
- 你的自我揭露會讓個案把焦點轉移到你身上；個案會用談你的事和經驗當擋箭牌，或個案慣於照顧或「解救」他人。
- 個案無法忍受親密關係。你分享的個人訊息可能對個案造成反效果，因為他無法與人親近，不知道如何對待你告訴他的訊息，或被這些資訊壓得喘不過氣來。

073

　　如果你已跟個案建立好治療同盟，在你覺得分享個人經驗對個案有益前，可以先思考以下的建言。這些建議是：

- 意識清楚──知道你為何這麼做。
- 簡短──一或兩句就是上限了。把治療的焦點放在個案上，而不是你身上。
- 確認這是為了滿足誰的需求；如果你跟個案揭露某事時情緒高漲澎湃，應該停下來並反思你分享此訊息的目的。
- 限制分享的頻率──如果你說的太多，就必須探討你為何這麼做。你被當成擋箭牌嗎？因為個案不肯說出內心話，讓你覺得很洩氣嗎？
- 善用你的直覺來判斷自我揭露是否對個案合宜。如果你有任何不確定之處，在揭露前多花點時間與心思考慮。
- 運用你的基本常識（common sense）。
- 注意時機；諮商剛開始時，焦點應多放在傾聽個案的話，「捕捉」故事的全貌。隨著時間過去，治療的重點開始朝向成長與未來願景，此時諮商師的自我揭露就是很有價值的工具。

- 這個技巧對個案的適用性不一，因此，應覺察並以個案的反應為依歸。沒有所謂「對」的方法一體適用於所有的個案，所以你的揭露必須要因人而異。

- 如果你對自我揭露有任何的猶疑，不揭露的話犯錯的機率會小一些。記住，一旦你對個案揭露某些訊息，說出去的話就覆水難收了。

- 請記住，個案並未像諮商師一樣受到保密倫理的約束。無論你跟個案分享了什麼，個案都有可能在諮商室外跟其他人對話時說出去。

　　自我揭露的確在治療同盟中佔有一席之地。要不要跟個案揭露諮商師個人的生活，或者揭露的細節多寡，每位諮商師的習慣不一。許多諮商師認為揭露的好處是可以展現他們的透明度，跟個案深度分享彼此人性化的一面。本節的討論最重要的地方是邀請你思考這個主題，你對自我揭露是否自在坦然，如此一來不管你在自我揭露這部分做出什麼選擇，都會處之泰然、從容不迫。

尊重抗拒

　　即使個案是自己選擇前來諮商，你可能仍覺得個案在治療中跟你若即若離，或個案的行為顯示你們的治療同盟出了問題。如果你有這種經驗，你可能正面臨個案的抗拒（resistance），反思發生了什麼事情是很重要的。記住，對許多人來說，諮商仍被貼上污名的標籤，而且會被他人視為「軟弱」的象徵。諮商對個案來說所費不貲，沒有保險給付的話幾乎無法負擔治療成本。此外，諮商這條路本身就很嚇人——不確定該期待什麼，個案就被要求跟陌生人建立關係，訴說自己以前從未跟他人、甚至親密家人朋友說過的經驗和感覺。對某些個案而言，求助諮商根本不是他們的決定，他們被某位好意的家人、朋友、牧師或心理衛生專業人員強押過來，所以他們不願意全心投入諮商歷程。從諮商歷程的種種特點看來，難怪有些個案會對諮商懷有抗拒心理。

　　諮商師必須瞭解如何辨識抗拒，善加回應個案的抗拒。當對方抗拒時，其實顯示他／她正極度脆弱不安，想藉由設置屏障來保護自己不受傷害。抗拒通常是個案覺得被強人所難、被越俎代庖，或被威脅利誘，即使這是諮商師最不願意做的事。事實上，抗拒可能跟諮商師完全無關，而是反映出個案的焦慮、難以信任、覺得丟臉、覺得互動太強烈，或想停留在熟悉已知的場域。抗拒是正常的反應和需要，應該加以尊重。

　　當抗拒發生時，給個案空間，不要過於躁進是很重要的。抗拒的時候，個案會說：「不。」這樣很好。跟抗拒中的個案共處會覺得氣餒是很自然的反應——不過，那也是正常的過程，把它當成能多瞭解個案的感覺和世界觀的機會。

　　個案表現抗拒的方式有很多種。當話題逼近他們的舒適度時，個案可能會「顧左右而言他」，試圖改變話題。有些個案會用幽默轉移晤談焦點，企圖談論無關緊要的事情，如天氣或根本不重要的細節，或把焦點轉移到諮商師身上。當你察覺到抗拒存在，回頭想想到底發生了什麼事。如果你的目標是尊重個案的進展，你極有可能已注意到抗拒的存在，或許這是個案目前想要的狀態，其情可憫。以下是抗拒為何會發生的常見原因：

- 諮商師過度引導。
- 個案覺得諮商師並不瞭解他／她。
- 療程或歷程可能太緊湊。
- 諮商師沒有好好聽個案說話，或不夠投入。
- 諮商師過於挑戰個案。
- 個案誤解諮商師的肢體語言。
- 個案覺得諮商師在評斷他或在給建議。
- 個案的移情干擾了他／她跟治療師的關係（如：治療師讓個案想起過去曾經虐待、否定，或批判他的人）。

　　若你覺察到你的個案正在表現抗拒，要怎麼處理比較好呢？下面有幾個建議：

- 記住，抗拒是正常合理的現象——也就是告訴個案「沒關係的」。

- 接受並尊重個案的狀態。抗拒必有其目的。

- 明瞭抗拒和猶疑都是源於恐懼，通常跟害怕失控、害怕未知、害怕改變等等有關。

- 檢查你自身的恐懼／抗拒——哪一部分是你的抗拒？（身為諮商師，你害怕失敗嗎？害怕跟個案處不好嗎？或個案見你之後並未好轉？）

- 檢查你的介入策略——特別是有沒有任何隱含的意圖或「熱點」（hot issues）沸騰——你督促的太過火了嗎？是否讓個案覺得你在暗中逼迫他或隱含熱切的期盼？

- 與抗拒共處，讓抗拒帶來改變。你可以跟抗拒友好——「我可以感覺到你不想談這件事，沒關係。」

- 要合乎實際、公平合理和保有彈性。不要害怕跨出那一步。或許你的期待太高。讓個案握有主導權。

- 抗拒對你而言通常是個挑戰，但抗拒不一定全是因為你的緣故。敞開心胸、誠實、謀求解決方式、真誠地面對自己，這樣才能好好跟個案在一起。

開始起跑——第一次晤談

　　如同稍早前提到的，許多人帶著一知半解的想法前來諮商。個案求助諮商的理由不一，但多數人是想要讓自己好過一些、學習如何更有效地因應過去的經驗，或是不要那麼孤單。知道這些想法後，讓我們思考一下第一次會晤個案的目標：

1. 開始建立信任關係：先前的章節討論到，諮商的基礎工作多是為了建立治療同盟，這部分自不例外。這是你開始向個案介紹你們工作方式的好時機，也讓個案瞭解你的治療價值觀和治療模式。治療關係的安全感乃是建立在信任上，諮商師必須告知個案你會

如何安全、秘密地保存他們對你揭露的內容，你會如何開始諮商晤談等。所以，除了特意告知你全然與個案同在外，你也要善用本章談到的技巧，奠定你們未來互動的基礎。此外，你也要告訴個案諮商的保密義務及保密的限制。

2. **教導個案諮商是一個循序漸進、逐步開展的歷程**：詢問個案的期待，以及他們對諮商歷程的看法。你也可以稍加說明你的諮商理念，你喜歡跟個案工作的方式。不過，詢問個案什麼對他們最有幫助，也是開啟諮商工作起點的好主意。將第一次晤談用來讓個案明瞭，你希望以他／她為首——而非反其道而行。

3. **詢問個案關心的事情，以及他想從諮商得到什麼效果**：不要害怕問個案他們對諮商師的期望，花時間探討諮商歷程是很重要的。例如，有些個案會說希望你告訴他們怎麼做，你可以說明你不會告訴別人該做什麼，但是你會協助他們探索所有的可能性，釐清哪一種作法對他們最好。

4. **討論諮商的合作過程**：詢問個案在這段旅途中，你要怎麼做才能成為他們最棒的心靈支柱。不要害怕問他們是否求助過諮商師，也請他們描述過往的求助經驗——看看你是否需要調整你跟個案的工作方式，好更契合他們的需求和期待。提醒個案你在諮商中會經常跟他們「核對」，尋求回饋。如果他們願意聽的話，你也會真誠地給予回饋。

有些諮商師會用書面契約的方式，和個案在諮商歷程中各就各位、界定角色和期待。這個契約可強化治療同盟，讓雙方清楚地瞭解彼此的期待。

結語

諮商師是深具挑戰性的行業。想成為經驗豐富的諮商師，須接受諸多訓練，全心全意自我覺察與瞭解，用心關懷個案的福祉。閱讀這些技巧和諮商歷程固然有趣，但若有機會「實戰演練」，花時間沉浸在治療

性的相遇，才有助於你熟練諮商技巧，進步指日可待。

名詞釋義

- **高層次同理心（advanced empathy）**：諮商師與個案產生深度共鳴，以直覺瞭解到個案並未坦率說出來，但卻是晤談中相當重要的事。

- **專注技巧（attending skills）**：是指諮商師「關注」自己和個案，包括肢體語言、眼神接觸、聲調和音量、遣詞用句、非語言線索。

- **封閉式問題（closed questions）**：是指僅得到「是」或「不是」的回答的問題，或只能得到單一字詞的回應。可以藉由封閉式問題得知某些事實，如地址、年齡、事情發生過多久了等等。通常以哪裡、是、不是為起頭發問。

- **同理心（empathy）**：意指諮商師有意地進入個案的參考架構——個案對事情的看法和感覺，試著經驗個案的世界，但同時又明白那是個案的參考架構和經驗，不是諮商師的參考架構和經驗。

- **立即性（immediacy）**：諮商師在晤談中運用立即性技巧，邀請個案檢視現下雙方的關係。

- **觀察技巧（observation skills）**：是指諮商師仔細觀察，藉以查明個案敘說的內容。觀察技巧有助於「解讀」他人的非語言線索，填補個案故事和境況中的細節。

- **開放式問題（open questions）**：無法簡短回答，希冀藉由這類問題瞭解個案的想法和情緒。開放式問題通常以什麼、如何、為什麼和可否起頭，個案可根據他們的需要回應。

- **抗拒（resistance）**：個案不願揭露或投入治療關係和晤談，常見的原因是受到威脅或不舒服。個案可能意識到、也可能沒有意識到他的抗拒。

- **自我揭露（self-disclosure）**：是指在治療過程中，諮商師在適當時機分享個人的故事與狀態。諮商師的自我揭露有三種：(1) 治療機轉；(2) 此時此刻的感覺；(3) 分享治療師個人的生活和經驗。

- **口語跟隨（verbal tracking）**：是指諮商師緊緊跟隨個案的故事或個

案敘說經驗的方式。進行口語跟隨時，諮商師會「挑選」可以深入探究個案經驗或覺察的事情。

反思問題

1. 在社交場合對別人練習同理心和傾聽技巧。例如：當你聽到某人描述一個經驗或對某件事情的感覺時，試著去「收聽」他們正在說的內容、對該經驗的感覺。先不要問任何問題，也不要急著表達你的意見。當你這麼做時，會發生什麼事？

2. 詢問某位你認識的人，請他們描述某件事情或某個經驗。當他們訴說時，試著融入他們。你可以使用陳述句，但不要問任何問題。做這個練習的感覺如何？當你跟不同的個案互動時，這個練習給你什麼啟示？

3. 設想你跟個案第一次會面時的「腳本」。寫下第一次會面開始時你要說的話，為諮商拉開序幕，以及你會如何向新的個案介紹你的工作方式。在你真正跟個案會面前，先跟朋友或同事練習你的「腳本」，使之更完美。

4. 為什麼喪慟者會不願意跟諮商師分享某些事呢？你會如何解讀喪慟者在諮商過程中的抗拒？

5. 練習傾聽別人跟你分享的故事和經驗。你有沒有發現你會比較容易記住故事中的某些細節，還是習慣「收聽」這個人的語調，比較留意他的情緒和反應更甚於他故事的細節？這個練習對於你將來跟個案合作，能帶給你什麼省思？

參考文獻

Egan, G. (2009). *The skilled helper: A problem management and opportunity development approach to helping* (9th ed.). Belmont, CA: Brooks/Cole.

Rogers, C. R. (1959). A theory of therapy, personality and interpersonal relationships, as developed in the client-centered framework. In S. Koch (Ed.), *Psychology: A study of science* (Vol. 3, pp. 184–256). New York, NY: McGraw-Hill.

Wong, P. (2004). *Creating a kinder and gentler world: The positive psychology of empathy.* Retrieved January 5, 2011, from http://www.meaning.ca/archives/presidents_columns/pres_col_mar_2004_empathy.htm

Yalom, I. R. (2009). *The gift of therapy.* New York, NY: HarperCollins.

CHAPTER 6

與喪慟者工作

　　許多人害怕靠近喪慟者，深恐不小心說錯什麼話或做錯什麼事，反而弄巧成拙，讓喪慟者的心情更糟。在本章中，我們要提出一些善待喪慟者的實用建議，盡可能提供最佳且恰如其分的支持。

　　前面的章節曾提到，多數喪慟者並不需要專業協助或治療即可因應失落和悲傷。因此本章的重點並非告訴專業人員該做什麼或不該做什麼，而是把重點放在如何有效協助喪慟者，不管你是喪慟者的朋友、同事或諮商師亦然。求助悲傷諮商的人不一定罹患複雜性悲傷，或失落挑起他們生命中未解決的議題，而是因為他們需要一處安全的場所，以健康的方式和能提供無條件支持的人一起探索悲傷。本章首先探討悲傷經驗常見的表現方式，接著討論有效協助喪慟者的實用建議。

何謂正常？

　　這是個案和學生最常提出的問題之一。由於悲傷的個別差異性極大，人人殊異，因此要如何得知何者才是正常呢？有位個案回答的很好，她說：「正常就像在洗衣機裡轉圈圈。如果你現在想正常點，就去洗衣間裡按幾個按鈕。這就是你在悲傷的時候還可以覺得正常的地方。」一聽到她這麼形容，我們頓時捧腹大笑，跟其他個案分享這種

說法時，他們也點頭認同。面臨重大失落——這個「天搖地動的生命事件」（seismic life event）時，整個世界彷彿翻轉顛覆，令人猝不及防，突然失去平衡，不再像過去一般熟悉，甚至癱軟無力、頭昏目眩，跟過去的自己天差地遠。因此，本章先從多數喪慟者常見的悲傷經驗開始，接著檢視較獨特的悲傷歷程，做為探討何謂「正常的」悲傷的參考。

悲傷經驗

雖然悲傷以情緒反應為主，但它的表現方式卻是相當多樣化，個別差異極大。喪慟者表現悲傷的方式，通常與其人格特質和先前因應壓力情境的作法相符。例如，一位不常在他人面前表露情緒的人，不太可能在經歷重大失落後，突然變得能自在地向他人吐露心聲。悲傷的表現方式可能有以下數種：

- 情緒（emotionally）：雖然常可預見的是難過，但它不一定是喪慟者的主要情緒。對木已成舟之事動怒、對摯愛離世憤恨不平，或惱怒失去自身很重要的一部分。有時候，生氣會遷怒到醫護人員、神職人員、家人或自己身上。憤怒也可能以隱微的方式表現，說出尖酸刻薄或怨天尤人的話。許多喪慟者說他們沒有情緒（無動於衷或百感交集），但情緒強烈到讓人不勝負荷。罪惡感與自責亦是常見的情緒，對說出口的話或做過的事悔不當初，可惜已經覆水難收，所以這種感覺常化成「要是……該多好」的懊惱。記住，每種情緒都有它的價值存在，傾聽者的角色並非告訴喪慟者跳脫情緒，或試圖讓他們的心情變好，而是要傾聽與肯定他們跟你分享的感覺，如此一來喪慟者方能從你的陪伴中獲益。本書第八章將談到如何處理強烈的情緒。
- 認知（cognitively）：喪慟者常抱怨他們沒辦法集中注意力、六神無主，或思緒不知飛向何方。時間感似乎也扭曲了，白天有時感覺長的沒有盡頭，有時又過得飛快，白天和晚上好像也顛三倒

四。許多喪慟者說他們的心思「忙個不停」，但一點效率也沒有。曾有位個案說她突然忘記要去幼兒園接回兩歲的兒子，她說她一直覺得事情有些不對勁，但說不上來為什麼，等回到家後，才發現她錯過平時四點鐘會去接兒子回家的時間（當時已經六點了）！如果你還得工作，悲傷的這個特性往往讓人難以兼顧，所以多數人會在摯愛死亡之後減少工作時間，因為回到職場後，專注力會變得非常差。

- 生理（physically）：我們的身體常藉由生理症狀顯示它「承載」許多悲傷的重量，許多喪慟者會說他們的生理症狀彷如故人死前的模樣。有位個案說她曾因胸口疼痛、喘不過氣來而進出急診室三次，但在她丈夫突然心肌梗塞過世前，這種情況從未發生過。個案常說他們「心力交瘁」（restless exhaustion），也就是心神不寧或心煩意亂，但身體已然疲憊不堪。當他們想躺下來休息一下時，思緒卻依舊如脫韁野馬停不下來，然而，就在他們想起身做某件事時，卻覺得筋疲力盡、心灰意懶。頭痛、渾身酸痛、睡眠障礙、體重減輕、體重增加、消化困難，甚至失足摔落、跌倒、撞到物品亦時有所聞（Hensley & Clayton, 2008; Luekin, 2008; Stroebe, Schut, & Stroebe, 2007）。有研究指出喪慟可能會降低免疫功能，提高發病率和死亡率的風險（Buckley, McKinley, Tofler, & Bartrop, 2010; Goodkin et al., 2001; Hall & Irwin, 2001; Jones, Bartrop, Forcier, & Penny, 2010; Schleifer, Keller, Camerino, Thornton, & Stein, 1983）。

- 靈性（spiritually）：本書曾提到重大失落事件可能會撼動個體的假設世界。個體常因重大失落事件質疑他們的宗教信仰，或懷疑這世上是否真有神靈存在、生命的目的何在。隨著時間過去，許多喪慟者常說失落經驗深化他們的信仰，或讓他們重新檢視原本視為理所當然的信念。在實務工作中，個案常說宗教社群帶給他們支持鼓勵，但有時候也會帶來不安或失望。雖然有研究顯示宗教信仰對悲傷的影響，但大部分並沒有定論說明宗教或信仰對悲傷歷程的直接效應（Wortmann & Park, 2008）。不過，許

多人的確在重大失落後，從信仰的制式儀式，例如，喪禮、祭禮等當中獲得歸屬感，避免陷入孤立無援的狀態（Park & Halifax, 2011）。

Balk（1999）主張會對個人原本的信仰造成改變的生活危機，通常具備三個要素：(1) 該事件造成的震撼顛覆固有的觀念；(2) 必須有反思的時間；(3) 該危機與個人的生命故事相呼應。Balk 進一步說明：

> 喪慟具有促發信仰改變的各種要素。它是危機，引發強烈的心理失衡，而且它的強度和持續時間足以讓個體冥思苦想、深切反省。它對個人生命的影響力是無遠弗屆的（p. 488）。

Fowler（1981）指出，當我們停止質疑信仰，轉而追尋意義的時刻，此即他所說的轉化的信仰意識（transformed faith consciousness），思索更重要的意義和對生命的體悟。因此，重大失落事件雖會導致信仰動搖，但亦可能強化與加深個人的信仰和生命意義。

- 社會（socially）：悲傷對喪慟者的人際交往影響層面極廣，若喪慟者長久以來一直擔任照顧者的角色，經過那麼長一段時間的看護後，他們的社交網絡再也不比從前。隨著照護日期加長、患者的要求日益加重，照護者的生活和他人的生活漸行漸遠，更沒有多餘的時間精力與人社交，跟原本的支持系統保持往來（Burton et al., 2008）。個案常說他們覺得被這個社會孤立，無法「融入」任何一個團體。他們對事情的反應和對親密關係的需求，比起喪慟前已是大相逕庭，這一點他們自己也非常清楚。

  許多喪慟者會封閉自己，因為他們不知道該如何應付可能會觸景傷情的社交場合，就連閒聊也變成苦差事。他們的生命被深沉的悲傷填滿，強烈地質疑生命和自我。喪慟者往往不知道怎樣才算是合宜的舉止（他們不再具備原有的角色認同），例如，寡婦不再是妻子；喪子女的父母親雖然還是家長，但卻是失去了某個孩子。此外，許多喪慟者都觀察到周遭他人努力地想要講出

「正確的」話，那種不自然的神態；或對喪慟者敬而遠之，以免出現尷尬的對話。

- 經濟（economically）：諮商師通常不會詢問喪慟個案這個問題，但這可能是他們最迫在眉睫的難關。我（指本書作者 Darcy L. Harris）曾見過兩位年輕的遺孀，在先生過世後不得不宣告破產，因為人壽保險金依然償還不了先生生意失敗留下的債務。她們疲於應付天天上門的討債者、騷擾電話和信件，令她們的悲傷雪上加霜。

  若喪慟者減少上班時間來照顧末期病患，他們面臨的不僅是收入減少，工作還可能因事假過多被別人取而代之。此外，故人過世後，他們還得請假處理遺產等事宜，勞心又勞力，但他們額外付出的這些時間卻沒領到半點酬勞，甚至造成財務吃緊。如果喪慟者是故人遺產的執行人，更須承擔這個耗時、吃力不討好的角色，處理其他家屬因遺產分配引發的衝突，這些都會讓他們早已沉重不堪的悲傷變本加厲。有些個案出於罪惡感不好意思領保險金和繼承遺產，因為這是摯愛過世才得以換來的受益收入。

- 行為（behaviorally）：喪慟者可能會從事某些看似不可思議、但卻屢見不鮮的行為。例如，許多喪慟者說他們會在人群中搜尋摯愛故人的身影，或反射性的尋覓跟摯愛有關的熟悉場景——尋找兒子死前開的車種，直盯著駕駛者，多希望看到兒子仍好端端地坐在駕駛座上。或發現自己走到摯愛可能會喜歡去的地方，即使之前你們並沒有一起去過。有些人會從事摯愛生前喜歡的活動（園藝、欣賞摯愛生前愛聽的音樂、餵鳥、集郵、逛街、觀看特定的運動比賽和隊伍、去某家餐廳吃飯或吃摯愛生前喜歡的食物），這些都是喪慟者常描述的情況，共通點就是認同故人的喜好，希望藉此和故人產生連結。Clayton（1990）說喪慟者也常學故人喝酒、服用鎮靜劑、安眠藥、抽菸等等。許多喪慟者形容經歷重大失落後，他們有好長一段時間好像處在「虛應故事」或「自動駕駛」的情況。一位個案說這種經驗就像是「身在曹營心在漢」一般。

086

超常經驗

喪慟者常形容透過某些暗號、夢境、影像或幻覺，他們能跟摯愛的故人連繫接觸。曾有個案說收音機自動調頻到故人生前喜歡的電臺；或鳥兒停在窗臺上，他們相信這是故人重返人間的徵兆。感覺某樣東西輕拂肌膚，發現書扉展開的那一頁，好像留下要給他們的訊息，閃爍搖曳的燈光，不知從哪兒飛來的蝴蝶，或聽見故人在耳邊低語。個案描述的「托夢」（visitation dreams）現象通常栩栩如生、歷歷在目。他們會看到故人說他們過得很好，有時甚至可以在夢中碰觸故人，猶留餘溫。

許多個案說他們會定期跟故人「聊天」，大部分是內心戲，偶爾也有夜半無人私語時。這些對話通常發生在墓園裡，或故人生前最常待的地方，例如，故人的辦公室、最喜歡的休憩地，或兩人特別的約會地點。多數喪慟者說這些經驗能撫慰他們的心，Parker（2005）的研究亦支持這項結論，這些經驗最重要的特色在於常見於喪慟者，而且具有緩解悲傷的效果，不要把它們視為洪水猛獸或用病態的眼光視之。這些經驗並非如精神病患或妄想症患者般的脫離現實。喪慟者知道這些經驗並不尋常，他們也常保留對這些事件的解釋，放在心裡不敢告訴別人，擔心被社會污名化，誤以為他們的心理有病。

復發

悲傷不可能完全「解決」（resolved）。常見（或更正確）的用詞應是：「整合」（integration）、「調適」（accommodation）和「適應」（adaptation），不要再用「悲傷復原」（recovery from grief）、「解決失落」（resolution of a loss）或「接受」（acceptance）等詞。事實上，現在的共識是：悲傷可能永遠沒有終點。雖然悲傷的強度會隨時間消弱，但悲傷本身卻仍以不同的形式存在，貫穿一生。例如，有位八歲喪父的女孩在成長過程之際的生命重要時刻，體認到她的父親再也無法參與這些特別的日子，她的悲傷即有可能再度死灰復燃。復發常見

於人生的重大時刻，如：週年紀念日、忌日，或是家庭的重要紀念日或典禮場合，如：畢業典禮、婚禮、寶寶生日等具有特殊意義的相處時光（Sofka, 2004）。有些人稱此為「悲傷引爆器」（grief triggers）或「悲傷狂瀾」（grief surges）。Parkes（1975）則使用悲傷「劇痛」（pangs）一詞，形容悲傷突如其來，剎時令人疼痛難忍。Rosenblatt（1996）指出這是悲傷的本質，主張悲傷從未真正遠離，希望喪慟者停止悲傷是不切實際的想法。相反地，他認為重大失落造成的悲傷極可能在個體的一生中反覆出現好幾次。悲傷會被情境或景物觸動，如不速之客般「不請自來」，頓時引發一陣痛楚。Rando（1993）將瞬間覺知失落已成既定事實的悲傷稱為事後陡然一驚的悲傷反應〔subsequent temporary upsurges of grief (STUG) reactions〕，其強度往往讓喪慟者為之一震，但有時須待數年後才會出現。悲傷並沒有特定的終點線，重大失落後不同時間點的悲傷復發是屢見不鮮的正常現象。

悲傷風格

　　Doka 與 Martin（2010）認為悲傷有不同的表達型態，以此推論出適應悲傷的風格。他們指出三種主要的悲傷風格連續向度，直覺型悲傷者為其中一端，工具型悲傷者則為另一端，落入兩端者為混合型。直覺型悲傷者（intuitive grievers）習於表達情緒，且喜歡和他人聊個人的經驗。工具型悲傷者（instrumental grievers）以較理智、行為的方式悲傷，也慣於用想法、分析和行動表露悲傷。混合型的人綜合直覺型和工具型悲傷者的特色，但通常其中一方較佔優勢。此種分法強調沒有所謂「對的」悲傷方式。不過，一般人常暗自期待喪慟者依性別社會角色悲傷。如果喪慟者沒有如他人預期般的表達悲傷，他們可能就會被貼上有問題甚或病態的標籤。

　　如果喪慟者在失落後並未顯露情緒，看似若無其事，別人常誤以為他們沒有「好好悲傷」。如前所述，不是每個喪慟者都是悲形於色或願意談談感覺和失落。表達悲傷的方式通常和個體的人格特質、個性脾氣與喜好選擇一致。例如，我們的一位同事最近喪偶，夫妻倆鶼鰈情深，

但太太卻在短短幾個月內因病猝逝。喪禮數週後他即重回工作崗位，很多同事以為他藉由埋首工作的方式逃避悲傷，擔心他會不會「閃躲」悲傷。然而，有機會與他簡短交談後，發現他顯然需要靠規律的工作作息熬過每一天。他本來就是個認知取向的人，慣於用理性分析思考經驗脈絡。他的悲傷如此真實，碰到這麼沉痛的失落，他選擇堅守職責，專注在日常生活任務上，跟他的人格特質不謀而合，也不失為因應壓力的好方法。

長久以來，悲傷諮商的目標似乎是透過情緒宣洩硬要個案表露心情、「清空」悲傷。不過，悲傷諮商較好（也比較人道）的目標並非如上所述，而是與喪慟者同在，協助他們以符合其價值觀、自我意象、人格和個性的方式度過悲傷歷程。

雖然情緒表達不若過去那麼緊急必要，但提供喪慟者社會支持卻佔有舉足輕重的地位。社會支持仍須因人而異，每個人對支持的看法各不相同。回到我那位喪妻同事的例子，我懷疑若我們隨便出現在他的辦公室，一屁股坐下來就要他談感覺，這樣難道幫上忙了嗎？我們給他的支持看似輕如鴻毛，實則足以讓他體會到同事們對他的關心與貼心，至少不會一直期待他要談感覺什麼的。他想談的似乎是該如何協助他的青春期子女因應母親死亡一事，因此他諮詢的方向側重在青少年的悲傷與父母親死亡這一塊。

哀悼的中介因素

悲傷諮商最重要的工作之一，就是留心聆聽喪慟者的故事和需求。主動的傾聽，與當事人獨一無二的悲傷經驗「共鳴」，瞭解這些特殊的變量如何形塑喪慟者的悲傷樣貌。Worden（2009）曾指出影響哀悼的中介因素（mediators of mourning），包括：(1) 故人與喪慟者的關係；(2) 與故人的依附關係本質；(3) 故人的死亡過程；(4) 喪慟者先前的失落經驗與壓力；(5) 人格特質與過去因應壓力的方式；(6) 可用的社會支持系統；(7) 當前同時發生的變化與危機。Worden 提醒大家注意，辨識這些因素時，重點應放在悲傷的多元面向與諸多可能影響喪慟者的變

數，而不是過度簡化悲傷，忽略悲傷的前因後果。

實用有效的建議

少做，多陪伴

　　許多喪慟者都碰過別人想「拯救」他們的時刻，因為看著喪慟者苦苦掙扎實在於心不忍，或喪慟者觸動自身的悲傷議題。我們肯定希波克拉底誓詞所言：「首要之務，勿使其傷」（Vaughn & Gentry, 2006, p. 165）。第一條經驗法則就是你不能「修好」他們的悲傷甚或挽回任何事情。你不可能令死者復生、不可能取而代之；你不可能回到重大事件發生前的過去，神機妙算、未卜先知。悲傷諮商實際上是相當個人中心取向的作法，善體人意的諮商師懂得「退後兩步，在個案背後默默支持他們」（Robert Neimeyer，私人談話，April 16, 2010）。因此，此時助人工作真正的目標，乃是陪伴個案，讓他們不至於在這段旅途中形單影隻地踽踽獨行。諮商師的「同在」與陪伴見證了喪慟者的悲傷、痛苦與心路歷程。如果你對自己和他人的強烈情緒或沉默深覺不安，可能會在服務悲傷者方面沒那麼上手。如同本書談到治療性的陪伴這些章節，諮商師完全的同在，對個案專注關懷，用雙耳和直覺傾聽個案的故事，如此一來方是看重與認可個案的經驗。你沒有辦法讓痛苦消失無蹤，但你可以陪伴個案走過這段痛苦的旅程，帶來慰藉，創造改變。

瞭解你自己

　　如果你仍有殘留任何未解決或「原封不動」的悲傷議題，你極有可能被喪慟個案的經驗觸動。若你尚未修通某些個人的失落經驗，你亦有可能在無意間跟個案的情緒保持距離，只為了保護自己，或「需要」個案來完成你個人的悲傷工作。自我覺察是悲傷諮商工作者最重要的責任之一。失落不必然與死亡有關，本書稍後會深入討論諮商師個人的議

題，但失落是普世經驗，我們終其一生難逃失落。諮商師必須覺察個人的失落經驗如何形塑與影響自己的人生，及他們對個案的反應。如果能對個人的經驗開放，以慈心觀照這些經驗，方能把諮商工作的焦點多著重在個案的悲傷過程和需要上。

紀念

　　雖然不是每個人都願意聊聊失落的感覺，但那些求助悲傷諮商的個案極可能迫不及待地想談談。悲傷諮商是要「見證」個案的失落故事——失落發生前的自我、與故人的關係、失落的本質與涵義、失落後的生活等等。若失落與心愛的人過世有關，我們常建議個案帶故人一生中不同時期的照片過來，不管是不是個案和故人的合照都沒關係。諮商師可以請個案「介紹」故人給我們認識，瞭解故人的生平事蹟，還有他們兩人的關係。我們也會邀請個案將「連結物」（linking objects）帶過來，這些物品提醒他們摯愛的故人曾經活過的痕跡——衣物、珠寶、書本、手稿、食譜、烹飪卡等等，不勝枚舉，在在喚起故人的回憶，讓往事歷歷在目，重溫兩人情深意重的關係。我們把這個過程稱為「紀念」（remembering）。如同將散落的斷簡殘編重新彙集整理，透過分享更能將彼此緊緊相繫。

　　許多個案都非常高興有這個機會能讓他們暢談傾吐失落的經驗、感覺和心路歷程。傾訴與分享讓個案回想起過去的快樂時光，尤其是經過長期照護的辛苦或失落之前曾有一段難熬的日子，這些回憶更顯得彌足珍貴。在對話中稱呼故人的名字，用相似的口音、用語和說話風格回應個案的故事。當諮商師留心靜聽，在個案訴說故事時全然與之同在，就是在見證個案的悲傷。藉由傾聽和回應，諮商師同時也認可雙方關係的重要性、個案日常生活的辛酸與苦澀。無論個案經歷多大的傷感與酸楚，諮商師在這段失落的旅途中依然無怨無悔地陪伴在個案左右。

共鳴──然後更換頻道

　　如本書中介紹喪慟理論時所述，近來喪慟研究的思潮為個體乃是擺盪在悲傷歷程和維持日常生活功能之間（Stroebe, 2002）。轉移注意力與「更換頻道」（change the channel）有時亦能派上用場，毋須將其視為不良的否認或逃避反應。如果個案自覺深陷悲傷的泥淖難以自拔許久，尚且無法「清空」悲傷，此時建議他們暫時「更換頻道」或許是個不錯的作法。如果不找個出口或放鬆片刻，一再沉溺於悲傷不但會讓抑鬱的感覺變本加厲，進而對個案造成難以挽回的傷害。創傷的畫面不斷闖入心頭時尤應如此，此時教導個案解悶消氣還比較好。本書稍後會詳論悲傷與創傷的互動關係。不過，偶爾看一場歡樂電影、聽首好歌、沉浸在日常生活雜事裡「發呆出神」倒也無可厚非。比起催促喪慟者跟著諮商師逐一細數失落經驗，這麼做反而更能發揮療癒的效果。為達此目的，我（本書作者 Darcy L. Harris）手邊就有幾張引導放鬆和視覺想像的 CD 可以借給個案帶回去欣賞，讓睡眠和生活功能受到干擾、飽受悶悶不樂心情和煩憂擾人思緒折磨的個案暫時從中脫身。

儀式與遺志

　　如前所述，多數的悲傷「工作」是要找出重大失落事件背後蘊含的意義。建立跟失落有關的儀式或遺志，不失為紀念往事、思慕故人，為重大失落事件賦予意義的有效方法。雖然當代西方社會鮮少進行哀悼的儀式，但可以鼓勵個案創造屬於自己個人的儀式，為經驗賦予意義。有些人會穿上故人的衣服，彷彿與故人仍有肌膚之親。有些人會寫信給故人或寫給自己、點亮蠟燭、播放某首特別的歌曲等等。例如維多利亞女王在她心愛的丈夫阿爾伯特親王薨逝後，數年間在床上鋪著亡夫的衣服依偎而眠（Lewis & Hoy, 2011）。本書稍後會就這部分多做探討，此處僅說明不落窠臼的儀式和別具一格的心思足以撫慰失落和悲傷。

轉介和評估的時機

　　雖然正常的悲傷通常會隨著時間慢慢減輕，多數的喪慟者並不特別需要專業協助即可自行適應失落，但仍有些情況必須仰賴受過專業訓練的人士介入協助。我們將會在第九章更詳細地探討困難的、複雜的悲傷。

結語

　　儘管悲傷是健康的、適應的過程，喪慟者仍希望能跟完全與其同在、「見證」他們經驗的人分享。瞭解悲傷的樣態，以符合喪慟者偏好與需求的方式提供支持，悲傷諮商工作者方能有效協助喪慟者邁向療癒與成長。

名詞釋義

- 超常經驗（**extraordinary experiences**）：個體相信自己能和故人自然而然、不假他人之手接觸連結的情況。

- 工具型悲傷者（**instrumental grievers**）：以較理智、行為的方式悲傷，也慣於用想法、分析和行動表露悲傷。
- 直覺型悲傷者（**intuitive grievers**）：習於表達情緒，且喜歡和他人聊個人的經驗。
- 連結物（**linking objects**）：紀念故人的特殊物品。這些物品喚起故人的回憶，讓往事歷歷在目，重溫兩人情深意重的關係。
- 哀悼的中介因素（**mediators of mourning**）：形塑個體悲傷歷程的特殊變量。
- 事後陡然一驚的悲傷反應（**STUG reactions**）：瞬間覺知失落已成既定事實的悲傷，其強度往往讓喪慟者為之一震，但有時須待數年後才會出現。

- **轉化的信仰意識**（**transformed faith consciousness**）：生命的困頓時
刻，反而能引導個體反思信仰和追尋意義，更加欣賞個人的生命與信
仰。

反思問題

1. 多數的悲傷經驗和失控感有關。喪慟者無法控制摯愛死去，甚至
無法控制生命因重大失落發生而改變的事實。有項遮住雙眼的練
習可用來探討失控感。請一位夥伴選擇各種不同味道、素材、香
氣、溫度的食物——選好後讓你的夥伴餵你吃，但你不可以偷
看。完成這項練習後，跟你的夥伴交換一下心得。談談不能做選
擇、不知道會嚐到什麼或知道會吃到什麼東西的感覺為何（請事
先說明你是否對哪些食物過敏或特別討厭哪些東西）。

2. 回想你或親近的某人曾遭遇的重大失落，再看看 Worden
（2009）提出的哀悼的中介因素。如本章所討論的，請描述每
個中介因素在你或他人因應失落經驗上扮演的角色。

3. 本章簡短地討論偶爾可用「更換頻道」（change the channel）的
方式協助喪慟者。你認為這個建議和不健康的迴避悲傷有何不
同？

4. 回想你曾看過的某些熱門電影，這些電影的主要情節跟悲傷與失
落有關。這些電影如何描繪悲傷？劇中其他人對喪慟者有哪些反
應？這些電影對大眾傳達出哪些關於悲傷的訊息？

095

參考文獻

Balk, D. (1999). Bereavement and spiritual change. *Death Studies, 23*, 485–493.

Buckley, T., McKinley, S., Tofler, G., & Bartrop, R. (2010). Cardiovascular risk in early bereavement: A literature review and proposed mechanisms. *International Journal of Nursing Studies, 47*(2), 229–238.

Burton, A. M., Haley, W. E., Small, B. J., Finley, M. R., Dillinger-Vasille, M., & Schonwetter, R. (2008). Predictors of well-being in bereaved former hospice caregivers: The role of caregiving stressors, appraisals, and social resources. *Palliative and Supportive Care, 6*, 149–158.

Clayton, P. J. (1990). Bereavement and depression. *Journal of Clinical Psychology, 51*(7), 34–38.

Doka, K. J., & Martin, T. L. (2010). *Grieving beyond gender: Understanding the ways men and women mourn.* New York, NY: Routledge.

Fowler, J. W. (1981). *Stages of faith: The psychology of human development and the quest for meaning.* San Francisco, CA: Harper & Row.

Goodkin, K., Baldewicz, T., Blaney, N., Asthana, D., Kumar, M., Shapshak, P., . . . Zheng, W. (2001). Physiological effects of bereavement and bereavement support group interventions. In M. Stroebe, R. Hansson, H. Schut, & W. Stroebe (Eds.), *Handbook of bereavement research: Consequences, coping, and care* (pp. 671–704). Washington, DC: American Psychological Association.

Hall, M., & Irwin, M. (2001). Physiological indices of functioning in bereavement. In M. Stroebe, R. Hansson, H. Schut, & W. Stroebe (Eds.), *Handbook of bereavement research: Consequences, coping, and care* (pp. 473–492). Washington, DC: American Psychological Association.

Hensley, P. L., & Clayton, P. J. (2008). Bereavement: Signs, symptoms, and course. *Psychiatric Annals, 38*(10), 649–654.

Jones, M. P., Bartrop, R. W., Forcier, L., & Penny, R. (2010). The long-term impact of bereavement upon spousal health: A 10-year follow up. *Acta Neuropsychiatrica, 22*(5), 212–217.

Lewis, L., & Hoy, W. (2011). Bereavement rituals and the creation of legacy. In R. Neimeyer, D. Harris, H. Winokuer, & G. Thornton (Eds.), *Grief and bereavement in contemporary society: Bridging research and practice* (pp. 315–324). New York, NY: Routledge.

Luekin, L. J. (2008). Long-term consequences of parental death in childhood: Psychological and physiological manifestations. In. M. Stroebe, R. Hansson, H. Schut, & W. Stroebe (Eds.), *Handbook of bereavement research and practice: Advances in theory and intervention* (pp. 397–416). Washington, DC: American Psychological Association.

Park, C. L., & Halifax, J. (2011). Religion and spirituality in adjusting to bereavement: Grief as burden, grief as gift. In R. Neimeyer, D. Harris, H. Winokuer, & G. Thornton (Eds.), *Grief and bereavement in contemporary society: Bridging research and practice* (pp. 355–363). New York, NY: Routledge.

Parker, J. S. (2005). Extraordinary experiences of the bereaved and adaptive outcomes of grief. *Omega, 51*(4), 257–283.

Parkes, C. M. (1975). *Bereavement: Studies of grief in adult life.* New York, NY: Penguin.

Rando, T. A. (1993). *Treatment of complicated mourning.* Champaign, IL: Research Press.

Rosenblatt, P. C. (1996). Grief that does not end. In D. Klass, P. Silverman, & S. Nickman (Eds.), *Continuing bonds: New understandings of grief* (pp. 45–58). New York, NY: Routledge.

Schleifer, S. J., Keller, S. E., Camerino, M., Thornton, J. C., & Stein, M. (1983). Suppression of lymphocyte stimulation following bereavement. *Journal of the American Medical Association, 250*(3), 374–377.

Sofka, C. S. (2004). Assessing loss reactions among older adults: Strategies to evaluate the impact of September 11, 2001. *Journal of Mental Health Counseling, 26*(3), 260–281.

Stroebe, M. (2002). Paving the way: From early attachment theory to contemporary bereavement research. *Mortality, 7*(2), 127–138.

Stroebe, M., Schut, H., & Stroebe, W. (2007). Health outcomes of bereavement. *Lancet, 370*(9603), 1960–1973.

Vaughn, K. S., & Gentry, G. K. (2006). Do no harm. In T. J. Vaughn (Ed.), *Psychology licensure and certification: What students need to know* (pp. 165–174). Washington, DC: American Psychological Association.

Worden, J. W. (2009). *Grief counseling & grief therapy* (4th ed.). New York, NY: Springer Publishing Company.

Wortmann, J. H., & Park, C. L. (2008). Religion and spirituality in adjustment following bereavement: An integrative review. *Death Studies, 32,* 703–736.

CHAPTER 7

活生生的失落：
非特定的失落、不明確的
失落與慢性悲傷

　　只要活著，就會三不五時經歷失落，但我們通常不覺得事關重大，因為我們習慣把失落當成絕對名詞，只把死亡和瀕死視為失落，卻沒有將讓生活天翻地覆的事件或變化視為失落。悲傷是失落正常且特有的反應，然而，僅認為悲傷跟至親死亡的失落有關，這樣的觀點十分狹隘。當然，至親死亡常會引發悲傷，但人死了才會悲傷嗎？悲傷是假設世界被重大失落事件破壞、甚至粉碎，因而需重建假設的世界的過程。死亡或非死亡（nondeath）事件都可能撼動我們的假設世界。在本章裡，我們將探討非死亡的不同形式的失落，以及這種失落的特徵和影響。

　　多數當代的喪慟文獻都把重點放在跟死亡有關的失落，用以度量喪慟的研究工具多在確認個體的「分離痛苦」（separation distress）為主要的悲傷特徵，並將分離痛苦和它種反應與狀態，如創傷後壓力、憂鬱和焦慮等加以區分（Prigerson et al., 1999）。分離痛苦的特徵有：思念、渴求、念念不忘、尋找故人等（Jacobs, Mazure, & Prigerson, 2000）。不過，僅強調悲傷這個名詞跟故人有關，卻沒有考慮到個體也需要悲傷歷程來統整那些也許沒那麼具體或明顯的重大失落。回顧喪慟理論和研究時，我們必須思考僅將悲傷著重在至親死亡的分離痛苦乃是侷限的論點。悲傷應廣泛定義為個體現有的假設世界因強力改變生命的事件崩落時引發的痛苦，或如同 Tedeschi 與 Calhoun（2004）所指稱

的「天搖地動的」（seismic）生命事件。的確，Bowlby（1988）對思念、渴望、渴念和尋求的描述（上述都是與重要依附對象分離的痛苦指標），在非死亡的失落經驗上都可以看得到。

假設世界與失落

強力改變生命的事件引發深深的不安感，我們原先所認識的世界不再熟悉、安全。原先所依靠的人，以及我們對自我的看法不再如常。悲傷是重建崩毀的假設世界必經的適應性歷程，悲傷反應之一的意義建構過程，同樣適用於死亡與非死亡等相關事件的失落。我們希望未來的研究能多探討非死亡的失落經驗。由於探討此類失落事件的悲傷研究屈指可數，所以能適切度量非死亡失落事件的研究工具亦寥寥無幾。

如先前討論過的，依附是悲傷的關鍵要素，依附模式將動物行為學[1]的觀點帶入悲傷歷程中。Bowlby（1988）的研究證實，幼兒跟母親分離時的尋求與渴望行為，跟幼小的靈長類碰到類似情況時所表現的行為相仿。Parkes（1996）將這個理念沿用到成人的喪慟經驗，指出依附是一個系統，悲傷是依附系統受到分離的威脅所致，是歷經長時間演化出來的機制，用以鞏固安全感，增加個體的存活率。從演化生物學的觀點來看，依附和分離所衍生的悲傷賦予個體生存的優勢。

若悲傷和依附息息相關，那麼那些已建立依附關係，非因死亡事件造成的失落，如：失去安全感、失去家園或失業所引發的悲傷呢？若從這個定義出發，只要是個人失去曾感到安全、安心的依附對象或地方，皆可算是廣義的失落。例如，外來移民者會思念遠在家鄉的親朋好友、找尋新環境裡熟悉的事物、尋覓舊有文化和新國度的共同點。大家熟知的「溫馨食品」（comfort food）一詞，即隱喻與家人或文化根源有關，能在我們遭逢壓力或初抵陌生環境時提供舒適感的食物。失業者希

---

[1] 動物行為學（ethology）關注行為的適應或生存價值及演化過程。它強調發展的基因與生物基礎，動物的行為受本能趨使，對特定的事件會產生特定的反應。

望找回舊時生活、找回過去的自己，回想自己過去的模樣。自然的老化過程總讓我們陡然一驚、心頭納悶不已：「這個鏡子裡的女人是誰呀？過去的我到哪裡去了呢？」

這種類型的失落所導致的生活失衡狀態會激發依附系統，驅使我們親近熟悉和安全的對象，而悲傷歷程正能讓我們去適應部分自我或生活的劇烈變化。如先前討論過的，Janoff-Bulman（1992）認為個體的假設世界與依附系統有關，主張個體如何與世界、他人和自我相處、如何看待世界、他人和自我，都是早期形成的依附系統推波助瀾的結果。因此，若假設世界受到威脅，連帶也會影響其下的依附系統。

非特定的失落與慢性悲傷

派翠西亞遇到詹姆士那一天，她剛經歷喪母之痛。母親跟癌症奮鬥很久，終於撒手人寰。詹姆士坐在咖啡廳內，爆滿的咖啡廳僅剩他旁邊一個空位，他低頭閱讀，啜飲咖啡，此時的派翠西亞正需要一個位子好坐下來喝咖啡、寫點文章。詹姆士非常樂意騰出桌上的空間給派翠西亞，兩人一拍即合，越談越投機。派翠西亞時年 40 歲，詹姆士 53 歲，接下來的一年，他們約會、旅遊、見過雙方的家人和朋友，他們如此相契——甚至連他們的狗都彼此相愛！隔年他們舉行婚禮，安於柴米油鹽醬醋茶、蹓狗、旅行，在週日早上互相朗讀報紙上專欄文章給對方聽。他們嘗試懷孕，或者領養小孩來跟他們一起分享這愛的小窩。

某日早上，詹姆士起床後覺得不太舒服，頭暈無力。他大聲叫喊正在淋浴的派翠西亞，然後就「咚」的一聲昏倒了。派翠西亞打電話給119，一輛救護車前來載走詹姆士到最近的醫院急診室，醫護人員告訴派翠西亞，詹姆士中風了，雖然暫時沒有生命危險，但半身麻痺、幾乎不能說話。由於身體虛弱、行動不便，因此可能要花數月的時間在復健中心接受治療，希望能多少恢復往日的功能。

派翠西亞現在才 44 歲，他們膝下無子，兩人的雙親年紀漸長，疾病纏身。派翠西亞改裝房子成無障礙環境，加增特殊照護設備後，詹姆士得以回家。為了照顧詹姆士，派翠西亞辭去原來的工作，收入頓減，

連原先的一半都不到。隨著時間過去，越來越少朋友前來探望，門鈴響起多因居家照護機構運來所需之醫療用品。詹姆士可以聽懂派翠西亞的話，但當派翠西亞無法瞭解他的需求時，詹姆士就會顯得無精打采。數個月的辛苦照護後，派翠西亞癱坐在詹姆士床邊轉角處的椅子上，痛哭失聲。她望了望這個房間——回想起她的人生，她失去的一切。她再也不可能有孩子了，若沒有安排其他人照顧詹姆士的話，她也不能丟下他一人上街採買東西。詹姆士可能有好幾年都像這樣毫無起色，甚至一年不如一年。派翠西亞擔心若自己不小心出了差錯，很可能會讓詹姆士引起併發症。她好無助、好孤單。

上述的故事情節內有許多失落，但沒有一項失落是因為有人過世，然而，失落正持續下去，跟派翠西亞和詹姆士的日常生活糾纏不清。我們將這種失落稱為活生生的失落（living losses），其中大部分可歸類為非特定的失落。非特定的失落（nonfinite losses）是指失落經驗起因於突發的負向生活事件，但在生理和／或心智狀態仍存活的情況下，失落的感覺卻永無止境（Bruce & Schultz, 2002）。有些非特定的失落並無明確的開端，但不確定的感覺此起彼落，當事人須再三打起精神適應變化。此種失落與因死亡事件造成的失落有三大區別，分別是：

- 雖然失落發生在特定事件如意外或診斷之後，但失落（和悲傷）持續不止，沒完沒了。
- 失落切斷了生命正常發展的期望。這些期望因為生理、認知、社會、情緒或靈性上的失落而受挫落空。
- 包含無形的失落，如失去此人應該、本可、或可擁有的希望或理想（Bruce & Schultz, 2001）。

在 Bruce 與 Schultz（2001）的論述中指出，非特定失落的數項重要特徵還有：

- 不確定接下來會發生什麼事。
- 常有跟主流大眾和「正常」生活經驗隔離分裂的感覺。
- 他人難以理解或認可失落的強度。

・無法擺脫因失落造成的無助感和無力感。

　　Jones 與 Beck（2007）進一步指出，當個體試圖釐清此經驗對現在和未來生活造成的衝擊時，常有漫長的絕望感與揮之不去的恐懼感。

　　簡言之，遭遇非特定失落的個體需一再適應失落。於此同時，由於對非特定的失落瞭解有限，此種經驗尚未獲得他人認識或認可。因此，當事人需要倚靠協助時，支持系統稍嫌薄弱不足。

　　跟非特定的失落相關的概念是慢性悲傷（chronic sorrow），為 Olshansky（1962）觀察養育身心障礙兒童的父母後首度提出的名詞。他注意到這群父母親經歷到的是獨特、永無止盡的悲傷，隨著孩子日漸長大，對孩子的期望也反覆破滅。Olshansky 提出這概念後不久，即有數篇論文撰述養育不同發展障礙兒童家長的適應與因應狀況。自那時起，多數跟慢性悲傷有關的研究均發表於醫護文獻。慢性悲傷的概念適用於說明罹患多發性硬化症、養育患有心理健康問題的孩子、阿茲海默症、自閉症、不孕症及非自願無子、心理疾病、照顧失能兒童等。慢性悲傷也跟帕金森氏症、智能缺陷、神經管缺損、脊髓損傷、思覺失調、慢性重鬱症有關（Roos, 2002），通常為需長期照護的狀態。

　　Roos（2002）將慢性悲傷定義為：

> 　　一種漫天蓋地、影響深刻、持續不止和反覆發生的悲傷反應，
> 起因為自我的重要部分喪失（失去自我），或曾經深深依附的
> 人大不如前（失去他人）。對失落的知覺是慢性悲傷存在與否
> 的決定因子。慢性悲傷的本質是橫亙在現實與夢想間令人不快
> 的落差。失落從發生伊始持續到現在，從未中斷。這種失落即
> 是活生生的失落（p. 26）。

　　慢性悲傷多屬被剝奪的悲傷，經年累月加重負荷（Roos & Niemeyer, 2007）。雖然慢性悲傷通常跟關鍵時刻（defining moment）、關鍵事件或某一撼動生命的重大事件有關，但它也有可能是逐漸體會診斷的意涵、瞭解它如何影響個人生命的緩慢過程。我們認為，非特定的失落一

102

詞是指失落或事件本身，而慢性悲傷則是對持續、非特定失落的反應。

　　Burke、Eakes 與 Hainsworth（1999）說慢性悲傷近似於因連連失衡（ongoing disparity）、失去對正常生活的期望而升起的悲傷感受。Teel（1991）主張除了期待與現實間的落差外，悲傷感受長期累積、失落遙無終期，都是慢性悲傷跟其他種類的悲傷迥異之處。根據這些學者的說法，慢性悲傷亦可能起因於猝不及防的永久失去重要關係、功能或自我認同。

　　Lindgren、Burke、Hainsworth 與 Eakes（1992）認為慢性悲傷的特徵包括：(1) 難以預測難過或悲傷何時停止；(2) 難過或悲傷的感覺周而復始或一再出現；(3) 內在或外在因素都會引發難過或悲傷；(4) 難過或悲傷與日俱增、變本加厲。慢性悲傷與死亡事件引發的悲傷不同，因為失落尚未間斷，所以悲傷也綿綿無絕期。學者們強調高低起伏、感覺重現或強度時起時落，是區別慢性悲傷與其他類型的悲傷反應不同之處。個體的情緒擺盪在猛烈和麻木兩個極端之間。多數經歷慢性悲傷的人會逐漸減緩稍息，但情緒的波動起伏在所難免。

　　Roos（2002）也說慢性悲傷是終生的失落，但它的影響力卻未被認可。個體的假設世界崩解，望不見前方的終點，失落仿若芒刺在背，時時提醒它的存在。她認為慢性悲傷背後的焦慮和創傷，亦是辨別至親死亡的悲傷和臨床憂鬱的重點。慢性悲傷與創傷後壓力違常相異的地方在於，儘管可能有一事件揭開失落的序幕，慢性悲傷的失落仍持續發生中，它不僅是對已發生事件的反應。非特定失落的創傷，視個體面對此種深刻、持續、改變生活的狀況時，無助感與無力感的程度而定。

　　Roos（2002）點出慢性悲傷的概念更適於描述那些必須接受現狀、放棄個人理想與目標的照顧者。慢性悲傷的強度，依現實與理想的落差幅度及個體緊抓夢想的程度有關。結局不明、前方將如何開展未知、出人意表的變化使得這個過程更加錯綜複雜。失落持續存在的狀況讓個體沒有餘力注意生活其他層面，遑論被時不時「冒出頭」的失落弄得焦頭爛額，這是經歷他人死亡的個體鮮少發生的情況（Teel, 1991）。

模糊不清的失落

　　珍妮絲把車開進車庫，把車上的日用品卸下，準備搬進廚房。她知道丈夫理查在家，因為他的車停在車庫裡，但她根本不敢期待他會過來跟她打招呼。兩個正值青春期的孩子，辛西亞與瑞秋，一放學回家就衝上樓，關在房間不出來。珍妮絲放好日用品，準備晚餐。她告訴大家晚餐做好了，要大家坐著一起吃。但當她們正要坐下，理查卻打開電視，一邊吃飯一邊看電視，也不跟珍妮絲和女兒們說話。辛西亞開始跟排球隊的隊友廝混，把晚餐時間用來傳簡訊，瑞秋只顧著聽 iPod 裡的音樂，連晚餐時間都不想拿下耳機。珍妮絲試著跟大家說話，問問每個人的近況，但理查只是喃喃地說：「還好……很忙。」辛西亞有一搭沒一搭的回答，繼續傳她的簡訊。面對母親的詢問，瑞秋拿下耳機時則是一副不耐煩的表情。最後，珍妮絲只好默默地吃飯，也跟著看電視。那天晚上，珍妮絲好難過，可是她不知道為什麼。她走下樓喝了杯牛奶，坐在廚房裡，不禁流下眼淚。

　　許多個體經歷到的非死亡失落都很難說明、描述或確定。如前所述，許多失落並不明確，因為並沒有顯而易見的「死亡」事件。許多人說不出他們究竟失去了什麼，這種失落可能跟某人有關，也可能無關，沒有一個特定的經驗可用來指稱失落因何而起。Boss（1999）是首度使用模糊不清的失落（ambiguous loss）一詞，根據她對極度模糊的失落經驗的解釋，模糊不清的失落有兩種情況。第一種是心在人不在（person is perceived as physically absent but psychologically present）。例如某人失去蹤影，就像離婚之後，喪失監護權的一方避不見面，但其身影卻在孩子的心目中徘徊不去。監獄受刑人、被綁架的受害者、在海外服役的親友、領養家庭，以及其他杳無音訊、但卻被所愛的人牢牢記得的情況，都符合這個類別。另一個常見的例子是父母離婚後，祖父母頓時跟孫子女失去聯繫，雖然他們很想念孫子女，但卻無法含飴弄孫，只能在心裡苦苦思念，心如刀割。

　　Boss 說的第二種情況是人在心不在（the person is physically present,

but perceived as psychologically absent）。例如某位家人罹患阿茲海默症、腦傷、自閉症、慢性心理疾病，成癮或心裡老想著某事而時時心不在焉，就像珍妮絲的家人一樣。在這種情況下，個體常覺得他們好像被「遺忘忽略」（in limbo）（Boss & Couden, 2002），只得艱難地跟這種模糊不確定性共處（Boss, 1999, 2006, 2007; Tubbs & Boss, 2000）。

Boss 首度對這個現象的觀察來自於她在治療中接觸到的某個家庭。該家庭表面上看起來健全完美，但其中一位家人卻對工作過於狂熱，因而在心理上與其他家人疏離、缺席。

模糊不清的失落的主要特徵包括（Boss, 2007）：

- 該失落讓人困惑不已，難以理解（此人身形雖在，但情緒上卻讓人不得其門而入）。
- 由於情況曖昧不明，該經驗會讓人失落，但又無法獲得證實。希望時而升起，時而幻滅——反反覆覆，漸漸地個體變得麻木，無力做出反應。
- 由於失落混沌未明，因此想法與情緒常處於衝突之中。例如，恐懼與解脫交錯、希望與絕望並存；想採取行動，但又動彈不得。個體的反應被「凍結」，人生無法再繼續往下走。
- 問題解決窒礙難行，因為失落可能是暫時的（如：失蹤），也可能是永久的（如：後天腦傷）。
- 沒有相關的儀式，沒有明確的證據證實失落存在（相反地，死亡事件有官方死亡證明，可安排喪禮和葬禮）。
- 對於事情會好轉仍抱持希望，但不知道這種情況會持續多久，能不能恢復正常亦是未知數（如：家人雖接受戒癮治療或尋求婚姻諮商，但無法保證見效）。
- 由於模糊不確定性，個體漸漸地從社交中退縮，不去尋求支持協助。因為他們不知道該如何回答，或擔心社會對該失落貼上污名化的標籤。
- 由於失落一直延續下去，無休無止的不確定性讓家人心力交瘁、人困馬乏。

106

Boss（1999）與 Weiner（1999）說模糊不清的失落經驗就像「停不下來的雲霄飛車」（never-ending roller coaster），影響個體的生理、認知、行為和情緒。生理的症狀可能有：疲倦、睡眠困擾、疼痛等損害身體機能。認知的症狀包括：執念、心事重重、健忘、難以集中注意力。行為表現則有：激動、退縮、逃避、依賴或很想找人聊聊。在情緒上，個體會感到焦慮、憂鬱、煩躁、麻木和／或憤怒，很容易被誤診為焦慮症或重鬱症（Weiner, 1999）。

活生生的失落

非特定的失落與模糊不清的失落間有很大的重疊（見圖 7.1）。或許其中多數的分野來自於原先研究的領域不同，因此也以不同的角度說明此種諸多特徵相似的經驗。在這些文獻中，非特定的失落較從個人內在的觀點出發，這種失落強調個體的知覺和壓力因應（如：我過去擁有什麼，但我現在失去了？），然而，模糊不清的失落則從家庭壓力模式（family stress model）的概念闡釋，依據家庭系統界線探討家庭成員如何覺知與定義這種失落（如：誰應該在家庭系統中，但卻從家庭系統中缺席了？）。非特定的失落與模糊不清的失落共同的特徵為：(1) 面臨因無止盡的不確定性所造成的情緒疲困；(2) 原有的假設世界崩解；(3) 缺乏儀式認可這些失落的正當性和重要性。非特定的失落、模糊不清的失落和慢性悲傷是真實的失落，也是主觀感覺、象徵的、次級的失落。這些失落伴隨的羞恥感、自我厭惡感等，更可能侵蝕個體與其他人間真誠信賴的關係，加重因應的困難度，雪上加霜。例如：珍妮絲可能會自責懊惱，覺得她不配做理查的賢內助，或因為家人間如此疏離冷漠，而認為自己是一位不適任的母親。此種自我知覺會損害她的自我價值感，但這卻是假設世界最主要的核心構成面向。

107

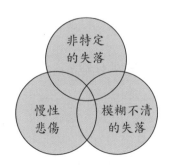

圖 7.1　非特定的失落、模糊不清的失落和慢性悲傷重疊交集

　　雖然模糊不清的失落、非特定的失落和慢性悲傷常是被剝奪的悲傷（Boss, 1999; Casale, 2009; Doka, 1989; Roos, 2002），但這種持續下去的悲傷卻是正常的、可理解的。體悟到過去習以為常或期待生命路程會如何進行的狀態不再如昔，已被未知、不請自來，甚至可怕、不可避免的現實取代，談何容易。它強迫個體重新檢視評估原有的假設世界。深信生命是可預測的、公平正義和賞罰分明的觀念並不適用於新的現實。自我和世界必須重新學習，這個過程令人不安，須投注大量的心思，許多研究顯示模糊不清的失落會引發憂鬱症狀和家庭衝突（Boss, 2007; Carroll, Olson, & Buckmiller, 2007）。

對諮商的啟示

　　對模糊不清的失落和慢性悲傷進行實務工作時，須強調個人現下感受到的悲傷是正常的現象。由於這些失落並沒有真正的解答，而且是以正在進行、活生生的失落狀態呈現，因此悲傷會持續延長或沒有確切終止的時刻。這些失落情節、綿綿不斷的悲傷都是正常的反應。無論失落是因人、因事，或因希望、期待幻滅而起，都應受到尊重。對個人、伴侶、家庭和團體提供諮商服務時，多樣、彈性、因時制宜的諮商方式，方能有效協助承擔最多責任的家人。找到適應與重新界定家庭角色的方法，可以幫助他們降低紛擾、減輕壓力、改善關係。另一個須謹記的重點是，非特定的失落與模糊不清的失落可能會與死亡事件的失落交織糾

錯。例如，因丈夫死亡而前來求助諮商的個案，剛開始時分享的是她喪
夫後的悲傷心情，但不久之後，她談的悲傷轉為哀嘆婚後失去自我，不
時被丈夫高壓控制與虐待。初始晤談時是跟死亡有關的失落，接下來談
的卻是非特定的失落與模糊不清的失落而引發的悲傷。

命名與認可失落

　　許多非特定的失落與模糊不清的失落，以及其他有關的失落，都屬
於長期、緩慢、被剝奪的悲傷。Doka（1989）與 Boss（1999, 2006）指
出，認可與為這些失落命名，是讓經驗未被認同、悲傷被剝奪的個體獲
得支持的第一步。命名並感受它所帶來的獨特影響力（unique effect）
後，往往能帶給深受模糊不清失落和慢性悲傷之苦的個體強大的力量。
瞭解這些失落的本質，得到他人的認可後，往往能讓個案鬆了一口氣，
自我概念瞬間好轉（Roos, 2002）。Harris（2009）針對不孕婦女的研
究報告指出，認可不孕症女性長久以來的強烈悲傷反應，讓研究參與者
逐漸不再把心力花在確定她們的經驗，而把比較多的時間放在有助於問
題解決的活動上。諮商師可以跟個案討論他們原先抱持、但卻功敗垂成
的假設世界，以及如何按部就班地重建被這些失落毀壞的世界。

抱持合理的期待

　　越強調成就取向的文化，就越無法接受沒有明確結局的失落
（Boss, 1999, 2002, 2006）。對遭逢非特定失落與模糊不清失落的人來
說，「戰勝」逆境也是非常不切實際的浪漫想法。諮商的重點是要辨識
現有的優勢與韌性，但同時瞭解現實仍在跟個人的堅持與能耐作對。個
案應學會不再強求，掌控自己能夠掌控的、放下不能掌控的事。放下並
非易事，西方社會也鮮少有接受個人限制的典範，相反地，一意孤行於
克服困境的角色被大眾傳播媒體推波助瀾，但那卻是鮮少發生在現實世
界的奢望。重新定義關係，把治療方向定位在覺察與接受曖昧模糊，另
外，冥想、瑜伽、正念等，都能衍生新的意義。常用的方法還有：重新

109

定義自我，培養新的興趣、嗜好，與同樣身處模糊與不確定、但瞭解該經驗的他人連結互動，也是不錯可行的方式。

重建認同

派翠西亞的個人認同，從一位邁向新的人生階段的女性，急遽轉變為要照顧看起來蒼老許多的伴侶，她一向熟悉和期待的生活如泡沫般破滅。珍妮絲原本夢想擁有安全舒適的家庭，但看到家人四分五裂，彼此視若無睹，她不禁嗒然若失、悲從中來。

個人的認同在面臨這種失落時會發生變化，諮商工作就是要協助個人重建認同，與現實相輔而行，認識自我獨特的能力、技巧和優勢，找到另一條可一展身手、獲得認可的途徑。派翠西亞須在工作場合外發現自我的價值與重要性，和能夠接納她的限制的人做朋友；她也要幾個可以表達個人需要的出口，調整她的生命意義。

視矛盾為正常

不清楚摯愛身心何在，也不知道這種令人難以忍受的狀態會持續到什麼時候，各種情緒紛至沓來是很自然的現象。派翠西亞有時會希望詹姆士死掉，旋即又因有這種想法而深受罪惡感折磨，她氣自己陷入這種進退兩難的境地，也氣詹姆士需要那麼多的照護，氣自己不像同年齡的人一樣能享受生活，接著又對怨氣沖天的自己感到慚愧汗顏。最後，她明白她對詹姆士又愛又恨，這些思緒讓她備感孤單、難熬，因為她的朋友們並不瞭解她的矛盾心情。珍妮絲曾考慮離家出走，看看家人會不會想念她——至少，沒有她就沒人作飯，大家就會挨餓！然而，她也深愛她的家人，卻苦於無法跟他們建立有意義的關係。諮商師必須瞭解，這些看似衝突矛盾的情緒都是正常的反應，允許這些對立膠著的想法和情緒並存。承認自己也會怨恨那些處在相同境地卻不受影響或那些看似與壞事無緣的人，雖然跟他們過去認識的自己不太一樣，但這都是正常的反應，但說無妨（Harris, 2009; Harris & Daniluk, 2010）。

辨識可用的資源

　　協助個案瞭解有哪些社區資源和支持可以運用是首要之務。辨識可能有害的內在和外在刺激，採行策略防患未然，減少這些刺激的效應是相當有用的作法。強調悲傷是非常個人化的反應，以緩解個案的自責心理，不過，某些方法不但無濟於事，甚至會加重失落反應（如：催促個案儘快死心或劃下句點）。關於這一點，諮商師必須瞭解，這些人或許跟之前求助的專業人員，或好意但無知的助人者間發生不愉快的諮商經驗（Harris, 2010）。由於此類失落在當代社會越來越普遍，因此助人專業工作者須對該現象有基本的瞭解，方不至錯誤地病理化正常的反應，無端讓這類失落蒙上不白之冤。

　　辨識可用資源亦可善用個人可及的資源。例如，曾有一位個案的先生罹患末期帕金森氏症，她花了一次療程的時間訴說她的情況有多糟，被一個心智功能退化的男人和家務壓得喘不過氣來，耗掉她的精力與耐性。這次的療程後來變成腦力激盪的契機，丈夫的朋友可以動員其他親友定期到家裡「輪班」，這樣她就能出外獨自散散心或跟朋友出去走走。在接下來的療程中，她明白她原來是想保護先生，不想讓別人看到他生病的模樣，所以才不敢邀請朋友到家裡來。不過，她終於瞭解對丈夫失去功能的羞恥感，反而引發過多的緊張和壓力。知道他們兩人都需要他人的支持協助後，由此發現能讓雙方如釋重負的解決方法。

結語

　　活生生的失落在日常生活中慣常發生，有些失落造成的影響並不顯著，也不太需要調整我們的假設世界。然而，活生生的失落不停地掏空我們腳下踩立的沙地，失衡與調整交替出現，我們不僅今非昔比，跟未來有關的理想與夢想皆付諸流水，幻滅消失。此種失落不斷地要求當事人調整與適應，其引發的悲傷反應不但深刻，看似沒有終止的跡象，而且難以預測接下來的發展。當活生生的失落要求當事人重建假設世界

時，諮商師必須有耐心地陪伴個案走過這段坑坑窪窪、崎嶇悠長的路程，協助個案看見內在深層的優勢和韌性，在漫長的悲傷和調適中逐漸成長，深化生命的厚度。

名詞釋義

- 模糊不清的失落（**ambiguous loss**）：含糊、不明確且沒有終點的失落，可為生理或心理兩種情況，即「心在人不在」或「人在心不在」。
- 慢性悲傷（**chronic sorrow**）：面臨持續、沒有終點的失落所積累的反應；悲傷感覺長期累積與失落遙無終期，是慢性悲傷與其他類型悲傷不同之處。
- 活生生的失落（**living losses**）：失落在個體的生命中持續進行；個體要跟失落繼續「生活」，不斷地調整與適應。
- 非特定的失落（**nonfinite losses**）：失落經驗起因於突發的負向生活事件，但在生理和／或心智狀態仍存活的情況下，失落的感覺卻永無止境。
- 分離痛苦（**separation distress**）：思念、渴求、念念不忘、尋找故人等現象。

反思問題

1. 回想第四章做過的失落線練習，如果你之前沒做過，請現在完成。做完以後，仔細看看你的失落線上標示的失落，哪些失落可能是非特定的失落——這些失落徹底改變了你往後的人生？你覺得哪些失落是模糊不清的失落呢？你如何因應這些失落？其他人對你的失落經驗有何回應？

2. 你覺得為什麼非特定的失落與模糊不清的失落常未被社會認可或承認呢？

3. 想想一些演出非特定失落與模糊不清失落的電影或電視節目。這

些影片如何呈現這類失落？在你學得這個觀念前，你是如何看待
這種失落經驗的呢？

4. 遭遇非特定失落與模糊不清失落的人，他們最大的挑戰之一，
就是悲傷的感覺揮之不去，以及伴隨著失落的不確定性所產生
的焦慮。遭遇這類失落的個體，須承受哪些社會暗示（social
implication）呢？你能想到哪些方法，例如幫本章的案例派翠西
亞，提供給他們一些協助呢？

參考文獻

Boss, P. (1999). *Ambiguous loss*. Cambridge, MA: Harvard University Press.

Boss, P. (2002). *Family stress management*. Thousand Oaks, CA: Sage Publications.

Boss, P. (2006). *Loss, trauma and resilience: Therapeutic work with ambiguous loss*. New York, NY: W.W. Norton & Company.

Boss, P. (2007). Ambiguous loss: Challenges for scholars and practitioners. *Family Relations, 56*(2), 105–110. Retrieved from http://www.ambiguousloss.com/

Boss, P., & Couden, B. A. (2002). Ambiguous loss from chronic physical illness: Clinical interventions with individuals, couples and families. *JCLP In Session: Psychotherapy in Practice, 58*(11), 1361–1380.

Bowlby, J. (1988). *A secure base: Parent-child attachment and healthy human development*. New York, NY: Basic Books.

Bruce, E. J., & Schultz, C. L. (2001). *Nonfinite loss and grief: A psychoeducational approach*. Baltimore, MD: Paul H. Brookes.

Bruce, E. J., & Schultz, C. L. (2002). Nonfinite loss and challenges to communication between parents and professionals. *British Journal of Special Education, 29*(1), 9–13.

Burke, M. L., Eakes, G. G., & Hainsworth, M. A. (1999). Milestones of chronic sorrow: Perspectives of chronically ill and bereaved persons and family caregivers. *Journal of Family Nursing, 5*(4), 374–387.

Carroll, J. S., Olson, C. D., & Buckmiller, N. (2007). Family boundary ambiguity: A 30-year review of theory, research, and measurement. *Family Relations, 56*(2), 210–230.

Casale, A. (2009). *Distinguishing the concept of chronic sorrow from standard grief: An empirical study of infertile couples* (DD, New York University, Silver School of Social Work). Available from ProQuest Dissertations and Thesis Database (UMI No. 3353016).

Doka, K. (Ed.) (1989). *Disenfranchised grief: Recognizing hidden sorrow*. Lexington, MA: Lexington Books.

Harris, D. (2009). *The experience of spontaneous pregnancy loss in infertile women who have conceived with the assistance of medical intervention*. Retrieved January 25, 2011, from Proquest Digital Dissertations, http://search.proquest.com/docview/305169744/fulltextPDF/133A8C6EF0F1A5CDECB/1?accountid=15115 (UMI No. 3351170).

Harris, D. (2010). *Counting our losses: Reflecting on change, loss, and transition in every-day life.* New York, NY: Routledge.

Harris, D., & Daniluk, J. (2010). The experience of spontaneous pregnancy loss for infertile women who have conceived through assisted reproduction technology. *Human Reproduction, 25*(3), 714–720.

Jacobs, S., Mazure, C., & Prigerson, H. (2000). Diagnostic criteria for traumatic grief. *Death Studies, 24,* 185–199.

Janoff-Bulman, R. (1992). *Shattered assumptions: Towards a new psychology of trauma.* New York, NY: Free Press.

Jones, S. J., & Beck, E. (2007). Disenfranchised grief and nonfinite loss as experienced by the families of death row inmates. *Omega, 54*(4), 281–299.

Lindgren, C., Burke, M., Hainsworth, M., & Eakes, G. (1992). Chronic sorrow: A lifespan concept. *Scholarly Inquiry for Nursing Practice, 6,* 27–40.

Olshansky, S. (1962). Chronic sorrow: A response to having a mentally defective child. *Social Casework, 43*(4), 190–192.

Parkes, C.M. (1996). *Bereavement: Studies of grief in adult life.* London, UK: Routledge.

Prigerson, H., Horowitz, M., Jacobs, S., Parkes, C., Aslan, M., Goodkin, K., . . . Maciejewski, P. K. (2009). Prolonged grief disorder: Psychometric valida-tion of criteria proposed for the *DSM-V* and the *ICD-11. PLOS Medicine, 6*(8). Retrieved February 10, 2011, from http://www.ncbi.nlm.nih.gov/pmc/articles/PMC2711304/pdf/pmed.1000121.pdf/?tool=pmcentrez

Roos, S. (2002). *Chronic sorrow: A living loss.* New York, NY: Brunner-Routledge.

Roos, S., & Neimeyer, R. (2007). Reauthoring the self: Chronic sorrow and posttrau-matic stress following the onset of CID. In E. Martz & H. Livneh (Eds.), *Coping with chronic illness and disability* (pp. 89–106). New York, NY: Springer.

Tedeschi, R. G., & Calhoun, L. G. (2004). Posttraumatic growth: Conceptual founda-tions and empirical evidence. *Psychological Inquiry, 15,* 1–18.

Teel, C. S. (1991). Chronic sorrow: Analysis of the concept. *Journal of Advanced Nursing, 16*(1), 1311–1319.

Tubbs, C.Y., & Boss, P. (2000). Dealing with ambiguous loss. *Family Relations, 49*(3), 285–286.

Weiner, I. (1999). *Coping with loss.* Mahwah, NJ: Lawrence Erlbaum.

CHAPTER 8

處理你和個案的情緒

　　開始從事喪慟服務工作的諮商師最擔心的事情之一，就是不知道該如何處理個案的強烈情緒。雖然我們早先曾談到，並不是每個人都是藉由分享和情緒表露來顯現悲傷，但許多個案在悲傷時的確會經驗到強烈的情緒。在本章裡，我們要來檢視情緒在悲傷歷程中扮演的角色，以及諮商師如何有效地協助個案處理情緒。

　　面對情緒排山倒海而來，喪慟者往往不知所措，所以他們前來諮商希望學到如何控制情緒。好消息是個案可以學到如何管理情緒，但困難的地方是，要做到這一點，卻必須先正視情緒。在日常生活當中，喪慟者已聽了太多建議，這些建議告訴他們不要把太多精力放在經驗上，或許這是想幫他們管理情緒。然而，在諮商過程中，我們做的卻恰恰相反，反倒是花很多時間探索和洞察情緒，而不是避開或無視情緒。因此諮商一開始時，我們可能會激化情緒，把注意力放在情緒上，而不是看在社交禮儀的份上企圖削弱與遏制情緒。辨識和處理情緒將使個案受益匪淺，獲得權能感，最終是希望他們更能深刻探察內心世界，瞭解個人的優勢和成長的潛力。

　　有些人把討論的重點放在區辨情緒與感覺。一般說來，就反應速度而言（指反應的時間；回應外在真實刺激的速度），感覺的發生早於情緒。一個人不用花太多時間就能體驗到感覺，當下即對刺激做出反應。

情緒則常被視為長時間累積的結果。當個體有機會反思自己的情緒時，它才會浮上檯面，並賦予該經驗意義或涵義。感覺與感官刺激息息相關，因此，若你碰觸某樣東西，你的感覺幾乎是瞬間同步發生，是非常快速的反應。情緒則象徵更深層的經驗，因為它對你的影響更深遠，因此你可能會願意花更多時間深思反省經驗，但此時的情緒亦需動用到你的認知與詮釋。例如，憂鬱對你的衝擊將會大於難過這個單一的感覺，但我們覺得這樣的區分過於學術性，因此在本章中，情緒和感覺兩個名詞會交互使用，兩者都是討論的重點。在諮商中處理情緒和感覺亦是同樣的道理。

認真看待情緒

生長在西方社會的人習慣將感覺視為原始、非理性、脆弱、可悲和瀕臨失控的跡象。停下來思考片刻，有多少貶義詞是用來形容某人表達情緒後的樣子呢？這些詞語暗示的意味如下：

「他失去理智了。」

「她又在歇斯底里了。」

「他發瘋了。」

「你應該控制住自己的情緒。」

這些暗示很明顯：如果你表達強烈的情緒，你就是失控了，最好趕快冷靜下來，堅忍與理性才是王道——例如，「他的個性剛強」或「她為母則強」。否定情緒、凡事遵循理性分析的人才是智者、能者，是人人欣羨的對象。Feltham（2010）敢於打破窠臼，指出有效的諮商師應該是那些天生直覺敏銳、能在情感上回應個案需要的人。這兩項特質比較為母系社會所接受。他的結論是，多數的諮商理論是由男性提出，在諮商中過於側重認知歷程，厚此薄彼。他又說：

對自然流露的情緒和直覺仍存著偏見，亟待理論賦予其正當

性。哭泣和生氣依舊讓人不自在，不宜在公開場合和教育場所
表露。對失落經驗產生直接、發自內心的反應和心痛的感覺，
在諮商訓練中所獲得的關注相對微乎其微（p. 184）。

　　先前我們曾談到，諮商師的關注與溫暖是諮商關係的重要條件。
真誠的關懷和慈悲心都是感覺導向的，個案其實知道「誰是真正關心
他的諮商師，誰只是做做樣子或誰理性重於感性」（Feltham, 2010, p.
184）。這並不是說較認知取向的諮商師不好，而是要強調與你自己的
感覺和直覺同在的重要性，如此一來方能以同樣的方式回應個案的感覺
和情緒狀態。身為諮商師，我們會被個案的痛苦和苦難觸動，百感交
集，也會跟個案分享人類普遍共有的生命經驗。不過，敞開心胸跟個
案坦露情緒時，常會被誤解為軟弱或缺乏專業精神（Curtis, Matise, &
Glass, 2003）。把情緒放在相稱的社會文化脈絡下檢視——多數的現代
西方社會不重視感覺，甚至污名化感覺。因此，須嚴格檢視智性與認知
如何受到偏袒，情緒和直覺如何受到貶抑——但**兩者**其實都在整體的人
類經驗中擔任重要的角色。

功能性感覺

　　在治療情境中，感覺可說是瞭解個案的一個很有價值的指標，
Gendlin（1978）稱之為「感知」（felt sense）個案目前的狀態。當你
能辨識並關注個案的感覺時，你才有可能直搗核心，深入探究和處理個
案最擔心、最困難的問題。回想第五章提到的立即性，立即性包括處理
療程中此時此刻的感覺。Yalom（2002）說善用此時此刻、留意個案在
治療當下的感覺，方是促進個案洞察、成長和改變的最佳催化劑。

　　在諮商中，協助個案學習善待自己的情緒，試著瞭解情緒要教導
我們的訊息是很重要的。雖然不是每個人面臨重大生命事件時都會有強
烈的情緒，但當強烈的情緒出現卻想圍堵它們，可能會更焦慮不安。壓
抑強烈情緒消耗的能量很大，若防堵情緒的機制失靈，被壓抑的情緒就
可能「反撲」，頓時如滔滔洪流般潰堤而出，令個體和周遭的人招架不

住，受到波及。我們必須在適當的場合以建設性的方式體驗感覺，也要培養反映情緒的能力。以憐惜的態度與當下的情緒連結，在安全的環境中放下防衛，減緩感覺所引發的焦慮。感覺一向「住在」我們的身體裡，當強烈的情緒浮現時，我們也會感覺到生理的騷動。有時候，個案會說情緒「充塞體內」，意思是形容因情緒而起的強烈生理反應。我們將「充塞體內」解讀為情緒試圖引起人們的注意，希望你注意到有事情發生了，需要你的留神關注。常聽到人形容說覺得噁心想吐，或腸胃不適、神經緊張、打冷顫、亢奮激動、無動於衷、胸悶抑鬱或沉甸甸。面臨壓力時會產生「戰或逃」反應（"fight-flight" response），是身體回應急性壓力、恐懼或威脅的作法。感覺和生理反應息息相關，因此我們可以善用生理反應來辨識感覺，把感覺導向健康和建設性的方向。雖然「理性以對」要容易得多，但老是從理智的角度體驗生命，未能將認知、感覺與生理三者整合，會使我們無法成為具有深度和豐富生命存在的完整個體。

情緒智商

　　過去一個世紀以來，人們過於重視和發展智力，自從 1916 年史丹佛—比奈智力測驗（Stanford-Binet Intelligence Test, SB5）（Fancher, 1985）以及魏氏智力測驗（包括 1939 年的魏氏成人智力測驗和 1949 年的魏氏兒童智力測驗）（Frank, 1983）問世，人們把「IQ」當作一個人是否聰明、是否會成功、是否能被社會大眾尊敬的指標。雖然魏氏測驗嘗試看到整體的能力，例如，解決真實生活問題、在個人的環境下過得遊刃有餘。但這些重點顯然仍是放在理性與認知推理層面，人類經驗的情緒面向跟個人展現的認知能力無關。

　　重視認知和理性問題解決已經擴大到相信「聰明」是一種人格特質和社交能力，符合「聰明」這項標準的人理應受人尊敬、仰慕，受社會各界推崇。但在現實生活中，這些期待卻和個人的成就、懂得待人處世之道和擁有悲天憫人的情懷相去甚遠。某些在專業領域成就斐然的人，他們聰明絕頂、學業成績出色、問題解決能力非凡，但卻不懂得經營人

際關係、與他人相處格格不入，或無法與團隊合作共事。他們傑出的認知能力雖然讓人敬佩，但說到與人相處這一方面，就讓人搖頭不敢苟同。如同電視連續劇「怪醫豪斯」（House）裡的 Gregory House 醫師（Egan & Alexander, 2005），就是這種智商超群但社交能力低下，老跟同事起爭執，連交朋友都不會的典型人物。雖然這是部娛樂大眾的電視劇，但從劇中亦可看出我們的社會多麼重視智力和理性思考，但卻無法以此衡量一個人的生命是否成功圓滿。

　　這段討論的重點是，我們身處在一個過度強調認知能力、但卻輕視社會與情緒能力的社會。社會與情緒能力不但重要，而且是願意與他人和睦相處、盡心盡力要和對方建立有意義和互惠關係的必要條件。多數的人際關係取決於關心、同理和有效回應他人的能力。許多依附行為看得出來亦是情緒調節行為。悲傷就是依附系統受傷了，因而對分離和破碎的依附系統產生了情緒反應。

　　第一個使用「情緒智商」（emotional intelligence）一詞者源於一本博士論文：《情緒研究：培養情緒智商》（*A Study of Emotion: Developing Emotional Intelligence*）（Payne, 1985），稍後即有其他研究者探討「情緒智商」（有時亦稱為 EI 或 EQ）（Goleman, 1995; Mayer, Salovey, & Caruso, 2008）。測量情緒智商各個面向的工具有：1999 年的情緒能力量表，以及 2007 年的情緒與社會能力量表等。一般社會大眾亦可上網填答另外數個自陳和自我評估量表（Bradberry & Greaves, 2009; Mayer, Roberts, & Barsade, 2008）。

120

　　研究情緒智商最廣為人知的，首推 Goleman（1995）的同名暢銷書和第二本名為《社會智商》（*Social Intelligence*）的書（Goleman, 2006）。根據 Goleman 所述，想要成功，靠的是有效的自我覺察與自我瞭解，包括瞭解你的感覺、意圖、反應，以及擁有瞭解他人感覺和反應的能力。進行悲傷諮商時，覺察和培養情緒智商亦非常重要。諮商師和個案都要培養處理情緒的能力，而不是任由情緒負載過重而氾濫成災。明智地處理個案的情緒，是要協助個案：

1. 辨識近來的主要情緒。

2. 指出和／或說明情緒的強度。

3. 用健康的方式處理情緒。

4. 瞭解情緒所要傳達的訊息或意義。

令人訝異的是，我們鮮少把注意力放在經驗的情緒內涵，急急忙忙地壓抑或否認情緒，而不是去學習與情緒和睦相處。許多個案認不清自己的感覺，問他們最近的感覺如何時，往往卡在那兒不知從何說起。例如，諮商師看到個案緊握拳頭、下巴緊縮、臉色漲紅，問個案現在的感覺如何？得到的回答卻只是：「我不知道……只是很煩，就這樣。」要學會辨識情緒，就必須教導個案正確地形容他們的感覺，以及辨識出情緒後他們會做什麼。跟個案討論「情緒詞彙清單」（見表8.1）是個協助他們辨識情緒的出發點。我們建議你先把情緒分成基本的四大類：難過、生氣、高興和害怕，接下來再腦力激盪，用不同的詞彙形容每種情緒的變化程度。你可以先挑選詞彙形容最輕微的情緒，再想想情緒的強度加重時，又有哪些詞彙可以形容。例如，用來形容動怒（mad）的情緒詞彙還有：不耐煩（irritated）、氣惱（annoyed）、洩氣（frustrated）、生氣（angry）、激怒（enraged）和盛怒（furious）。

表 8.1　情緒詞彙清單

被拋棄（Abandoned）	焦慮（Anxious）
受虐（Abused）	讚賞（Appreciative）
被接納（Accepted）	羞愧的（Ashamed）
親切的（Affectionate）	安心（At ease）
恐怕（Afraid）	嚇人的（Awful）
激動（Agitated）	棘手的（Awkward）
心驚膽顫（Alarmed）	
疏離的（Alienated）	受挫（Baffled）
獨自（Alone）	憔悴的（Battered）
驚奇的（Amazed）	不屑（Belittled）
開心（Amused）	咄咄逼人（Belligerent）
生氣（Angry）	不舒服（Below par）
痛切（Anguished）	困惑的（Bewildered）
氣惱（Annoyed）	難堪的（Bitter）

沮喪的（Blue）

無聊（Bored）

壓抑（Bottled up）

被羞辱（Branded）

心碎（Broken）

冷靜（Calm）

有能力（Capable）

放開（Cast off）

看不起（Cheapened）

愉悅的（Cheerful）

能幹的（Competent）

有信心（Confident）

矛盾（Conflicted）

心亂如麻（Confused）

勉強（Constrained）

知足（Contented）

苛求（Criticized）

壓垮（Crushed）

貶低（Debased）

挫敗（Defeated）

不足（Deficient）

消沉（Deflated）

氣餒（Dejected）

無精打采（Demoralized）

憂鬱的（Depressed）

淒涼的（Desolate）

絕望的（Despair）

絕望（Desperate）

輕視（Despised）

頹喪（Despondent）

摧殘（Destroyed）

不服氣（Discontented）

喪氣（Discouraged）

恥辱（Discredited）

羞恥的（Disgraced）

漠不關心（Disinterested）

厭惡（Disliked）

沉悶的（Dismal）

不開心（Displeased）

不為所動（Dispassionate）

不服氣（Dissatisfied）

哀傷（Distressed）

懷疑的（Distrustful）

心亂如麻（Disturbed）

合適的（Done for）

疑惑的（Doubtful）

灰心（Downhearted）

被踐踏（Downtrodden）

懼怕（Dread）

糟透的（Dreadful）

狂喜（Ecstatic）

歡欣的（Elevated）

尷尬（Embarrassed）

空虛（Empty）

激怒（Enraged）

熱情的（Enthusiastic）

羨慕的（Envious）

心滿意足（Euphoric）

得意洋洋（Exalted）

興致高昂（Excited）

排斥（Excluded）

疲憊（Exhausted）

興奮（Exhilarated）

無助的（Exposed）

驚人的（Fantastic）

害怕（Fearful）

很好（Fine）

健康的（Fit）

愚昧（Foolish）

萬念俱灰（Forlorn）

遺棄（Forsaken）

發狂（Frantic）

友善（Friendly）

受到驚嚇（Frightened）

洩氣（Frustrated）

盛怒（Furious）

無用的（Futile）

高興（Glad）

愉快的（Glorious）

好的（Good）

自負的（Grand）

感恩（Grateful）

滿意（Gratified）

極好的（Great）

罪惡感（Guilty）

快樂（Happy）

討厭的（Hateful）

憎恨（Hatred）

有益的（Helpful）

無可奈何（Helpless）

遲疑（Hesitant）

受阻（Hindered）

無望的（Hopeless）

好色的（Horny）

毛骨悚然（Horrible）

卑微的（Humble）

丟臉（Humiliated）

傷害（Hurt）

虛偽的（Hypocritical）

不在乎（Ignored）

侷促不安（Ill at ease）

受損的（Impaired）

性急（Impatient）

虛弱的（Impotent）

受限（Imprisoned）

不妥（Inadequate）

無能為力（Incapable）

不合適（Incompetent）

徒勞無功的（Ineffective）

笨拙（Inept）

自卑（Inferior）

發怒（Inflamed）

不安（Insecure）

無意義的（Insignificant）

垂頭喪氣（In the dumps）

心驚膽顫（Intimidated）

不耐煩（Irritated）

興高采烈（Jazzed）

妒忌（Jealous）

拋棄（Jilted）

心急如焚（Jittery）

喜悅（Joyful）

七上八下（Jumpy）

嘲笑（Laughed at）

被冷落（Left out）

孤單的（Lonely）

寂寞的（Lonesome）

渴望（longing）

被愛的（Loved）

深情的（Loving）

可惡的（Lousy）

低落的（Low）

動怒（Mad）

邪惡的（Maligned）

惱火的（Miffed）

不幸的（Miserable）

侮辱（Mistreated）

被誤會（Misunderstood）

渴求（Needed）

否定的（Negative）

疏忽的（Neglected）

神經兮兮（Nervous）

麻木（Numb）

過時的（Obsolete）

反感（Offended）

忐忑不安（On edge）

受到壓迫（Oppressed）

樂觀（Optimistic）

被排斥（Ostracized）

憤慨（Outraged）

寬容的（Overlooked）

受不了（Overwhelmed）

驚恐的（Panicky）

激昂的（Passionate）

不知所措（Perplexed）

欣喜（Pleased）

無力感（Powerless）

緊迫的（Pressured）

自豪（Proud）

輕蔑（Put down）

茫然（Puzzled）

平復（Reborn）

指責（Rebuked）

懊悔（Regretful）

拒絕（Rejected）

恢復精神（Rejuvenated）

放鬆（Relaxed）

放心（Relieved）

忿恨（Resentful）

焦躁（Restless）

報復（Revengeful）

奚落（Ridiculed）

可笑（Ridiculous）

不快（Rotten）

疲倦（Run down）

難過（Sad）

滿意的（Satisfied）

嚇壞的（Scared）

自私（Selfish）

淫蕩的（Sensual）

平靜的（Serene）

性感的（Sexy）

顫慄的（Shaky）

震驚（Shocked）

噁心（Sickened）

存疑（Skeptical）

中傷（Slandered）

惡意的（Spiteful）

吃驚（Startled）

驚喜（Surprised）

可疑的（Suspicious）

疲於應付（Swamped）

傷心（Tearful）

緊張的（Tense）

可怕的（Terrible）

驚惶失措（Terrified）

受到威脅（Threatened）

亢奮（Thrilled）

飽受折磨（Tormented）

了不起（Transcendent）

相信（Trusting）

含糊的（Uncertain）

不自在（Uncomfortable）

不合作（Uncooperative）

低估（Underrated）

明白（Understood）

心神不寧（Uneasy）

不愉快（Unhappy）

不重要（Unimportant）

不被愛（Unloved）

不夠資格（Unqualified）

不滿（Unsatisfied）	慈愛（Warmhearted）
沒有把握（Unsure）	完蛋（Washed up）
煩悶（Upset）	匆忙（Whipped）
煩躁（Uptight）	擔心（Worried）
	無價值感（Worthless）
想要（Wanted）	值得（worthy）

　　協助個案以建設性的方式處理情緒的方法有很多種，有時候，光是指出並談談情緒，個案就能看出情緒要傳達的訊息。如前所述，情緒有時會以生理反應表現出來。個案可能會畏懼生理的騷動，害怕探索情緒會讓他們失控，或者說出不像是自己會說出來的話。處理情緒的方法必須依個案的人格特質和諮商師的容忍程度而定，善用個案的優勢與興趣，也就是說，如果個案想用書寫、繪畫、聽音樂等方式都可以。我們會在後面的章節更詳細地討論各種治療模式。以下是數個協助個案辨識情緒及有效處理情緒的構想：

- 協助個案表達情緒：邀請他們探索、談談情緒，肯定他們擁有情緒的權利。

  「這段時間你承受了很大的壓力。當你想起這些事情時，你的感覺如何？」

- 提醒個案留意非語言線索傳達出來的情緒訊息。

  「你說你不要緊，但我注意到你的眼眶含淚，好像快哭出來了。」

- 協助個案在諮商中開始練習辨識情緒和情緒的強度。

  「你說事情發生之後你只是有點煩悶，但觀察你臉上的表情，我猜想你是不是很生氣。」

- 協助個案澄清困惑或互相矛盾的情緒。

  「如果讓我用一張圖表現你的感覺，生氣佔的比例有多少？其他像受傷和恐懼的比例各佔多少呢？」

- 協助個案明白他們可以同時擁有多種情緒，兩種對立的情緒同時存在也是正常的現象（如：快樂與難過、興奮與害怕等等）。

「從你先生過世後，你一直處在絕望之中，但可否請妳想想，有
沒有哪些人或活動對現在的妳是有幫助的？」
・運用情緒協助個案與故人重新連結。
「假設你是你過世的太太，而我是你。如果她現在跟你一起在這
裡，你覺得她會有什麼感覺呢？」

　　當個案能在諮商中辨識並探索自己的情緒，通常就能發現這些情緒
背後要傳達的「訊息」。其實這並不難，例如配偶過世後，一想到此後
要孤獨的度過每一晚，便會焦慮不安。此時你要做的，就是在家中找到
一處能讓你感到安全的地方，找到能跟你共處的夥伴。或者，當你有被
拋棄或脆弱的感受時，請找一位可以共同分擔這個經驗的人。身為諮商
師，記住，你要善用「如兔子般靈敏的耳朵」（rabbit ears）（Yalom,
2002），既能傾聽個案說出口的話語內容，也要聽出個案透過非語言
線索和情緒所透露出來的經驗意涵。

處理各類迥異的情緒

　　當情緒湧現顯露，諮商師必須覺察自己的情緒，培養正面處理自
身情緒的能力，並將尊重情緒的原則應用在個案身上，這是很重要的指
導方針。這件覺察工作會影響諮商師是否能催化個案展開處理情緒的過
程。
　　若諮商師認為個案現有的情緒已經累積過多，可以試著放慢治療速
度，依據個案目前的狀態給予同理的回應或運用立即性技巧。個案或許
只與情緒同在五秒鐘，但能停留在情緒中，即使時間短暫，仍然可以強
化他們的效能感與情緒緩解。在諮商中通常需激化情緒，邀請個案深入
探索，更貼近他們的核心感覺。盡可能在個案可以忍受的範圍內與情緒
同在，與情緒保持接觸。等個案從情緒中移轉出來後，談談方才經歷的
感覺，釐清情緒的來龍去脈。經歷如此艱鉅的深度情緒處理工作後，首
先要肯定個案的努力，接著問他們這項體驗帶來的感受。通常他們會覺
得精疲力竭，但也會有煥然一新的感覺。探索完情緒後，雖然不至於立

竿見影，但個案的觀點可能會就此轉變。

　　若個案受困於強烈的情緒，左右為難，請你將他們的情緒視為再正常不過的現象，向他們保證這些情緒不會一直維持同樣的強度沒完沒了。一個頗有用的說法是：「現在的你可能會覺得難以承受，但它們不會永遠都這麼可怕。」若個案長期慣用壓抑的方式克制情緒，剛開始體驗情緒時或許會讓他們害怕，擔心自己忍受不了而崩潰，或被情緒困住動彈不得。提醒個案有選擇如何對待情緒的餘地，並在諮商中以身作則，允許他們專注體驗情緒，接著又能拉開些距離以策安全。把個案將情緒視為洪水猛獸的恐懼當作正常的反應，何況處理情緒的確不是件容易的事，他們的勇氣可嘉。

　　如同先前討論抗拒時提到的，我們必須尊重他人的防衛心理。諮商師的目的不是非要個案表現情緒，他們需要的是在你的協助下以建設性的方式處理情緒。諮商師必須協助個案瞭解，他們有克制情緒的需要，但同時也有宣洩情緒的需要。當個案快被情緒淹沒或沒有安全感時，他們會特別想控制住（不是壓抑）情緒（Kennedy-Moore & Watson, 2001）。我們會在稍後探討「悲傷與創傷的共同點」這一節（本書第135頁）裡進一步說明克制情緒這一點。我們也會討論某些能協助個案建設性處理情緒的治療模式。當個案正視自己的問題並求助諮商時，通常已準備好要讓情緒浮上檯面。希望本章能協助諮商師開放地探討個案的情緒經驗，提升個案的自信並培養慈悲心。記住，多數人都想跟內在自我接觸連結，要做到這點，通常得靠善加處理情緒才辦得到。

處理特殊情緒的建議

　　若認定感覺／情緒自有其目的，用其他的角度檢視情緒狀態，或許能以較正向、知性的眼光重新詮釋個案的情緒與經驗。以下是諮商師處理情緒時可採行的數點建議。

- 恐懼（fear）：恐懼的作用是自我保護，當內心有不安全感時，恐懼常隨之升起。諮商師須釐清個案過去舊有的恐懼和眼前引發

焦慮的情境，聆聽個案過去發生了何事，以及他們如何詮釋現下的恐懼。例如，若個案與某位助人專業工作者合不來，他對治療的焦慮可能來自擔心諮商師的回應，而不是過去的生命經驗。記住，恐懼必有因，當個案害怕畏縮時，先確定他是否覺得安全。首先是他自身的安全，其次是與你的諮商關係是否安全，最後則是確保個案的環境和經驗是否安全。恐懼和廣泛性焦慮截然不同，恐懼通常與特定事件有關，即使原初啟動恐懼的刺激看似難以捉摸亦然。焦慮則較廣泛，常沒有特定的對象，焦慮升高時，常會轉換成各種不同的形式。

害怕的時候，體內常有「發冷」的感覺，手腳冰涼發麻。有些人提心吊膽，有些人則是驚慌失措。因此他們說話的速度變快、激動莫名，或者嚇得失魂落魄、封閉自己。只有隨時間慢慢過去和溫和的探索，才有可能進一步瞭解個案恐懼的前因後果和焦慮的來龍去脈。從呼吸可以觀察到恐懼發生，當個案焦慮不安時，他們的呼吸變得急促，或甚至不知道自己正屏住呼吸。有時候，諮商師可以在傾聽個案故事的同時，也跟著個案的節奏呼吸。若發現個案的空氣吸入量不足，就要抓緊時機說：「讓我們深呼吸一口氣，慢慢來就好。」

個案焦慮時通常聽不進你說的話或你正在跟他們分享的事，可能也記不住你在治療中曾說過的話。放慢速度，靜下心來重複你的重點會很有幫助。清楚明白地陳述你的話，確定個案聽到且瞭解你說話的內容，必要時得確認好幾次。慣於處在恐懼中的人常出現解離症狀，也就是身在房間但心思或情緒卻不知飄往何方。此時的任務是盡可能溫柔安靜地陪伴他們，必要時得重新詮釋該經驗。經常在治療中解離的個案可能遭遇過創傷經驗，除非你是訓練有素的創傷治療師，否則隨便強迫個案重新經驗創傷記憶，治療結果反而會弊大於利。稍後會詳加討論這個問題，並且學會辨識個案的需求何時超出你的專業能力範圍之外。

若你發覺個案快被焦慮淹沒時，你得協助他們回到現實中與你同在。首先從呼吸開始，跟著你一起數呼吸一分鐘。接著進行

「身體掃描」（body scan），覺知踩在地板上的雙腳、坐在椅子上的重量、放在大腿上的雙手、指尖、呼吸從鼻子進出等各種感官的感覺。再邀請個案環顧房間四周，大聲說出看到的幾件物品，例如檯燈、桌椅、掛在牆上的畫等等。這個過程需重複數次，以協助個案獲得安全感，感受來自你的支持，並協助他們身心都回到療程中。當個案更能覺察自己身處現實世界時，你可以抓緊時機和他們討論你方才這麼做的理由——如果焦慮在非治療時間捲土重來，令人招架不住時，他們就可以如法炮製。也可提供放鬆練習錄音帶和 CD 給個案，讓他們在睡前練習或恐慌不安時信手拈來使用。因此你最好有幾樣熟悉的放鬆練習錄音帶和 CD 可推薦給個案，特別是可用來漸進放鬆或促進身體放鬆的想像練習和指導語。

127

- 憤怒（anger）：憤怒的作用是警示和提供度過困境的能量。憤怒告訴個體事情出了差錯，當個體覺得權利受到侵犯或受到不公平的對待時，憤怒隨之升起。受到威脅或毫無招架能力時，憤怒也發揮保護的作用。讓個案瞭解憤怒並無不妥是很重要的，而且憤怒也是多數人經歷悲傷時很自然的反應。如果剝奪某樣個體相當珍愛、難以取代的物品，相信他們的第一個反應就是遷怒能防患未然的人。悲傷亦是如此。當個體失去摯愛或面臨重大失落時，通常會產生被強行剝奪、掠取的感受，不斷地提醒發生在他們身上的事情多麼不合理、不公平——憤怒就是上述這些情況發生時自然流露的情緒。我們必須用關心化解因憤怒而衍生的暴力行為。如果個案過去曾因生氣而受到暴力對待，憤怒可能會成為讓他們驚駭和棘手的情緒。

　　有益的憤怒是生活的動力。讓個案清楚意識到既成事實亦能成為振奮人心、發憤圖強的行動。憤怒就像從鋪著水泥的人行道上長出來的蘑菇——我們有時就是需要這種能量來克服現在的困境，不再裹足不前。某些知名的倡議組織和支持團體，例如反酒駕母親聯盟，就是將憤怒導向建設性的方向。人可以憤怒，但憤怒仍能帶來正向的效果。

　　憤怒有時看來像是恐懼，因為個體可能會出於害怕生氣而封閉自我。通常當個體的臉色轉紅、下巴緊縮、渾身顫抖，就是生氣的徵兆。諮商師應協助個案瞭解憤怒所為何來，直截了當地面對憤怒、釋放怒氣。用口語表達憤怒大致足夠，但有時候可能要做些肢體動作來宣洩怒氣，把怒氣通通清得一乾二淨，發洩完之後，人常會覺得如釋重負、心胸舒暢。用力在紙上亂畫一通、在畫布上亂塗顏料、在流理臺上用雙手扔碎雞蛋、揉捏與搥打麵團、在花園裡狂挖洞、打枕頭、撕紙、把臉埋在枕頭大聲吼叫等，都有助於宣洩怒氣（這些都是個案推薦的方法！），但唯有在釋放完後加以討論檯面下的感覺，才能發揮上述宣洩活動的效果。不去探討肢體動作宣洩背後的意義，就無法提供個案澄清和瞭解需求的機會。用語言來排解怒氣也很重要，某些一本正經、循規蹈矩的個案會用激烈的言詞表達情緒，往往讓人莞爾一笑，因為我們知道他們平常在治療室外是不會這樣罵人的！因此用激烈的言詞罵人也是不錯的方法，悲傷諮商師可能想都沒想過可以用這種方式擴展你的情緒詞彙呢！

- **難過**（sadness）：難過通常比憤怒還為人所接受，特別是女性。難過的時候，人會退縮卻步，某些個案難過時，整個人似乎虛弱無力。此時讓個案抱住某些物品，例如枕頭、小毛毯、圍巾或絨毛娃娃等都可派上用場。如果個案的情緒十分低落，可能會嚎啕大哭、呼天搶地。見證這一切的你是他們的支柱，你的同在具有舉足輕重的效果。在別人面前哭泣時很多人都會忸怩不安、面有慚色，所以與其一直盯著他看，建議你還是將目光移開到他的肩膀或膝蓋上，然後耐心等待。你可以跟著個案一起靜默地呼吸，溫柔地讓個案知道哭泣是 OK 的，有難過的心情也無妨。提醒個案深呼吸，一吐胸中鬱悶。新手諮商師常有救人於水火的心情，奮不顧身地想「拯救」個案，但這可能是個案唯一能放心流淚、顯露深切痛苦，但卻不用擔心他人怎麼想、怎麼看的地方和時刻。

　　難過完了之後，個案會有碰觸的需求，因此瞭解個案的希望

128

和需求是很重要的（不是諮商師的希望和需求！）。我（指本書作者 Darcy L. Harris）在辦公室座椅後面掛了一件毛線披肩。當個案淚如雨下時，有時我會拿披肩蓋在他們身上，當作是一件溫柔的撫觸物，但又不至於過分唐突，隨便打斷他們正在難過的情緒。要從難過的心情中恢復得慢慢來，在療程結束前要確保個案有足夠的時間平復心情，回到平時的狀態。諮商師有責任向個案保證他們在離開諮商室前可以回復到正常好端端的模樣，開車回去也不成問題。有些個案會在治療後到外面散步一會兒，然後再驅車離去。

給個案的最後一個建議是，若在治療時間之外強烈情緒襲來，就要找到方法辨識情緒並加以處理，同時亦能穩住心情。諮商師可建議個案在家建置「悲傷抽屜」（grief drawers），保存相片、音樂、紀念品和連結物。當個案的情緒升起時，他們可以打開抽屜，用這些物品來度過這些時刻。有些個案會想用點蠟燭的方式──當蠟燭點亮時，把全副心力放在這些抽屜內的物品上，觀照當下油然升起的情緒。個案可寫下他們的體驗，帶來諮商室與你分享。結束了之後吹熄蠟燭，再把物品收回抽屜裡。也可以放音樂進行同樣的過程──當某首特別的旋律結束，或 CD 的音樂已接近尾聲，即主動地從情緒中撤離，移動到另外一個房間去，做為穩住情緒經驗的象徵形式。

必須讓個案瞭解他們有能力進入深層的情緒經驗，得到情緒的滋養、鼓舞，而不是被情緒扯後腿。學習如何深入體驗情緒並能從強烈的情緒中脫胎換骨，是相當實用的技巧，且能對治療過程帶來莫大效益。

諮商師自己的情緒呢？

學生常問我們是否會跟著個案一起哭泣，以及關於諮商師和個案分享個人的感覺這一點，我們有什麼看法。表面上看來，在專業場合哭泣是一種缺乏專業的指標，或諮商師露出軟弱的一面。但我們不僅是諮

商師，也是人，我們跟個案建立的是深度且同理的連結（Curtis et al., 2003）。聽到痛苦、苦難和貧困的故事，要說心情不受影響，是相當不近人情的事。有時候，當我們完全進入個案的內在世界時，會深深地被他們的故事和經驗打動（Yalom, 2002）。聽到個案痛苦的故事而流下眼淚，是正常人的反應。這些眼淚肯定了個案的經驗，也強化彼此間的連結。如果個案的故事觸動諮商師荏弱的內在，因諮商師個人的需求和未解決的議題，諮商師浮現的感覺無法跟個案的感覺產生共鳴，這種情況才算是出了問題。諮商師的感覺在療程中反客為主，會對個案造成傷害，誤用個案來處理諮商師個人未解決的情緒問題，是相當不合倫理的行為。稍後會談到督導的角色與重要性。接受督導提供諮商師一個安全的環境，處理跟個案晤談時被引發的個人議題。

　　總而言之，探討完如何處理感覺和情緒後，我們已然明瞭它們是諮商歷程很重要的一環，善用得宜的話，亦能藉此賦能喪慟的個案。諮商師必須瞭解自己的感覺和經驗，處理喪慟個案深層強烈的情緒經驗時不會忸怩不安，並能將這些情緒導往建設性的方向。

名詞釋義

- 情緒智商（**emotional intelligence**）：個體擅長辨識、評估和管理自身情緒，以及回應他人情緒的能力水準。
- 情緒詞彙（**feeling vocabulary**）：正確辨識並指出特定情緒的能力。能指出情緒的強度和發生情境。
- 「感知」（**felt sense**）：Gendlin 提出的名詞，描述隱約覺察身體正在經驗某種重要感覺的狀態。它跟情緒並非相同，它通常較隱約與模糊，也比較難以用口語說明表達。
- 「戰或逃」反應（**"fight-flight" response**）：也稱為急性壓力反應。身體的交感神經系統對感知到的威脅或急性壓力做出反應。動物面臨威脅時最主要的戰或逃反應。

反思問題

1. 在成長的過程中，別人教育了你哪些情緒的觀念？在性格養成時期，這種情緒教育在處理你個人的情緒和他人的情緒上產生什麼影響？

2. 設想四種主要的情緒（難過、生氣、高興和恐懼），並仔細看看本章列出的情緒詞彙。這些情緒當中，哪一個是你個人最感棘手的情緒？你最不擅長處理別人哪種情緒？你對情緒的反應會如何影響你和個案之間的互動？

3. 在諮商情境中，你認為控制／把持情緒和壓抑情緒，兩者間有何不同？

4. 瀏覽下列網址連結：http://testyourself.psychtests.com/testid/2092，並填答網頁上的情緒智商量表。當你進行線上自我檢測時，有何想法和感覺？你想到哪些日常生活的例子可用來說明情緒智商的重要性呢？

參考文獻

Bradberry, T., & Greaves, J. (2009). *Emotional intelligence 2.0*. San Francisco, CA: Publishers Group West.

Curtis, R., Matise, M., & Glass, J. C. (2003). Counselling students' views and concerns about weeping with clients: A pilot study. *Counselling and Psychotherapy Research, 3*(4), 300–306.

Egan, D. (Writer), & Alexander, J. (Director). (2005). Failure to communicate [Television series episode]. In D. Shore (Executive Producer), *House*. New York, NY: Fox Broadcasting.

Fancher, R. E. (1985). *The intelligence men: Makers of the IQ controversy*. New York, NY: Norton.

Feltham, C. (2010). *Critical thinking in counselling and psychotherapy*. Thousand Oaks, CA: Sage Publications.

Frank, G. (1983). *The Wechsler enterprise: An assessment of the development, structure, and use of the Wechsler tests of intelligence*. Oxford, UK: Pergamon.

Gendlin, E. T. (1978). *Focusing*. New York, NY: Everest House.

Goleman, D. (1995). *Emotional intelligence*. New York, NY: Bantam.

Goleman, D. (2006). *Social intelligence: The new science of human relationships*. New York, NY: Bantam.

Kennedy-Moore, E., & Watson, J. C. (2001). How and when does emotional expression help? *Review of General Psychology, 5*(3), 187–212.

Mayer, J. D., Roberts, R. D., & Barsade, S. G. (2008). Human abilities: Emotional intelligence. *Annual Review of Psychology, 59*, 507–536.

Mayer, J. D., Salovey, P., & Caruso, D. R. (2008). Emotional intelligence: New ability or eclectic traits. *American Psychologist, 63*(6), 503–517.

Payne, W. L. (1985). A study of emotion: Developing emotional intelligence; self integration; relating to fear, pain and desire. *Dissertation Abstracts International, 47*, 203A (UMI No. AAC 8605928).

Yalom, I. R. (2002). *The gift of therapy*. New York, NY: Harper Collins.

CHAPTER 9

當悲傷出差錯

　　若「正常的」悲傷範疇如此廣泛，該怎麼知道悲傷出了差錯，或喪慟者何時需要特殊專業的協助呢？悲傷何時會變得棘手磨人，到時我們該如何辨識出來？這個問題一直令理論學者和臨床實務工作者傷透腦筋。在前幾章裡，我們討論過悲傷是個多面向的經驗，其表現方式具有高度的個別差異性，受許多因素互相作用影響。但如何分辨悲傷正在從正常的一端跨越到複雜性悲傷（complicated grief, CG）的一端，以及悲傷出差錯是什麼意思？多數喪慟者的急性悲傷症狀通常會隨著時間自然消融緩解。然而，仍有 10% 的喪慟者的悲傷一直延續下去，長期下來耗盡了喪慟者的心神（Shear, Boelen, & Neimeyer, 2011）。

　　近年來，已有許多研究聚焦在這群悲傷延長過久、嚴重影響生活功能與因應能力的喪慟者。在某些案例中，喪慟者甚至會害怕自己不再悲傷，反而與故人中斷了連結。悲傷的另一種型態是，隨著故人死去，個體失去了部分自我，因而茫無頭緒，悵然若失。藉由悲傷歷程，喪慟者可以界定新的角色和認同，重新定義失落後的自我和被「拋開」的角色。從這些例子可看出，喪慟者也會經驗自我和認同的失落。

　　在本章中，我們會討論幾個常被用來說明偏離正常軌道的悲傷的名詞。我們也會描述複雜性悲傷的主要特徵，是這個研究領域的佼佼者所提出的假設。本書的重點會放在喪慟者的臨床工作，也會探討複雜性悲

傷的臨床意義，還有其他涉及創傷事件的悲傷。最後，我們會概述當代的治療模式，看看它們如何處遇複雜性悲傷。

何謂複雜性悲傷？

用來描述悲傷出差錯的名詞不知怎麼的容易混淆不清。從已出版的文獻中得知，出差錯的悲傷有時被稱為複雜性悲傷、延宕性悲傷（prolonged grief disorder, PGD）或創傷性悲傷（traumatic grief），即便失落本身可能與創傷性死亡無關（Worden, 2009）。這些名詞經常交互使用，其起源和關聯性或稍有不同，乃依研究者的背景及首度提出的各個準則而定，也就是常說的「困難的悲傷」（difficult grief）。困難的複雜性悲傷涉及延長的急性悲傷症狀，喪慟者在沒有故人的情況下，無法重建有意義的生活。關於複雜性悲傷的準則近來已達成共識，意指在任何失落後嚴重損害個體，以及：

> 此種損害可能源於突發、非預期的死亡；源於與故人的關係；
> 和／或個人的體質有關（Tolstikova, Fleming, & Chartier, 2005,
> p. 295）。

與故人的關係這一方面，複雜性悲傷常被認為是與故人創傷性分離，在失去故人的情況下，此種分離痛苦造成生活適應困難（Gray, Prigerson, & Litz, 2004）。

典型的複雜性悲傷症狀包括：極度渴望或苦苦思念故人，這些感覺揮之不去。震驚、不相信、對死亡忿恨不平、難以置信，所表現的行為或從事的活動不是為了要避免回想起失落，就是想要更親近故人（見表9.1）。患有複雜性悲傷的個體經常想起死亡的各種場景、回想與故人相處的時光，或死亡發生後的各種事件、感覺和反應等等，思前想後，沉湎其中（Boelen, van den Bout, & van den Hout, 2003, 2006; Nolen-Hoeksema, McBride, & Larson, 1997; Stroebe et al., 2007）。Prigerson與同僚（2009）提出延宕性悲傷的診斷準則（見表9.2）。諮商師必須

表 9.1　複雜性悲傷的臨床特徵

摯愛死亡之後，急性悲傷症狀持續六個月以上。包括：

1. 極度思念或尋求故人的感覺——過度想念故人，不關心其他的事。
2. 無論想要或不想要，有關故人的回憶、思緒或影像皆揮之不去，使個體無法投入有意義的活動，或與重要他人保持關係。包括：無法克制的透過照片、紀念品、所有物或其他跟摯愛故人有關的物品，藉此挨近故人，不想分離。
3. 跟死亡有關的痛苦情緒一再出現，控制不了。如：傷心欲絕、罪惡感、妒忌、悲痛、憤怒等。
4. 逃避會引發痛苦情緒或想起跟死亡有關的場合、人或地方。
5. 不易恢復有意義的正面情緒，生活沒有目標和滿足感，或無法從活動中或與他人的關係中得到滿足、愉悅或幸福感。

（引自 Shear, 2010.）

熟悉這些準則，方能瞭解個案何時需要更縝密的評估與治療協助。

　　複雜性悲傷的風險因子可分為三大類別。第一類是個人的心理脆弱度（personal psychological vulnerability），如：有個人或家族的情感性疾患或焦慮症病史（Gamino, Sewell, & Easterling, 2000）、不安全的依附風格（van der Houwen et al., 2010）、過去曾遭受創傷或多重失落（Gamino et al., 2000）。這個類別通常也涉及喪慟者與故人的關係，某些關係易引發悲傷困難，如：喪子女、喪偶、手足過世、父母親往生等（Clerien, 1993）。第二個類別則跟死亡的情況（circumstances of the death）有關，如：匆促、意外、暴力或看似可以預防的情況（Currier, Holland, & Neimeyer, 2006; Currier, Holland, Coleman, & Neimeyer, 2008; Gamino et al., 2000）。最後，第三個風險因子類別著重在死亡發生時的背景脈絡（context in which the death occurs），如：不當或有問題的社會支持（Wilsey & Shear, 2007），當前的財務壓力或其他困境等（vander Houwen et al., 2010）。諮商師要能辨別個案正受複雜性悲傷之苦（Germain, Caroff, Buysse, & Shear, 2005; Hardison, Neimeyer, & Lichstein, 2005; Latham & Prigerson, 2004; Monk, Houck, & Shear, 2006; Prigerson et al., 1997），因此，可能他們需要的是有別於傳統悲傷諮商的治療和支持。

表 9.2　延宕性悲傷的診斷準則

A. 悲慟（失去重要他人）。

B. 分離痛苦：長期與持續地思念、渴求、念念不忘故人，反映出想要跟故人保持連結的需要，這是他人無法滿足的需要。幾乎每天都痛徹心扉，心如刀割。

C. 認知、情緒和行為症狀：喪慟者每天必有下列五個或以上的症狀，或達到失能的程度：

　1. 對個人的生命角色感到困惑，或自我感崩解（如：覺得某些自我亦跟著死去了）。

　2. 難以接受失落。

　3. 避免想起失落的事實。

　4. 失落發生後，無法信任他人。

　5. 對失落感到痛苦或憤怒。

　6. 生活無法繼續下去（如：交新朋友、培養新的興趣）。

　7. 自失落發生後，感情變得麻木（缺乏情緒）。

　8. 自失落發生後，覺得生命不圓滿或沒有意義。

　9. 驚嚇、茫然、震驚。

D. 持續時間：死亡發生後，須至少持續六個月方能做出診斷。

E. 損害：此困擾明顯導致社交、職業或其他重要功能的損害（如：家庭責任）。

F. 與其他心理疾病的關聯：無法以重鬱症、廣泛性焦慮疾患或創傷後壓力違常來解釋。

（引自 "Prolonged Grief Disorder: Psychometric Validation of Criteria Proposed for *DSM-V* and *ICD-11* by H. G. Prigerson, M. J. Horowitz, S. C. Jacobs, C. M. Parkes, M. Aslan, K. Goodkin, ...P. K. Maciejewski, 2009, *PLoS Medicine*, *6*, p. e1000121.）

　　依附關係困難的個體，或個人的自我和世界的內在運作模式，無法將這個重大生命事件同化和整合至對自己、對他人、對世界的看法時，容易產生複雜性悲傷（Davis, Wortman, Lehman, & Silver, 2000; Prigerson et al., 2009）。我們是誰（who we are）形塑了我們悲傷的方式，也跟我們與他人建立關係的方式息息相關。若焦慮依附的情況太嚴重，發生複雜性悲傷的可能性將大大提高。複雜性悲傷的後果或許不堪設想，因此，介入策略將著重在協助個體維持身體健康、維持生命，預

防個體的生活產生潛在負面後遺症。諮商師協助喪慟者時不可不慎，陪伴他們走過悲傷時，務必將這個問題放在心上。

　　根據 Prigerson 等學者（2009）的研究，控制憂鬱和焦慮因素後，複雜性悲傷會波及以下情況：

137

- 心肌梗塞（心臟病發作）和鬱血性心臟衰竭（congestive heart failure）。
- 免疫系統功能失常，使個體成為感冒和癌症相關疾病的高危險群。
- 物質使用和濫用。
- 原發性高血壓（essential hypertension）。
- 功能減損（functional impairment）。
- 生活品質降低。
- 自殺企圖。

　　從更實務的觀點來考慮，經歷複雜性悲傷的個案，其反應可能有：(1) 悲傷的強度不但沒有改善，還每況愈下，過了一段時間之後，個體依然沒有能力應付失落；(2) 危及個體的日常生活基本功能；(3) 過了幾個月之後，仍有種完全「卡在」痛不欲生的悲傷與創傷的感覺。

悲傷與創傷的共同點

　　從某種程度看來，所有的悲傷都帶有創傷的意味。重大失落事件迫使個體重建被粉碎、不復存在的假設世界（Janoff-Bulman, 1992）。失去摯愛時，我們內在的某些重要部分亦隨之死去，人事已非，恍若隔世，不再一如既往，我們恐慌、無力、喪失意義。如同先前提到的，「創傷性悲傷」一詞常與「複雜性悲傷」交互使用，因為喪慟者的心理機制負荷程度，已使其無法採取適當的因應與壓力管理策略，這與《精神疾病診斷與統計手冊》（*Diagnostic and Statistical Manual of Mental Disorders, DSM*; American Psychiatric Association, 2000; Tolstikova et al., 2005）中對創傷性壓力違常的敘述相仿。事實上，即使死亡的原因並

非創傷性事件，但複雜性／創傷性悲傷和創傷後壓力違常（PTSD）仍有許多相似之處。常見的主述問題如：睡眠障礙、難以集中注意力、故人的影像不斷侵入腦海，在喪慟者身上亦可看到逃避和疏離的現象（Simpson, 1997）。不過，這兩個概念最主要的差別，在於 DSM 中的 PTSD 準則說明個體需暴露在威脅之下，這一點與失去親密關係相去甚遠。創傷性悲傷和 PTSD 因此成為兩個不同的診斷類別（Neria & Litz, 2003）。

創傷經驗由個體主觀認定，而個體是否將失落視為創傷事件，端視個體對事件的解釋，以及與故人的關係而定（Neria & Litz, 2003）。諮商師必須謹記，創傷的內容與強度取決於個案對該事件的知覺與詮釋，並非由諮商師認定其是否為創傷事件。這種說法或許讓人疑問叢生，因此我們必須釐清幾個容易混淆的名詞。創傷性失落（traumatic loss）（死亡事件帶有創傷的性質，如：暴力、車禍、造成遺體毀損的事件）不必然導致創傷性悲傷，雖然不能排除這樣的可能性。使用創傷性失落一詞時，重點放在喪慟者對事件的體驗，以及因失落而衍生的壓力源，並非指喪慟者的反應。創傷性悲傷（traumatic grief）一詞則是描述喪慟者的分離焦慮及它摧毀喪慟者假設世界的程度。換句話說，這個詞著重在喪慟者的經驗和反應，與死亡事件本身無關。

複雜性悲傷通常以焦慮症狀為主，但正常的悲傷卻是以難過或生氣為主要的情緒表現。創傷症狀與複雜性悲傷的症狀——逃避、侵擾、焦慮警覺、憂鬱、解離、憤怒／煩躁幾乎一樣。患有複雜性悲傷的個體和遭遇創傷經驗的個體，他們的症狀表現大體相同（Jacobs, Mazure, & Prigerson, 2000）。有些研究者將正常的悲傷與 DSM 中 PTSD 的診斷標準加以比較，發現兩者間大同小異，表示重大的失落（無論是否為創傷事件造成的結果）在在挑戰個人將已發生的事納入假設世界的能力（Rando, 1997; Simpson, 1997）。創傷性悲傷和創傷反應的共同點在於心理已然承受過多負荷，使得這兩種反應宛若一致，兩者之間的差異令人不解。為了實務的需要，如果個案的情緒過於焦慮或不安，或太在意失落事件（而非故人），你可能要先處理創傷這一部分。PTSD 和複雜性／創傷性悲傷最主要的差別，在於有沒有分離痛苦，如：苦

苦思念故人、侵入性想法（intrusive thoughts）、想到故人就傷心不已
（Horowitz et al., 1997; Prigerson et al., 2009）。

　　處遇深受複雜性／創傷性悲傷之苦的個案時，諮商師須評估個人的專業訓練和背景是否足以協助這群生命深受折磨、健康與幸福岌岌可危的個案。如果你並不具備臨床評估和處遇創傷經驗的治療技巧，就應該轉介給受過悲傷和創傷經驗專業訓練的人員。以下將討論數個複雜性／創傷性悲傷的臨床意義。

失落與死亡經驗會觸發舊有的創傷經驗浮上檯面

　　悲傷與創傷經驗的源頭同為失控感。失去對我們深具意義或摯愛之人時，各種紛至沓來的情緒通常以無力感、無助感、挫敗感等為主。注意，創傷的核心特徵也是環繞這些情緒。深刻、重大的失落會加劇脆弱感與焦慮感。過去曾有創傷經驗的個案，若發生重大失落，即可能觸動跟過去的創傷有關的焦慮感和不安全感（Crenshaw, 2006-2007; Siegel, 1999）。從本章一開始列出的診斷說明中可得知，創傷經驗可視為喪慟者現有的個人弱點（Gamino et al., 2000）。諮商師必須辨識個案之前的創傷經驗正在「加重」當前的失落經驗，向個案說明復發是正常的現象，協助他們在探索當前的失落悲傷反應時，還能學習如何駕馭過去的創傷。

創傷與悲傷並存共舞

　　一個須謹記在心的鐵則是，過去的創傷在一開始時會遮蔽跟悲傷有關的症狀。正苦於創傷相關症狀的個案沒有多餘的心力關注其他的經驗，除非個案感覺安心、能夠信任諮商師前（這可能要花一些時間），他們才會覺得握有掌控權，決定該跟諮商師說什麼、該怎麼說。在進行任何形式的治療工作前，必須讓個案獲得安全感，瞭解到有一個 「容器」正等在那兒，準備涵容他們的創傷經驗。這個原則對多數的喪慟者一體適用。這個鐵則同樣適用於遭受虐待、恐怖暴力（Herman,

1997），以及兒時創傷性悲傷經驗（Cohen, Mannarino, & Deblinger, 2006）的個案。

　　相較於悲傷，創傷受腦部更原始的系統調節（Crenshaw, 2006-2007; Perry, 2005）。此一原始系統控制戰或逃反應（fight-flight response），驅使個體儘速找到安全的避風港。治療兒時的創傷性悲傷時，Perry（2005）曾說：

> 治療的關鍵在於記住一個重點，即壓力反應系統起於腦幹與間腦。只要這些系統失衡失能，它們就會干擾與阻撓較高層次的腦部功能。如果腦幹的調節功能弱化，所有的認知─行為、洞察導向，甚至情緒導向的介入策略都將功敗垂成（pp. 38-39）。

　　正在處理創傷的個案常感不安、警戒和焦慮，但卻無法將這些感覺與某一特定事件、想法或情感連結，因為創傷反應不是只在理智層面運作，而是本能反應。諮商師須謹記在心，個案的情緒麻木或憤怒的行為表現都是為了自我保護，此時的他們非常脆弱和六神無主。在個案覺得獲得安全感和控制感之前，過於躁進或深入可能會讓他們的情緒潰堤，導致解離[1]或覺得在治療中受到侵犯。

　　悲傷主要受依附系統調節，與認知想法，也就是對事件和接下來發生的事賦予意義息息相關（Parkes, 2006）。因此，悲傷感受通常比創傷事件來得單純（Davis, 2001; Shaver & Tancredy, 2001; Weiss, 2001）。正經歷悲傷的個體通常能夠說出他們的情緒，也知道這些情緒跟哪一個悲傷經驗直接相關，所以他們多能以直接、一致的方式訴說他

---

[1] 當個體不堪刺激或資訊的負荷時，解離（dissociation）就發生了。雖然此人的形體仍在，但感情和／或心智卻茫然不知所蹤。解離的程度從做白日夢到完全忘記事件或對話都有可能。解離發生在治療時，是個案被先前的創傷內容觸動或被治療當下發生的事壓垮的信號。因此解離是一種保護反應。當你發覺你的個案正在解離時，務必放慢治療步調，小心地引領個案跟著你重新回到治療當下，在個案感覺安全和沒有壓力的情況下，提供他們再次跟你產生連結的能力。

們的失落經驗。你常聽到要讓喪慟者「說出他們的故事」的重要性，也就是以這種方式描述事件的能力。注意，悲傷並非完全以難過的方式呈現——因為失落而被剝奪的感覺常引發強烈的憤怒，還有先前提到的各種各樣的情緒。喪慟者常深陷悲傷無法自拔，因此諮商師必須催化他們進行深度探索，達到情緒宣洩的效果。雖然前幾章已談到，不是所有的喪慟者都需要深入探索他們對失落的情緒反應且「整頓一番」，只能說多數求助悲傷諮商的喪慟者認為用這種方式處理悲傷是個有效的方式。換句話說，留意個案獨特的經驗、反應和悲傷表現差異才是重點，這也是我們先前不厭其煩說明的地方。

　　創傷與悲傷之間的「舞蹈」（dance）顯而易見。當個案正受創傷之苦，此時若你想深入處理個案相關的悲傷經驗，你將冒著個案關閉心門、解離，或失控和焦慮的風險——導致個案未蒙其利先受其害。若你提供個案的是遏制悲傷的手段，你又要冒著封鎖個案經驗的風險，在個案需要靠近悲傷時，反而慫恿他們蜻蜓點水式的逃避悲傷。最好的情況是，有效能的諮商師知道何時該適可而止，同時也有能力不疾不徐地帶領個案探索，協助他們修通悲傷。

創傷與悲傷的臨床意涵

諮商師必須全神貫注在個案身上
方能瞭解如何進行最佳處遇

　　聽好了，如果你的個案正跟你訴說事情的發生始末，或故人的遺體模樣，或看來似乎相當焦慮不安，你應該放慢腳步，停下來核對一下個案現在的狀況。焦慮及警覺意味著個案的不安，缺乏信心。你可以請個案說說摯愛亡故後做過哪些惡夢，這些夢或許跟喪慟者無力阻止事件發生、害故人受傷、支離破碎或死亡的感覺有關，以及看見或聽見故人，但其實是一種不祥的預感或即將大難臨頭的感覺。

　　若演變成複雜性或創傷性的悲傷，個案分享的內容會有許多胡思

亂想的成分。雖然多數的喪慟者會希望與摯愛的故人接觸，但那些已演變成複雜性悲傷的個體彷彿被死亡事件和相關細節纏住，陷入氣憤、狂怒、心驚膽戰、無力感等情緒中動彈不得。他們的腦海不斷地被已經發生的事情干擾，或在心中反覆重演事件場景。他們可能因為壓力或處在與故人生前經歷的類似情境，而引發某些生理症狀。他們無法重遊事件發生當時的地點，常想避開相似的場所（特殊路段、特定的車種、建築物等）。他們也常有被外界刺激觸動——電視節目、收音機播放的歌曲、遭遇類似事件等而傷情的恐懼。他們建立慣常迴避的模式，例如，拒絕開車經過那個十字路口或接近那棟大樓。他們也可能會有當下死不足惜或宿命論的觀點。此外，他們的日常功能水準深受衝擊，許多人僅能勉強維持基本職業功能和日常生活作息，於悲傷歷程之上平添極大的壓力，雪上加霜。

現行的創傷可能會阻礙悲傷歷程

　　創傷與被創傷傷害的感覺（受到侵犯、無力感、憤怒、失控等）都必須在第一時間辨識出來並認可其存在。讓個體重獲控制感——即使是選擇說出細節與否，或希望療程如何進行都可以。處遇缺乏安全感和焦慮不安的個案時，諮商師一開始需要知道的事，就是個案想告訴你的事，諮商師必須明白這個重點。在個案遲疑不定或裹足不前時，迫不及待地想知道更多細節和詳情，只會讓他們覺得你咄咄逼人，備受侵擾，加劇他們的焦慮。試圖削弱甚或重新框架個案的感覺強度，或把個案的焦慮和遲疑當作一件小事看待，反而會使個案無法對你敞開心房，無法放心地和你談論他們的感覺、想法和困境。某些曾發生自殺事件的家庭和團體，遺族的自殺率會提高，所以，若想要他們繼續活下去，考慮到自殺的可能性時，千萬要認真以對，不可輕忽（Crosby & Sacks, 2002; Jordan & McIntosh, 2011）。

治療模式

　　處遇有創傷經驗的喪慟者，最重要的事項之一，就是放慢治療步調，不要操之過急，催促個案深入探究情緒，否則創傷的影像鋪天蓋地而來，反而造成二度創傷。讓個案慢慢吐露發生了什麼事，專注在呼吸上、休息一下，堅定地與個案同在。要讓喪慟者談「大塊」經驗之前，必須要先「切丁」——一次只處理創傷經驗的一小部分（Jordan & McIntosh, 2011）。複雜性悲傷治療（complicated grief treatment, CGT）是一套介入策略，協助喪慟者指明複雜性悲傷的特定問題所在（Shear et al., 2011）。實施複雜性悲傷治療時，個案必須撰寫悲傷日記，進行重訪（revisit）死亡的心像練習，以及實地重訪往日故意迴避的活動和場所。重訪這一部分近似於暴露治療，是用來處理 PTSD（欲知更多複雜性悲傷治療的臨床應用資訊，請見 Shear, 2010）。

　　認知行為治療（CBT）是處遇複雜性悲傷的有效技巧，邀請喪慟者指出失落經驗發生後出現的負面狀況，以更合理、有意義的方式重新架構之。根據 Boelen 等人（2007）的研究，處理複雜性悲傷時，認知行為治療的目標有：

(1) 將失落納入自傳式知識（autobiographical knowledge）；
(2) 改變無效的思考型態；(3) 用更有效的行動和因應策略取代無效的逃避策略（p. 151）。

　　意義重建治療（meaning reconstruction therapy）也是減緩惱人的急性悲傷症狀的治療提案之一。在敘說生命中有無故人存在的故事脈絡下，提供個案機會敘明他們的失落、關係和生活目標（Neimeyer, 2001）。意義重建治療的特殊目標包括：

144

(1) 在個案接下來的自我敘事中，為死亡的**事件故事**（event story）找到一個有意義的位置；(2) 回顧並修正與故人關係的**背景故事**（back story），看看還有哪些擔心的事，並在故

人肉體已逝的情況下，重建與故人的依附關係；(3)「改寫」生命故事，培養創意的問題解決方式；(4) 透過實現故人的遺志，強化獻身公益活動的決心（Shear et al., 2011, p. 154）。

請記住，這些說明僅是上述治療取向的濃縮精華。進行每種治療模式前，再怎麼厲害、資深的治療師都需要接受專門訓練。概述這些取向是方便諮商師謹記在心，萬一基本的人際關係諮商取向無法處理個案的悲傷時，極可能需要進行上述的治療模式。

運用藥物治療處理複雜性悲傷

對喪慟者施用藥物是個錯綜複雜的問題，藥物可用，亦可不用，而且許多個案對藥物治療懷有強烈的情緒。當此時，諮商師的角色是建議照會藥物評估，並協助個案探索服用種種藥物的感受。例如，我（本書作者 Darcy L. Harris）曾處遇一位兒子意外喪生的個案，她悲傷到肝腸寸斷。兒子過世一年來，由於她的睡眠狀況和日常生活功能未見起色，我建議轉介給醫療專業人員，這樣或許對她比較好。不過，當我跟她討論轉介事宜時，她卻變得非常激動，聯想到她母親的用藥經驗。她的母親在她的孩提時代罹患重鬱症，被迫入院治療。瞭解她的擔心後，她比較能夠區別自己因兒子死亡而產生的複雜性悲傷反應和她母親的憂鬱症有所不同，也同意進行評估，接受一系列的抗憂鬱藥物治療。在其後的治療歷程中，她也變得比較有活力處理兒子過世的未竟事務和未解決的議題。

對那些早有憂鬱症狀，並已損害生活功能及睡眠型態一段時間，或焦慮症狀已干擾日常生活功能的個體來說，藥物或可在諮商中處理創傷議題時發揮效用。這項討論的重點在於，複雜性悲傷通常會與重鬱症（MDD）和創傷後壓力違常（PTSD）發生共病現象（Shear, Frank, Houck, & Reynolds, 2005）。一般說來，並不建議對有正常、急性悲傷反應的個體施用藥物，在這種情況下，藥物可能會延長悲傷反應，反倒不利於解決悲傷（Worden, 2009）。然而，一項由 Shear 及同僚

（2005）主持的研究指出，相較於患有複雜性悲傷但未服用藥物的喪慟者，有類似症狀並正服用抗憂鬱藥的喪慟者對治療的反應稍佳，此研究結果和其他相關主題的研究結果一致。本章的目的是要建議諮商師留意個案的功能水準，他們對睡眠習慣的描述，以及思考型態落入「惡性循環」，深陷絕望與沮喪中無法自拔的個案。對那些數個月來睡眠型態未見好轉、悲傷症狀和日常生活功能陷入僵局，以及符合重鬱症和創傷後壓力違常診斷準則的個案，進行藥物治療評估或可使其受益。諮商師應小心，切莫因一時疏忽錯過了轉介時機。

複雜性悲傷的社會支持與污名化

　　對那些深陷複雜性悲傷或延宕性悲傷的人來說，那些一向能支持他們的人，可能會被他們翻江倒海、氣勢洶洶、看似經年累月的悲傷反應壓得筋疲力盡或嚇得落荒而逃。此外，苦於複雜性悲傷症狀的個體可能不知道該找哪些社會福利單位，鼓起勇氣和心力尋求協助亦令人卻步，如此一來他們更為孤立無援，加重失落與絕望心情。因此，如果諮商師能留意個案在特殊情況下可用的當地資源、方案和支援，將帶給個案莫大助益（Dyregov, 2004）。就像正常的悲傷一樣，社會支持亦是療癒複雜性悲傷的關鍵。連沒有複雜性悲傷的喪慟者都常覺得朋友和家人不是很瞭解他們的經驗，遑論那些身處複雜性悲傷的個體了。

倡議與賦能複雜性悲傷

146

　　倡議（advocacy）常能協助個體從既定事實中發現意義。倡議可說是一種「治療的行動主義」（therapeutic activism）（Jordan & McIntosh, 2011, p. 32），是嘗試改變看來不公不義或世事無常的方法。它也是經歷令人無力或無助的事件後，可以重獲個人力量的方法。它也可以轉移因創傷而引發的強烈情緒，更能讓同是天涯淪落人、經歷類似事件的當事人相濡以沫。反酒駕母親聯盟（Mothers Against Drunk Driving）就是由一群因酒駕而痛失子女的母親所組成，這個組織致力於遊說嚴格立

法，對酒駕者處以重罰。許多自殺預防團體也都是由自殺遺族發起。熱門電視節目「美國頭號通緝犯」（America's Most Wanted）旨在協助被害家庭尋找及定罪加害者。主持人 John Walsh 的六歲兒子就曾被綁架撕票，成為暴力受害者。透過倡議來建構意義，將創傷事件整合至個人現有的假設世界，也能安慰故人在天之靈，是故人留給後人的禮物。

結語

近來，針對複雜性悲傷所進行的研究、關注、診斷和治療多不勝數，過去幾年來，單是這個議題的研究數量與文獻就令人嘆為觀止。諮商師必須及時瞭解最新的相關研究發現，留意當今和悲傷有關的理論，維持專業素養，潛心研究能避免終生遺憾、扼殺生活品質的介入策略，最重要的是，不要硬把個案的經驗套入某個診斷類別。事實上，臨床工作者擔心的，就是用診斷類別對個案貼上標籤，污名化他們。因此，本章一再強調及希望提供的，就是當個案需要進一步的評估和介入時，你，身為一位悲傷諮商師，可以辨識及採用的方法。想要喪慟者從治療獲益，唯一可行的方式，就是讓個案全心投入治療，免除治療過程中再度受到傷害的風險，設想各種可能性，使其即便面對失落事件，仍盡可能地發揮生活功能。諮商師要能辨識悲傷何時出差錯，協助個案找到最盡善盡美、最能滿足他們需要的協助。諮商師須從已飢己溺的角度對待正和痛苦經驗掙扎搏鬥的喪慟者。我們的目標是完全與個案的經驗同在，跟上專業的腳步，不管用什麼方式提供支持，總要對個案的最大福祉念茲在茲。

名詞釋義

- **複雜性悲傷（complicated grief）**：延長的急性悲傷症狀，喪慟者在故人離世的情況下，無法重建有意義的生活。困難的悲傷由於不同的名詞使用，如：複雜性悲傷、創傷性悲傷、複雜性哀悼和延宕性悲傷，容易造成混淆。但近來對複雜性悲傷的準則已達成共識。

- **解離**（**dissociation**）：雖然此人的形體仍在，但感情和／或心智卻茫然不知所蹤。解離的程度從做白日夢到完全忘記事件或對話都有可能。
- **創傷後壓力違常**（**posttraumatic stress disorder**）：根據《精神疾病診斷與統計手冊》之描述準則，意指遭遇創傷事件或事件發生至少兩個月後，個體呈現的數種症狀和行為表徵。症狀包括：長期睡眠障礙、難以集中注意力、事件或故人的影像不斷侵入腦海、逃避行為和過度警戒不安。
- **創傷**（**trauma**）：極度沮喪或擾人的經驗，或對個體造成死亡威脅、重傷或重大潛在傷害。創傷可能是親身經驗，也可能是替代性創傷。
- **創傷性悲傷**（**traumatic grief**）：描述喪慟者的分離焦慮及它摧毀喪慟者的假設世界的程度。某些失落之所以變成創傷性失落，重點是喪慟者的經驗和反應，與死亡事件本身無關。例如，縱使極度親密依附對象的死亡過程相當緩和，在特定情況下，如果失落造成喪慟者的不安、感受到危險迫近或脆弱不堪，亦可能會演變成創傷性失落。
- **創傷性失落**（**traumatic loss**）：重點放在事件及因失落而衍生的壓力源。此種失落通常是突如其來、出乎意料、殘酷暴力、慘不忍睹或非比尋常。

反思問題

1. 列出並描述該轉介個案給受過特殊專業訓練和專業知能的臨床工作者，進行複雜性悲傷處遇和藥物評估的狀況。你如何得知某位個案的情況「超出你的能力範圍」（over your head）？
2. 如何區辨延宕性悲傷（PGD）和伴隨非特定的失落的慢性悲傷？
3. 某些專業人員常診斷有複雜性悲傷的個體為憂鬱症患者，對於有複雜性悲傷的個體，還有哪些不同的診斷類別？
4. 常聽到一句話：「所有的悲傷都是複雜的。」運用你在本章學得的內容，討論這句話。

參考文獻

American Psychiatric Association. (2000). *Diagnostic and statistical manual of mental disorders* (4th ed., text rev.). Washington, DC: Author.

Boelen, P. A., De Keijser, J., Van den Hout, M. A., & Van den Bout, J. (2007). Treatment of complicated grief: A comparison between cognitive-behavioral therapy and supportive counseling. *Journal of Consulting and Clinical Psychology, 75*(2), 277–284.

Boelen, P. A., van den Bout, J., & van den Hout, M. A. (2003). The role of negative interpretations of grief reactions in emotional problems after bereavement. *Journal of Behavior Therapy and Experimental Psychiatry, 34*(3–4), 225–238.

Boelen, P. A., van den Bout, J., & van den Hout, M. A. (2006). Negative cognitions and avoidance in emotional problems after bereavement: A prospective study. *Behaviour Research and Therapy, 44*(11), 1657–1672.

Clerien, M. (1993). *Bereavement and adaptation: A comparative study of the aftermath of death.* Washington, DC: Hemisphere.

Cohen, J., Mannarino, A., & Deblinger, E. (2006). *Treating trauma and traumatic grief in children and adolescents.* New York, NY: Guilford Press.

Crenshaw, D. A. (2006–2007). An interpersonal neurobiological-informed treatment model for childhood traumatic grief. *Omega, 54*(4), 319–335.

Crosby, A. E., & Sacks, J. J. (2002). Exposure to suicide: Incidence and association with suicidal ideation and behavior: United States, 1994. *Suicide and Life-Threatening Behavior, 32*, 321–328.

Currier, J. M., Holland, J. M., & Neimeyer, R. A. (2006). Sense-making, grief, and the experience of violent loss: Toward a mediational model. *Death Studies, 30*(5), 403–428.

Currier, J. M., Holland, J. M., Coleman, R. A., & Neimeyer, R. A. (2008). Bereavement following violent death: An assault on life and meaning. In R. G. Stevenson & G. R. Cox (Eds.), *Perspectives on violence and violent death* (pp. 177–202). Amityville, NY: Baywood.

Davis, C. (2001). The tormented and the transformed: Understanding responses to loss and trauma. In R. A. Neimeyer (Ed.), *Meaning reconstruction and the experience of loss* (pp. 137–155). Washington, DC: American Psychological Association.

Davis, C., Wortman, C., Lehman, D., & Silver, R. C. (2000). Searching for meaning in loss: Are clinical assumptions correct? *Death Studies, 24*(6), 497–540.

Dyregov, K. (2004). Strategies of professional assistance after traumatic deaths: Empowerment or disempowerment? *Scandinavian Journal of Psychology, 45*(2), 181–189.

Gamino, L. A., Sewell, K. W., & Easterling, L. W. (2000). Scott and White Grief Study— phase 2: Toward an adaptive model of grief. *Death Studies, 24*(7), 633–660.

Germain, A., Caroff, K., Buysse, D. J., & Shear, M. K. (2005). Sleep quality in complicated grief. *Journal of Traumatic Stress, 18*(4), 343–346.

Gray, M., Prigerson, H., & Litz, B. (2004). Conceptual and definitional issues in complicated grief. In B. Litz (Ed.), *Early intervention for trauma and traumatic loss in children and adults: Evidence based directions* (pp. 65–86). New York, NY: Guilford.

Hardison, H. G., Neimeyer, R. A., & Lichstein, K. L. (2005). Insomnia and complicated grief symptoms in bereaved college students. *Behavioral Sleep Medicine,*

3(2), 99–111.

Herman, J. (1997). *Trauma and recovery: The aftermath of violence—from domestic abuse to political terror.* New York, NY: Basic Books.

Horowitz, M. J., Siegel, B., Holen, A., Bonanno, G. A., Milbrath, C., & Stinson, C. H. (1997). Diagnostic criteria for complicated grief disorder. *American Journal of Psychiatry, 154,* 904–910.

Jacobs, S., Mazure, C., & Prigerson, H. (2000). Diagnostic criteria for traumatic grief. *Death Studies, 24,* 185–199.

Janoff-Bulman, R. (1992). *Shattered assumptions: Toward a new psychology of trauma.* New York, NY: Free Press.

Jordan, J. R., & McIntosh, J. L. (2011). *Grief after suicide: Understanding the consequences and caring for the survivors.* New York, NY: Routledge.

Latham, A. E., & Prigerson, H. G. (2004). Suicidality and bereavement: Complicated grief as psychiatric disorder presenting greatest risk for suicidality. *Suicide and Life-Threatening Behavior, 34*(4), 350–362.

Monk, T. H., Houck, P. R., & Shear, M. K. (2006). The daily life of complicated grief patients—What gets missed, what gets added? *Death Studies, 30*(1), 77–85.

Neimeyer, R. A. (Ed.). (2001). *Meaning reconstruction and the experience of loss.* Washington, DC: American Psychological Association.

Neria, Y., & Litz, B. T. (2003). Bereavement by traumatic means: The complex synergy of trauma and grief. *Journal of Loss and Trauma, 9,* 73–87.

Nolen-Hoeksema, S., McBride, A., & Larson, J. (1997). Rumination and psychological distress among bereaved partners. *Journal of Personality and Social Psychology, 72*(4), 855–862.

Parkes, C. M. (2006). *Love and loss: The roots of grief and its complications.* New York, NY: Taylor & Francis.

Perry, B. D. (2005). Applying principles of neurodevelopment to clinical work with maltreated and traumatized children: The neurosequential model of therapeutics. In N. B. Webb (Ed.), *Working with traumatized youth in child welfare* (pp. 27–52). New York, NY: Guilford Press.

Prigerson, H. G., Bierhals, A. J., Kasl, S. V., Reynolds, C. F., III, Shear, M. K., Day, N., . . . Jacobs, S. (1997). Traumatic grief as a risk factor for mental and physical morbidity. *American Journal of Psychiatry, 154*(5), 616–623.

Prigerson, H. G., Horowitz, M. J., Jacobs, S. C., Parkes, C. M., Aslan, M., Goodkin, K., . . . Maciejewski, P. K. (2009). Prolonged grief disorder: Psychometric validation of criteria proposed for *DSM-V* and *ICD-11. PLoS Medicine, 6*(8), e1000121.

Rando, T. (1997). Foreword. In C. Figley, B. Bride, & N. Mazza (Eds.), *Death and trauma: The traumatology of grieving* (pp. xv–xix). Washington, DC: Taylor & Francis.

Shaver, P. R., & Tancredy, C. M. (2001). Emotion, attachment, and bereavement: A conceptual commentary. In M. S. Stroebe, R. O. Hansson, W. Stroebe, & H. Schut (Eds.), *Handbook of bereavement research: Consequences, coping, and care* (pp. 63–88). Washington, DC: American Psychological Association.

Shear, K. (2010). Complicated grief treatment: The theory, practice, and outcomes. *Bereavement Care, 29*(3), 10–13.

Shear, M. K., Boelen, P. A., & Neimeyer, R. A. (2011). Treating complicated grief: Converging approaches. In R. Neimeyer, D. L. Harris, H. R. Winokuer, & G. F. Thornton (Eds.), *Grief and bereavement in contemporary society: Bridging research and practice* (pp. 139–162). New York, NY: Routledge.

Shear, M. K., Frank, E., Houck, P. R., & Reynolds, C. F., III. (2005). Treatment of complicated grief: A randomized controlled trial. *Journal of the American Medical Association, 293*(21), 2601–2608.

Siegel, D. J. (1999). *The developing mind: How relationships and the brain interact to shape who we are.* New York, NY: Guilford Press.

Simpson, M. (1997). Traumatic bereavements and death-related PTSD. In C. R. Figley, B. E. Bride, & N. Mazza (Eds.), *Death and trauma: The traumatology of grieving* (pp. 3–16). Washington, DC: Taylor & Francis.

Stroebe, M., Boelen, P. A., van den Hout, M., Stroebe, W., Salemink, E., & van den Bout, J. (2007). Ruminative coping as avoidance: A reinterpretation of its function in adjustment to bereavement. *European Archives of Psychiatry and Clinical Neuroscience, 257*(8), 462–472.

Tolstikova, K., Fleming, S., & Chartier, B. (2005). Grief, complicated grief, and trauma: The role of the search for meaning, impaired self-reference, and death anxiety. *Illness, Crisis, and Loss, 13*(4), 293–313.

van der Houwen, K., Stroebe, M., Stroebe, W., Schut, H., van den Bout, J., & Wijngaards-de Meij, L. (2010). Risk factors for bereavement outcome: A multivariate approach. *Death Studies, 34,* 195–220.

Weiss, R. (2001). Grief, bonds, and relationships. In M. S. Stroebe, R. O. Hansson, W. Stroebe, & H. Schut (Eds.), *Handbook of bereavement research: Consequences, coping, and care* (pp. 47–62). Washington, DC: American Psychological Association.

Wilsey, S. A., & Shear, M. K. (2007). Descriptions of social support in treatment narratives of complicated grievers. *Death Studies, 31*(9), 801–819.

Worden, J. W. (2009). *Grief counseling and grief therapy* (4th ed.). New York, NY: Springer Publishing Company.

CHAPTER ⑩

實務工作者的工具箱：
治療模式與技巧

　　本章要來探討一些有助於協助喪慟者的治療「工具」和技巧。這些構想和建議乃基於體認到喪慟個案具有多元的想法、感覺和故事，希望這些構想能讓你的服務工作順利開展。當然，進行悲傷諮商時，沒有所謂的「一次購足」這種事。有些個案說起話來滔滔不絕，幾乎整個療程都沒停過；有些個案則是寡言木訥，不知道該如何表達自己。有些個案雖然已經準備好要談感覺，也願意自我省思，但多數時間談的仍然是事不關己的事件，用理智的頭腦分析事情。悲傷諮商師的工作是要催化個案投入治療歷程，找到最符合個人的存在方式，契合他們的需求和目標。本章將說明幾種協助喪慟者的治療輔助技巧，某些治療模式需接受特殊的專業訓練，你可以根據自己的興趣，採用本章最後提供的資訊和訓練機會。礙於作者對悲傷諮商模式的熟悉程度，本章選取的諮商策略難免掛一漏萬。各位讀者若想進一步瞭解協助喪慟者的各種練習和策略，可參閱 Keren Humphrey 的著作：《失落與悲傷的諮商策略》（*Counseling Strategies for Loss and Grief*, 2009）一書。

　　在介紹本章有別於傳統治療工作的取向前，且讓我們重新回想諮商的初衷：你和個案的關係才是第一要務。在你和個案的關係尚未安全、個案還不信任諮商師，以及諮商師確切瞭解個案關切的議題前，我們絕不會鼓勵諮商師使用任何介入技巧或策略。記住，關係優先，治療同盟

是所有諮商工作得以開展的基石。在諮商師採用這些不同的策略前，你
必須先獲得個案的信任，使其願意投入治療歷程、有參與的動機。好好
介紹這些治療輔助技巧，有時確能引發戲劇性的結果，帶來更多的覺
察、自我瞭解和反思。因此，在你開啟「諮商師的工具箱」的同時，希
望你也能將上述的叮嚀謹記在心。

儀式與連結物

　　儀式通常是喪慟者為特定的感覺或想法而發起的象徵性表達方式
（Lewis & Hoy, 2011）。Romanoff 與 Terenzio（1998）認為儀式「有
助於維持社會秩序。在特定的社會脈絡下，為人類複雜和矛盾的生活方
式提供理解的基礎」（p. 698）。儀式賦予個案表達及穩住強烈情緒的
機會，在他們失控無助時帶來秩序與控制感。儀式可由個案私下舉行，
或和諮商師一起進行，或依循家族與社會的文化模式辦理（Romanoff &
Thompson, 2006）。儀式為已發生的事創造意義（Neimeyer, 1999）。
此外，儀式連結已翩然遠去的故人，以象徵意義的活動和摯愛建立持續
性的連結，提醒個案故人仍以某種形式長存心中。

　　在北美洲，最常見的儀式是葬禮，它有數種功能：榮耀故人的生
命、以結構化的方式為家屬和摯友提供社會支持、重申價值觀與信仰、
恢復家族與社區的連結。不過，葬禮是有時間限制的儀式，不夠喪慟者
宣洩悲傷（Castle & Phillips, 2003）。的確，故人的墓園或安葬處乃是
留給後人繼續探訪或祭拜，與故人或最高神祇連結相感。然而，若缺乏
情緒表達的管道，光是探訪本身並不足以催化喪慟者的悲傷歷程。基
於此，我們建議喪慟者「拓印」墓碑，帶到諮商中和我們一起回顧此段
經驗。當摯愛故人的安葬處在他縣市，或交通不便的個案來說，拓印可
以如其所願地「悼念」摯愛故人，卻可免於舟車勞頓。用描圖紙或薄薄
的紙覆上墓碑，再以粉蠟筆塗抹表面，墓碑上的文字和圖樣就會轉印到
紙上。墓碑上的照片效用如出一轍，但拓印的動作實際上就有療癒的效
果。

　　儀式活動包括：探訪墓地、展示故人的照片、向他人介紹故人的生

平事跡、從事故人感興趣的活動、寫信給故人、觀賞能喚起回憶的特定
電視節目、創作或配戴故人的飾物、參加故人未能出席的活動或緬懷故
人的場合（例如紀念活動）、創造某種紀念儀式，如在某個特別的日子
或時刻點根蠟燭以懷念故人、以故人的名義成立公益信託基金、栽種樹
木以致敬故人等（Lewis & Hoy, 2011）。世上的儀式多不勝數，上述例
子是我們在實務工作中常見的作法。

　　記住，儀式亦可運用在非死亡的失落事件，或人生各階段的里程碑
上。當事件至關重大（不一定跟死亡有關），或事件發生致使個體自覺
因此失去一部分的自我時，可以用儀式的象徵特性認可事件的重要性並
賦予意義。

孕期失落／生產失落

154

　　醫院和健康照護人員逐漸意識到孩子未出世造成的失落，許多診
所和急診室為流產或死產婦女提供宗教支持服務。這些神職人員為孩子
和家屬祈福、祝禱，他們的在場等於告訴其他人，此刻的失落非比尋常
（Kobler, Limbo, & Kavanaugh, 2007）。現在常用來處理此類失落的儀
式包括：留下寶寶的足印製成卡片，給父母一個「回憶箱」（memory
box），讓他們存放跟寶寶有關的物品，如：衣服、手環、足印或手
印、相片（若有的話）。我（本書作者 Darcy L. Harris）的許多個案曾
帶來他們的回憶箱，不厭其煩地詳述每樣物件的過往，撫觸這些具體的
物件彷彿讓他們與寶寶重新連結，看得出這件事的意義非凡。

　　另外一個運用儀式處理生產失落的例子，來自一位數年不孕症治療
失敗的個案。某次諮商結束後，她用黏土做了一個子宮模型，接著又捏
了幾個小球，象徵每次不孕療程中的胚胎變化。剛開始時，她把所有的
「胚胎」放在黏土子宮裡，訴說對它們的愛，然後依次把每個胚胎拿出
子宮，對每個未能來到這個世界的孩子說再見。最後，她埋了所有的胚
胎，象徵她已默認治療失敗後寶寶未能誕生的失落。

紀念首飾與個人所屬物品

喪慟者常保有特定物品以與故人連結，這些物品不單是紀念品，而是傾注了對故人、關係或自我的象徵意義，它們常被稱為「連結物」（linking objects）。個案經常賦予跟故人有關的物品意義，做為追思摯愛的提醒物（Neimeyer, 1999; Volkan, 1981）。常見的物品有：衣服、相片、個人物品（如：寵物的項圈、孩子的填充玩具、髮夾等）、相關的重要地點，如：過世的地方，還有重要他人的信件和禮物。喪慟者經常整天配戴或隨身攜帶這些物品。

有位個案說她戴著丈夫過世前送她的墜飾，她偷偷告訴我，她放了些先夫的骨灰在墜飾內，與她「如影隨形」，兩人依舊如膠似漆。某位個案則將先夫的眼鏡鏡框挪為己用。個案常會配戴摯愛故人的首飾，以彰顯此物的意義。例如，有位個案的母親過世後，她請珠寶商將母親的婚戒改造，綴以母親和姊妹們的生日石，以此懷念母親的懿德高風。許多個案會穿上故人的衣服、使用故人習用的物品（如：咖啡杯或筆），這麼做通常能帶來莫大的安慰，深具意義。

詢問個案是否保留具特殊意義的連結物，如果有的話，可邀請他們帶到晤談中分享。諮商師若能認可它們存在的價值，與個案一起探索物品的意義，常能強化治療同盟（Humphrey, 2009）。

信件、手札與電子通訊

有幾位個案曾寫信給摯愛故人，彷彿故人仍在世般的閒話家常，即使故人實已遠逝，喪慟者亦能透過寫信與故人保持連絡。故人是喪慟者最想傾訴的對象，他們彷彿能「聽到」喪慟者聲聲悲切的吶喊。有無數的網站供喪慟者為故人張貼線上追悼訊息，連寵物也不例外。個案說這些線上追念訊息頗能撫慰其心，想看這些訊息的時候可隨時上網，不必擔心交通問題或曝露在公開場合，憂心隱私不保。

近來，電子通訊逐漸成為喪慟者的表達工具。有幾位個案說他們利

用社群媒體為摯愛設立紀念網站。如此一來，摯愛故人的 Facebook 網頁即可轉成紀念網頁。有位才華洋溢的個案為他的亡妻設了一個電子郵件信箱，定期寫信給她。他三不五時會登入他為她設的信箱，閱讀他寫過的信，然後想像亡妻會跟他說的話，回信到自己的信箱。

運用儀式處理衝突關係

處理矛盾衝突或否定消極的關係，可用儀式修通死亡後的未竟事宜。除了寫信給故人一吐胸中塊壘外，還有其他的方式可供參考。有位個案在母親過世後求助悲傷諮商，諮商的過程中發現，兩人的關係相當緊張，她長期飽受母親的言語和情緒虐待。當姊妹們收拾母親的遺物時，留下一件深藍色套裝給個案，說這件衣服的尺寸和她很般配，個案帶來這件深藍色套裝，訴說她對母親這件衣服的回憶，其中最痛苦的一個回憶，就是母親曾在教會眾人面前嚴厲斥責她。兩週後，她說她「如釋重負」，細問之下才知她拿了把拆線器，把這件套裝拆解成片片碎布，她想燒了這件衣服，但人造纖維的布料燃燒不全，她只好把這些碎布連同一張會喚起當年痛苦回憶的照片一起埋在土裡。完成此儀式後，她說她終於「掙脫」母親的桎梏。

書寫與故事治療

157

許多當代的喪慟研究者和實務工作者皆主張意義重建是悲傷的核心歷程（Neimeyer, 1999）。以此取向觀之，人類是「個人生命故事重要主題與情節架構的編撰者」（Neimeyer, 1999, p. 67）。重大失落發生後，個人對生命的假設可能會從根本上發生天翻地覆的轉變。這些假設因摯愛死亡或重大失落事件而動搖崩塌，導致個體的生命故事出現斷裂和矛盾。重大失落驅策個體重寫生命故事，詮釋既定事實的發生對個人的意義，維持看待世界、他人和自我一致性。因此，以個人生命故事與既定失落為焦點的取向，著重在協助個體從失落經驗裡創作嶄新的、更有意義的自我敘事（Parry, 1991）。

有幾種方法可協助個案敘說故事，辨識哪個部分的自我故事已因假設的世界觀崩解而斷裂。以下將簡短說明數種敘說策略，裨益個案在求助悲傷諮商時重寫生命故事。

群集

群集（clustering）是用腦力激盪的方式協助陷入僵局，或需要疏理各種紛雜念頭和感覺的個案。首先請個案思索最核心重要的經驗，把這個字詞寫在頁面中央並圈起來。接著從中心點出發，開始腦力激盪向外延伸出各個不同的路徑——從中心點延伸畫出去的字詞，即代表與其有關的聯想或特點，一樣要把這些字詞各別圈起來，必要時可以延伸畫出第二層或第三層群集。

群集可以協助個案在短時間內處理大量訊息，當個案被失落壓得喘不過氣、不知道煩惱所為何來，以及個案的敘述盤根錯節、亂無章法

158

時，這個方法特別有用。將個案的想法和情緒以此種方式呈現在紙上，既簡練又周密的正視自己的問題。以圖 10.1 的個案瑪麗為例，我們請她蒐集跟丈夫死亡有關的經驗。瑪麗最主要的核心經驗是不幸於 23 歲即過世的丈夫山姆。接下來，她探究跟這個失落有關的重要問題，聚焦在每個問題的幾個關鍵面向，形成第二層和第三層群集。完成後，請個案端詳他畫的群集圖，如此即可一目瞭然地發現何者最為重要，以及哪些面向的失落需要進一步的關照。也可以請個案畫出失落經驗發生前的群集圖，再把它跟方才畫的現在狀況群集圖相比較對照，探討兩者的差異。

159

生命故事書

這個練習要建議個案把自己的生命想成一本書。開始練習前，我們會請個案思考一本好書的必備元素，如：情節、起承轉合、角色，以及要傳達給讀者的訊息。接著再請個案思考這本「生命故事書」的書名。撰寫本書的「正文」時，可請個案回想生命中的特殊時刻或事件，當作

本書的各個章節。這可能需要花點時間沉思，因此可建議個案口述，由諮商師記錄，兩人齊心協力完成。過程結束後，再把諮商師的筆記交給個案，請個案繼續回想更多細節，下次晤談時帶過來。多數個案都覺得這個練習頗能帶動他們反思生命經驗，更是一個好好安置生命中飽含悲傷的片段，將其納入整體生命經驗的好方法。

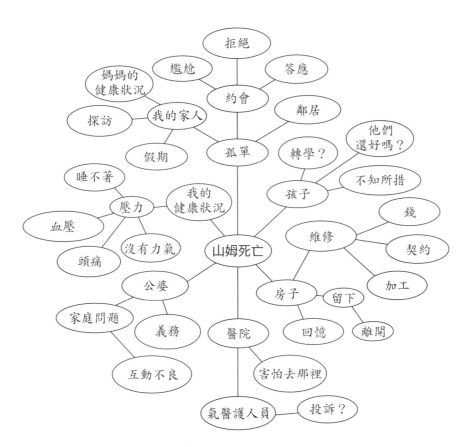

圖 10.1　**群集。**（上圖是兩年前丈夫突然因病過世的個案所完成的群集。頁面最中間的圓圈從先生過世開始，接著是先生過世後她心目中認為最重要的問題。然後再進一步思索每個問題，擴展成越來越多的群集。）

隱喻與故事

159　　透過視覺影像與象徵性符號的描述，隱喻邀請個案捕捉經驗或情緒的「本質」（essence）。運用隱喻時，須請個案用圖像或物體想像他們的失落、悲傷或最近的生活。例如，某位個案說他現在的狀況就像坐在一輛無人駕駛、失控的車子裡，他坐在後座，被緊緊的安全帶束縛的動彈不得、呼吸困難。像這樣的描述都是能跟個案一起探索的豐富素材，從不同的層面瞭解其中蘊含的意義（Humphrey, 2009; Neimeyer, 1999）。

　　另一個相似的練習名為「虛擬夢境故事」（virtual dream story），亦即用譬喻的方式敘說故事（見表 10.1）（Neimeyer, Torres, & Smith, 2011）。這個練習能幫助個案處理「核心」議題，然而用譬喻的方式又能跟嚇人的親身經驗保持距離，避開直接討論造成的緊張不安。進行這個練習時，先指定給個案虛擬夢境中的六個元素（情境、人物和物體），個案要寫出一個內含這六個元素，並與他們的失落經驗相呼應的故事。例如，請個案寫出一個內有暴風雨、鬼火、鴿子、勇士、面具、一扇緊閉的門的故事。等個案寫完後，再請他們大聲朗讀這個故事，接著探討故事中的各個元素，以及它們與個案目前生活狀況的關聯。這個

160　練習須花些許時間進行及指導，但卻是催化探索和建構意義的絕佳策略。

寫信

　　這個練習有數種變化型。最簡單的一種，是邀請個案寫信給失落的對象（非單指過世的人），分享自己的想法和感受。信件的內容著重在表達跟失落和悲傷有關的心情與想法。若寫信的對象還在世，就必須強調此舉乃是以個案的意圖為出發點，而非為他人為寫，信件也不應寄出去。寫信是相當過程導向（process-oriented）的練習，個案可以寫信給

161　過去的自己，祈求過去的自己原諒，或以過來人的口吻叮囑早期的自己

一些事情。個案也可以寫信給過去或未來的自己，用以處理過去的傷痛事件，或提醒未來的自己須謹記人生中的某段時刻。有時候，可以儀式捨棄信件，如：撕毀、燒掉、埋葬等等，藉此化解在個案心中「懸而未決」的未竟事宜（Humphrey, 2009）。

表 10.1　**虛擬夢境。**〔個案要從每一欄（場景、人物和物體）中選出兩個元素，編造一個有他們參與其中的故事，把這些元素和自己的經驗融合在一起，以下列出數個虛擬夢境元素範例。〕

160

情境／場景	人物／聲音	物體
厄疾	女巫	玫瑰花
暴風雨	神秘的陌生人	熊熊烈火
危險海域	震耳欲聾	古老的地圖
早期失落	泣不成聲	救護車
長途旅行	天使	面具
密室	鴿子	空床
有趣的書	撒旦	緊閉的門
鬼火	飽經風霜的長者	棺材
斷崖	偶然聽到的歌	裸體雕像
洞穴	勇士	百寶箱

（授權翻印："The Virtual Dream: Rewriting Stories of Loss and Grief" by R. A. Neimeyer, C. Torres, and D. A. Smith, 2011, *Death Studies*, *35*, pp. 646-672.）

能量療法（快充療法）

161

此節要介紹給讀者的是如何將能量療法（energy-based modalities）應用在喪慟者身上。使用此療法的技術前需接受高度專業訓練和督導，因此讀者必須先精熟它們的理論知識，並接受合格訓練者／實務工作者

的嚴格督導。然而，由於學術文獻和大眾讀物經常介紹這些療法，讀者們可藉此吸收些許基礎知識，瞭解何為適當的時機轉介個案給其他的專業工作者，或與個案一起討論這些療法的可行性。Commons（2000）稱這種治療方式為「快充療法」（power therapies），因為它們能很快地協助被創傷記憶折磨到動彈不得的個案恢復力量。

眼動減敏與歷程更新治療

眼動減敏與歷程更新治療（eye movement desensitization and reprocessing, EMDR）剛開始時是以越戰退伍軍人和性犯罪受害者進行嚴謹的研究（Shapiro, 2001），後來發現透過此技術，個案可以快速地降低對創傷記憶的敏感度，調整非理性想法和負面的自我假設，有效地減輕許多惱人的症狀（Solomon & Shapiro, 1997）。Solomon 與 Rando（2007）曾說 EMDR 能協助喪慟者處理和調整儲存在腦海中跟故人有關的驚駭與痛苦的記憶。他們的研究證實 EMDR 能減緩侵入性悲傷症狀對創傷個案造成的無力感與衰弱感（Solomon & Rando, 2007）。EMDR 的治療程序包括八個階段，是一個涵蓋心理動力、關係互動、身體為主和認知行為原理的治療法。多重模式取向的 EMDR 能加速處理創傷內容。EMDR 的訓練過程嚴謹，受訓者皆為資深的臨床實務工作者，故不應在未經完整訓練和督導認可能力的情況下使用 EMDR。當談話治療似乎無法發揮如期效果，或反而加重個案的焦慮時，上述簡介或可提供諮商師做為轉介的參考。

思維場療法

思維場療法（thought field therapy, TFT）是用來治療與心理困擾有關的症狀。Callahan 與 Callahan（1996）主張情緒的控制機轉和個體的所有生理機能，都能運用針炙經絡穴位（meridian）來打通身體的能量系統。藉由刺激經絡治療穴位（指中醫施行針灸或壓迫點的位置），TFT 引發個體情緒和生理系統的微妙變化。根據不同的情緒困擾種類，

敲擊身體上不同的經絡穴位和壓迫點。進行 TFT 治療時，個案要把注意力集中在悲傷時最折磨他們的痛苦情緒，TFT 治療師會要求個案對焦情緒，在體驗這些感覺的同時，由治療師敲擊個案身上特定的壓迫點。這個過程通常很短，接下來，再度評估主觀的情緒困擾程度，重複這個過程直到個案的困擾程度降低為止。接受訓練的實務工作者必須根據個案的陳述學會正確的敲擊程序。

　　TFT 的治療程序褒貶不一。許多主流派的治療師和研究者認為它缺乏效果證據，這是 TFT 最為人垢病之處。但擁護者則主張 TFT 也是一種「快充療法」，有助於個案緩解惱人棘手的悲痛（Commons, 2000; McNally, 2001）。我們曾聽幾位臨床工作者提到許多深受創傷症狀和複雜性悲傷所苦的個案受惠於 TFT，因而在此簡介這個療法。有興趣將 TFT 應用在喪慟者身上的讀者，可深入探討並閱讀近期的實徵研究文獻。

情緒釋放技術

163

　　由 Craig（1995）發展出來的情緒釋放技術（emotional freedom technique, EFT）乃是改良自 TFT，但僅使用一套綜合的治療程序，以簡化繁複的診斷和治療流程。EFT 的支持者聲稱，藉由輕輕敲拍經絡穴位，可以消除定義模糊的情緒困擾被誤診時產生的問題。Craig 主張，即使改變治療輕拍順序，一樣能有效治療病患，沒有必要診斷特定疾病，診斷甚至會妨害治療效果。進行 EFT 時，治療師點擊個案身體各個部位的經絡穴位，此時個案須將注意力集中在他們的恐懼上。基本原理類似想像暴露、系統減敏感法和轉移注意力。因此，情緒困擾的主觀評量分數降低，乃歸功於暴露和分心策略，而不是點擊數的多寡。

人格與性格量表

　　雖然我們通常不會建議在悲傷諮商時使用量表等工具，但卻常發現很想試著自己解決問題的個案，多半能從填答自評的人格問卷當中來

深化自我探索。有時候，瞭解個案如何處理資訊，以及日常生活慣用的互動方式，如此一來我們的陪伴方能契合個案的需求和偏好。本節說明的量表大部分都有免費的網路版（列於本章末），個案可以在家上網作答，閱讀作答結果，在與諮商師晤談前自行反芻消化這些資訊。除了協助個案進行深度覺察、更瞭解自我外，兩人一起探討量表結果，將有助於諮商師提出更符合個案價值觀、信念與優點的措詞、比喻、互動型態和治療建議。

164　　　邁爾斯—布里格斯性格分類指標（Myers-Briggs Type Indicator, MBTI）乃是量表作者 Isabel Myers Briggs 及其母 Katharine Briggs，根據 Jung 的心理類型理論而發展設計出來的人格測量工具（Myer, McCaulley, Quen, & Hammer, 1998）。MBTI 將人格差異分成四對相反詞（或稱**二分法**），交錯組成 16 種心理類型。類型沒有所謂的**好**或**壞**。然而，Myers-Briggs 的理論認為個體天生就有**偏好**某種類型的傾向（Myers, McCaulley, Quenk, & Hammer, 1998）。就像左利者不擅長用右手書寫一樣，個體也不擅長表現對立那一方的心理傾向。MBTI 並非精神疾病和人格違常診斷工具，相反地，它是用來協助個體更瞭解自己，及自身如何看待周遭世界。四種不同的類型反映出個體在這幾個面向的優先選擇。

- **外向／內向**（extraversion/introversion）：指個人養精蓄銳的方式和注意焦點之所在（跟喜不喜歡人無關），此人喜歡獨處消磨時光，還是喜歡大家在一起眾樂樂？你習慣「放聲思考」還是喜歡默默地工作和沉思呢？
- **感官／直覺**（sensing/intuition）：你會注意什麼？你如何「接收」訊息？你重視五感的體驗和具體的思考方式，還是較依「直覺」和想像力行事？
- **思考／感覺**（thinking/feeling）：你如何做決定？你都怎麼下結論？你喜歡用邏輯和客觀的方式做出有根據的選擇，還是憑個人的價值取向整理訊息？
- **判斷／理解**（judging/perceiving）：你喜歡哪種生活方式？你

都如何應對外在世界？你喜歡有規劃的行程還是喜歡「即興發揮」、無拘無束的選擇？

　　仔細看這四個面向，即可得知個人的悲傷方式和人格類型息息相關。內向型的人需要一段「停工期」好處理他們的悲傷；外向型的人則可參加支持性團體，找到一起分享和互動的對象為佳。思考型分數較高的人較不擅於處理強烈情緒，面對他人的情緒表露往往不知所措。這種人也比較不知道該如何回應他人叫他們表現感情來讓「心情變好一點」的要求。感官型分數較高的人非得親眼看到遺體；直覺型的人則喜歡探求重大失落後存在的意義。判斷型分數較高的人強調組織與慣例。可想而知，悲傷帶來的解體與混亂讓他們特別難受。

　　這些歸類當然必須跟本人確認無誤。不過，考慮到個人的喜好與差異，就知道並沒有所謂的「對」或「錯」的悲傷方式。水能載舟亦能覆舟，是弱點也是優點。因為人格差異而造成的悲傷方式有別，這些分歧可能也是家人關係緊張的緣由。科賽人格氣質量表（Keirsey Temperament Sorter）（Kirsey, 1998）和 MBTI 很像，其簡易版讓個案更容易瞭解個人的人格類型和偏好，有助於找到其獨特因應悲傷的方式。其他有利於個人自我探索的量表尚有「本色性格」（true colors characterization）（Kalil, 1998）和「九型人格測驗」（Enneagram of Personality）（Riso, 1996）。

正念療法

　　雖然正念冥想咸認與佛教思想有關，但其實不需要歸依佛教依然可以練習正念覺察。正念練習將個案的經驗融入治療，俾使其發揮最大效益，包括：練習將注意力放在當下、此時此刻的經驗；客觀地看待想法、情緒和感官經驗；如其所是地接納個人的經驗（Humphrey, 2009）。正念練習與西方的心理學無縫接軌，有時亦稱為洞察冥想（insight meditation）或內觀（Vipissana）。與其教個案封閉自己的經驗、想法和感覺，倒不如培養正念覺察，完全進入經驗中，但又不會

被它們淹沒擊垮。專注於正念練習的個案常說他們能夠直視經驗，但這些經驗已不像過去那麼痛苦或煩心。西方的心理治療，如：完形治療、心理劇和內在家庭系統（IFS）模式（見下節）等，皆汲取正念的觀念，引導個案深度覺察當下的經驗，療癒或修通過去殘留的議題（Johanson, 2006）。

正念練習有數種臨床用法。Levine（1989a, 1989b, 1989c, 1998）即寫了幾本有關死亡、瀕死、悲傷和正念等主題的書。Sameet Kumar撰寫的《正念悲傷》（*Grieving Mindfully*）（2005）也是不錯的資源。麻州大學醫學中心的 Jon Kabat-Zinn 發展出實用的正念減壓（mindfulness-based stress reduction, MBSR）課程方案。正念減壓訓練介紹八週的入門課程，包含教學訓練與每日冥想練習（Kabat-Zinn, 1990; Sagula & Rice, 2004）。本書第四章「陪伴的修練」即整合許多正念練習，讀者可以複習前面的章節，溫故知新，如：跟隨個案的呼吸、全神貫注地覺察，與個案同在。最常見、最基本的技巧就是身體掃描和正念呼吸。

身體掃描技術

身體掃描（body scan）是進行正念減壓訓練時首先要學習和練習的技巧。我們習於對身體漫不經心，直到身體出了狀況卻為時已晚。「身體感受」（felt body sense）──身體的感覺雖然隱微不顯，但若善加留意，其實它正對我們的身體狀態和整體生命提出寶貴的見解。身體掃描是指全心全意地專注於當下的身體感覺，一般以平躺姿勢進行身體掃描，但採取其他姿勢亦無妨。先教導個案把全副注意力放在全身，接著再把注意的焦點有系統地轉移至身體的各個部位，最後再將注意力回到全身。透過這個過程，通常能大幅提升對身體感受的覺察，留心對身體各部位的心理反應。教導個案用這種方式注意身體，不要試圖去修理或改變任何事情，減少對不完美的身體部位和對外界反應的批判，轉而在任何時刻，都能更加接納和欣賞自己的身體（Kabat-Zinn, 1990）。

正念呼吸

　　進行這個練習前，請先找一個舒服的姿勢坐著，把注意力拉到呼吸時的感受。深深地吸氣，再深深地吐氣幾次，留意每次呼吸時身體各部位的動作，你的心靈也因專注而舒展，鼻腔、胸腔、腹部，或任何部位皆可。停留在這些部位，注意當你呼吸時這些部位的感覺。讓呼吸自然地流動，只要跟隨呼吸時的感覺就好。品味呼吸，彷彿它就像是一場你很想延長享受的華美感官體驗。個案常說他們很難駕馭念頭——思緒飄忽不定，要他們專注在呼吸上簡直強人所難。我們會告訴他們，思緒漫遊乃是正常現象，把它們再帶回來就好，我們會不斷地鼓勵個案，就算思緒漫遊了一百次，一樣帶回思緒一百次。開始這個練習時，要對自己仁慈些，不要老想著自己有沒有「辦到」，只要去做、去學習就好。

　　很多人無法跟自己的念頭好好相處，徒呼負負。我們的腦袋活動過度，但卻鮮少正視它們不斷暗中找麻煩的事實，因此，我們會告訴第一次坐下來冥想的個案，很可能會被這些念頭攪得心神不寧。用點想像力或許有助於冥想，例如，與其數算或跟隨呼吸，不如想像一個漂浮在湖上的祥和畫面，直到內心的喧囂復歸平靜。一個特別有效的畫面是想像自己坐在湍急的河邊，望著你的想法、感覺、憂慮、在意的事，就像那來來回回拍向岸邊的水。

　　個案可以實驗各種不同的呼吸方式，如果覺得悠長呼吸不錯的話，就繼續做下去，若否，就改用其他任何能緩和身體的節奏。個案可以盡情嘗試短促呼吸、快速呼吸、慢速呼吸、深呼吸、淺呼吸等——以當時最為舒心自在的為主。

悲傷與內在家庭系統
（Derek Scott, BA, RSW[1] 撰文）

　　內在家庭系統（internal family system, IFS）治療模式（Schwartz, 1995）認為人格是由各個不同部分組成的系統，治療即是要激發慈悲的好奇心，促進療癒。在這個模式中，所謂的「部分」（parts），是指人格中獨立運作的面向，各自扮演特定的角色。其中有些部分，Schwartz 稱之為「放逐」（exile）或「保護裝置」（protector）。被放逐的部分懷著強烈的情緒和信念，虎視眈眈地要求「融入」系統（亦即想凌駕於系統之上）。發生這種情形的時候，個體只會表現出一個面向（如：「我很難過」或「我覺得很丟臉」）。當這些地雷被引爆時，其他的部分就會跳出來轉移我們的注意力，這些保護裝置就是「消防隊」。消防隊常見的滅火器有：看電視、睡覺、飲酒、使用藥物、性耽溺、暴飲暴食、暴怒等等，使系統保持忙碌，直到地雷的能量耗盡。有的保護裝置是「管理者」（managers），它們會確保被放逐的部分不會引爆，照管好外在世界和／或外在人士。例如，難過時不要去探訪墓地，就是管理者下的指示，也就是避開任何會引發痛苦的地雷。

　　除了人格系統的各個部分外，另有一個自我（Self），自我最顯著的面向有：好奇心、慈悲心和清淨心。Schwartz（1995）主張每個人都有自我，治療師的工作即是協助個案的自我善加回應系統中深受痛苦折磨的部分。若能慈悲地觀照這些部分懷抱的惱人情緒和念頭，它們的負擔就會減輕，願意在系統中擔當其他的角色，恢復平衡。

---

[1] Derek Scott, BA, RSW，是一位合格的完形治療師和團體領導者，也是一位具有英國基爾大學（Keele University）心理學榮譽學士學位的合格社工師，自 1981 年以來即從業諮商與心理治療。他精通各種洞察取向、整體觀的治療模式，包括：心理劇、完形學派的空椅法和接觸界線、身體焦點覺察、認知治療和重新框架、脈輪系統（chakra system）、引導式心像，以及內在家庭系統（IFS）模式。他目前旅居於倫敦、安大略和加拿大。

處理悲傷時，服膺內在家庭系統的治療師會敏察與依附和失落有關的部分，這些部分通常牢握著憂鬱、難過、思念／渴望、抗議（生氣）、罪惡感、無力感和沮喪等等不放，承擔了孩提時期未解決的失落，被當前的失落引爆。結果，孩提時的反應越激烈，保護系統就越要避免個體崩潰。留意並尊重保護裝置典型的作法：拖延、分心、替代、貶低、逃避、體化症、麻木、丟臉（在被剝奪的悲傷中特別普遍）。肯定保護裝置的用意是要讓個案的自我可以聽到被放逐的部分，擔任系統中保護角色的部分即可功成身退。

這個模式為非病理取向。每個部分皆能對系統做出貢獻。這是一個兼具效率與效能、聞名遐邇的治療模式。欲知更多資訊和觀看其如何處理複雜性悲傷，請參考本章最後所附的網路連結資源。

沙盤治療

沙盤治療（sandtray therapy）（或稱「沙遊」）（sandplay），乃是運用沙盤進行實體創作的技術。1920 年代，Margaret Lowenfeld 博士率先選用沙子為治療方法，箇中源於 H. G. Wells 曾撰文寫道，看到兒子們在地板上玩些小物件，似乎在用這些物件解決家人間的問題。讀完 Wells 觀察兒子的遊戲描述後，Lowenfeld 博士深受啟發，也放了一些小物件在遊戲室的書架上，第一個見到的孩子馬上將這些小物件拿到沙箱裡把玩，Lowenfeld 博士頓時發現這個方法可以協助兒童表達「難言之隱」。從此以後，她把小物件、沙子、水和藍底的鋁製容器等放在位於倫敦的遊戲治療診所內，協助兒童表達和修通滿載情緒的議題。其中一個接受治療的兒童說這個沙盤是「遊戲世界」，Lowenfeld 博士靈機一動，遂名之為「世界技術」（World Technique）（Lowenfeld, 1979）。

首先將沙盤應用在成人身上的則是 Dora Kalff。她師從 Carl Jung（榮格），隨後學習 Lowenfeld 的世界技術。她注意到這些物件的原型意涵和象徵歷程正與榮格學派的理論不謀而合，故使用「沙遊」治療一詞，以有別於 Lowenfeld 的作法（Kalff, 2004）。如同世界技術，沙遊

治療目前已廣泛應用於成人與兒童。現有國際沙遊學會（International Society for Sandplay Therapy）、美國沙遊治療師（Sandplay Therapists of America）等組織成立。有志成為沙遊治療師者可尋求繼續教育訓練和接受督導。

多數對成人採用沙遊治療的實務工作者，會在談話前先邀請個案以物件具體呈現內在歷程或心境。乾沙或溼沙均可。有些個案會邊進行邊說話，有些則保持沉默。作品本身的意義會隨著個案的體驗和分享逐漸明朗。沙盤將個案的經驗轉化成具體、立體的形態，就像一幅畫能傳達千言萬語，沙盤中的物件或布景也傳達出無法言說的感覺、情緒和衝突。因此，他們創作的沙中世界蘊含了相當豐富及高度個人化的非語言訊息。即使個案隻字未提，但透過沙盤，他們的表達能力正逐步提升，個案體驗到的是談話治療做不到的心領神會。

當部分自我具體呈現在沙盤上時，體驗、分享、實驗、把玩、修正和學習等均有可能發生。釋放內在的掙扎與緊張，鬆動過往的僵局，全新和更滿意的存在方式於焉開展。以下介紹兩種不同的沙盤使用方式，做為協助喪慟者的輔助技術。

把手放進沙子裡

沙子本身蘊含許多言外之意。Ruth Ammann（1991）即在《沙遊的療癒與轉化》（*Healing and Transformation in Sandplay*）一書中提到：「沙子是無盡的時間研磨而成。沙子讓人想起永恆。沙子可以轉換成任何形狀，幾乎與液體和心靈的流動不相上下」（p. 22）。乾沙如同液體一般，摸起來輕輕柔柔、滑滑軟軟地。進行此種沙盤時，個案只要把他們的手浸到沙子裡，想怎麼攪和就怎麼攪和。他們不需要說話，只需把注意力放在雙手的感覺即可。我們通常給他們五分鐘的時間把玩沙子，當個案的手放進沙子後，內心深處的念頭和情緒瞬間呼之欲出。沙子的觸感喚起個案想被溫柔撫觸的渴望——那是摯愛過世後，他們也跟著失去的感覺。對有些個案來說，把手浸入沙子或僅是輕撫沙子，馬上就能改變治療的氣氛，使其更專注在自己的經驗上。在個案把玩沙子期

間，可以播放音樂引導個案進入內在無聲的體驗。由個案自備音樂，或由諮商師選擇符合個案心境的音樂均可。療程接近尾聲時，我們會跟個案一起「回顧」整個過程，統整情緒和感官的體驗與個人的失落故事。

　　另一個「把手放進沙子裡」的用意，是當個案在治療中瀕臨解離或情緒快承受不住時，儘快協助他們回歸現實。我（本書作者 Darcy L. Harris）有幾位個案會自動地把沙盤拿來放在大腿上，把手伸進沙子裡，以此感覺自己仍處在現實和當下中。使用沙盤的這種作法類似安穩落地法（grounding method），例如磨蹭踏在地板上的雙腳，或說出幾樣房間內的物品。當個案提及創傷故事時，提醒他們返回當下（見圖10.2）。

圖 10.2　把手放進沙子裡──無聲地用雙手把弄沙子。（個案把雙手放進沙子裡，彷彿被沙子吸進去一般。諮商師在一旁保持靜默，與個案完全同在，期間可以播放共鳴音樂，五分鐘後，再請個案慢慢地結束這項練習。諮商師請個案描述過程中浮現的想法和感覺。）

沙盤的喻意

　　我（本書作者 Darcy L. Harris）使用沙盤的另一作法，類似沙遊治療師的用法──邀請個案擺放象徵性物件好呈現問題情境，也比較好說明。當個案一直「卡在」某個議題或問題情境裡出不來時，這個方法特別有用。然而，沙盤中使用的象徵性物件自有其目的，因此建議以天然

和象徵意味較豐富的物件為佳，如：石頭、樹葉、圖片或個案帶來的物件。個案可以從裝在沙盤邊的缽碗內選出一塊特別的石頭、貝殼、木頭、羽毛等等，他們通常會解釋選取某個物件來代表特定的人士或情境的理由，沙盤呈現了他們的生命、失落、家庭或治療的主題（見圖10.3）。

173

(1)　　　　　　　　　　　　(2)

圖 10.3　**沙盤的象徵或喻意。**〔(1) 在這個沙盤的中間，喪夫的個案用了四個物件代表四個季節——灰色的石頭是冬天、銀色的花朵是春天、貝殼是夏天、破碎的紅色葉子是秋天。四個物件的下方則代表丈夫過世前她的生活——深紫色的貝、粉紅色心型的石英、種子莢和幾片羽毛。上方的物件代表丈夫過世後的生活——一塊深色的石板、一小塊木頭，看起來就像是「正在哭泣的女人」、而一塊破損、枯乾的木頭「就像我現在的生活」。個案前前後後用了數次療程建構這個沙盤。(2) 此沙盤是一位車禍喪女的母親所作。她帶來幾張女兒朋友寫的卡片、幾朵喪禮的乾燥花、一根蠟燭、一首女兒的朋友寫的詩。完成「把手放進沙子裡」後，她抬起手，看見手上的沙紋宛如一隻蝴蝶。接著她把這些物件放在沙盤四周，照了一張相片，娓娓道出女兒的心聲，以及她創作沙盤的心情點滴。彷彿女兒仍在世般，感覺跟女兒更親近了。〕

172

　　這個作法的優點為讓個案將自身的觀點投射到物件上，這也是沙盤的「處理過程」之一。若治療當下的焦慮或情緒過於高漲緊繃，兩種

使用沙盤的作法皆能放緩治療步調。「把手放進沙子裡」的觸感給個案「接觸」情緒的機會。「沙盤的喻意」則讓個案從「外圍」的角度直視問題情境或關係的象徵意涵。呈現在沙盤中的微妙意像通常是個案尚未準備好在談話治療中說出口的，但沙盤卻能一語道破個案難以言說或表述的詞語、事件、情緒和經驗。

團體工作

讓有失落經驗的人齊聚一堂，聊聊彼此的悲傷心情，能產生同舟共濟度過悲傷的效果。悲傷支持團體提供接納、資訊、歸屬感，讓前人為後人指路。悲傷是依附出現裂口──與摯愛的依附中斷，只留下空虛無依的心情，能與善體人意的他者一起分享這些感受，或可減輕寂寥，為身處絕望的個案注入希望。悲傷支持團體可減緩個案的疏離感，明白悲傷和失落並非特例，協助喪慟者找到方法因應複雜紛亂的重大失落。

多數悲傷支持團體採自助模式運作，有些則由諮商師或助人專業人員帶領。鉅細靡遺地說明悲傷支持團體的來龍去脈非本書的探討範圍，但仍建議你羅列數個悲傷支持團體做為轉介的參考名單，如此方能提供有益的資訊給欲參加團體的個案。團體組成通常依失落經驗種類而定，如：喪兒女、自殺遺族、喪偶團體，以及特別為兒童或年長者開設的不同年齡層團體。網路上的悲傷支持團體對交通不便或家務育兒纏身以致無法定期出席的個案，或許是個滿不錯的選擇。不過，由於缺乏可信度或監督機制，這些團體的品質恐良莠不齊。

結語

本章說明數種可行的治療模式和輔助技術，無論是直接進行治療抑或轉介特殊個案，皆可派上用場。但是請記住，沒有哪一種技術或治療模式能取代諮商關係的價值。有時個案需要的，是從不同的角度重新檢視他們的經驗，或以超乎語言的方式消化經驗。希望讀者善用本章最後提供的資源、建議和練習，苦心鑽研一番。

名詞釋義

- **群集（clustering）**：一種治療性的書寫方式。運用腦力激盪與圖像，簡潔明瞭地連結情緒與事件。
- **內在家庭系統治療模式〔internal family system (IFS) model of therapy〕**：認為人格是由各個不同部分組成的系統，治療即是要激發慈悲的好奇心，促進療癒。在這個模式中，所謂的「部分」，是指人格中獨立運作的面向，各自扮演特定的角色。
- **連結物（linking objects）**：與摯愛故人有關並具有特殊意義的物品。它們是追思摯愛的提醒物，亦有與故人保持情感聯繫的作用。
- **隱喻（metaphor）**：文學式的表達風格，使用意像、故事或具體的事物來象徵較抽象的意念。
- **正念練習（mindfulness practice）**：練習將注意力放在當下、此時此刻的經驗；客觀地看待想法、情緒和感官經驗；如其所是地接納個人的經驗。
- **故事（narrative）**：從敘說個人的生命故事中，發現困境對個人的意義，維持生命故事的一致性。
- **「快充療法」（power therapies）**：之所以被如此命名，是因為它們能很快地協助被創傷記憶折磨到動彈不得的個案恢復力量，如：EMDR、TFT 和 EFT。
- **儀式（ritual）**：通常是喪慟者為特定的感覺或想法而發起的象徵性表達方式。

反思問題與反思活動

1. 完成本章介紹的故事敘說練習。

   做完這個練習後，回想練習當時的感覺。如果有可以安心分享這個練習經驗的朋友，請跟他談談做完這個練習的感想。有沒有讓你感到驚奇的部分？你認為個案和諮商工作可以從這個練習得到

什麼收穫？身為諮商師，你會如何將此練習應用在個案身上？

2. 覺察練習（Derek Scott, BA, RSW 提供）。

唯一存在的時刻就是當下，但我們卻習慣把時間花在反芻過去的回憶或空想未來。這個練習的用意是要把注意力放在當下。覺察包含三個「區域」（zones）：外在感官（五感）、內在感官（感覺）、內在認知（想法）。我們把大量的時間耗在認知，內心充塞著亂七八糟的雜念，不斷地分析經驗、思前想後，但卻不去直接體驗各種事物。

這個練習須找一位夥伴合作。先找一個安靜不受干擾的地方，面對你的夥伴，用五分鐘的時間分享你的覺察，句型為：「現在我覺察到……」接著再換夥伴跟你分享。聆聽的時候只要點頭或靜默地輕微鼓勵就好。

做完這個練習後，跟你的夥伴分享做這個練習的感想。你覺察到什麼？有沒有笑場？如果有的話，原因是什麼？你注意到你正在留意什麼事嗎？若有，原因是什麼？當你對個案的瞭解日深，請邀請他跟你一起做這個練習。你覺得在什麼情況下運用這個練習會對個案有幫助？

3. 觸感與感官練習（正念練習）。

這個練習的目的是體驗此時此刻的存在狀態，培養你對個案的覺察力。

吃葡萄乾。拿一粒葡萄乾，放在手掌心上，仔細注視它，好像你以前從沒看過葡萄乾一樣。注意它的質地、顏色和外觀。留意進行這個練習時，你對葡萄乾的任何想法和感覺——喜歡、不喜歡，還是不自在？接下來，聞聞葡萄乾的味道，然後，把葡萄乾移近嘴唇。注意你的手臂正把手移到嘴邊，興起吃葡萄乾的期待。把葡萄乾放在舌頭上，轉動葡萄乾，用你的舌頭感受它的質地。最後，慢慢地咀嚼這顆葡萄乾，專心體驗它的滋味。當你想要吞下這顆葡萄乾時，注意你想吞下它時升起的衝動。留意吞下它時的想法。你想再吃一顆葡萄乾嗎？你的心靈或身體躍躍欲試嗎？做這個練習時，你有哪些體會？（取自 Kabat-Zinn, 1990,

176

pp. 27-28）。

4. 內在家庭系統（IFS）和 YouTube 上的視訊片段。

以下是內在家庭系統（IFS）的網路視頻。第一個網址連結旨在說明 IFS 如何應用在喪慟等相關議題。第二個網址連結則詳述及示範該模式的不同應用對象。

http://www.youtube.com/watch?v=ybRi78VzWTk

http://www.yourtherapist.org/www/ifs-videos/

(1) 你看得出示範影片裡喪慟個案呈現的「部分」（parts）嗎？

(2) 你對這個療法有什麼喜歡或不喜歡的地方？

(3) 你自己有哪些管理者、消防隊和被放逐的部分存在？這些部分在你的系統內如何運作互動？

5. 人格量表與自我評估。

以下是非常受歡迎的自我評估網站連結，用以探索個人的人格類型和偏好，選擇其中一個連結進行自我評估，填答完並知道結果後，研究一下這個量表對你的類型（和別的類型）的描述。你覺得它的說明有道理嗎？你覺得它的結果描述正確嗎？如果有其他人願意填答同樣的量表，你認為他們的結果描述是否正確？你認為這些量表該如何應用在你和個案身上？

Myers-Briggs Type Indicator: http://www.humanmetrics.com/cgi-win/JTypes2.asp

Keirsey Temerament Sorter: http://www.keirsey.com/sorter/instruments2.aspx?partid=0

Enneagram: http://www.enneagraminstitute.com/dis_sample_36.asp?discover

參考文獻

Ammann, R. (1991). *Healing and transformation in sandplay: Creative processes become visible*. La Salle, IL: Open Court Publishing.

Callahan, R. J., & Callahan, J. (1997). Thought field therapy: Aiding the bereavement process. In C. R. Figley, B. E. Bride, & N. Mazza (Eds.), *Death and trauma: The traumatology of grieving* (pp. 249–266). New York, NY: Taylor & Francis.

Castle, J., & Phillips, L. (2003). Grief rituals: Aspects that facilitate adjustment to bereavement. *Journal of Loss and Trauma, 8*, 41–71.

Commons, M. L. (2000). The power therapies: A proposed mechanism for their action and suggestions for future empirical validation. *Traumatology, 6*(2), 119–138.

Craig, G. (1995). *Emotional freedom techniques: The manual*. Sea Ranch, CA: Author.

Humphrey, K. (2009). *Counseling strategies for loss and grief*. Alexandria, VA: American Counseling Association.

Johanson, G. (2006). A survey of the use of mindfulness in psychotherapy. *Annals of the American Psychotherapy Association, 9*(2), 15–24.

Kabat-Zinn, J. (1990). *Full catastrophe living: Using the wisdom of your body and mind to face stress, pain, and illness*. New York, NY: Bantam.

Kalff, D. (2004). *Sandplay: A psychotherapeutic approach to the psyche*. Cloverdale, CA: Temenos Press.

Kalil, C. (1998). *Follow your true colors to the work you love*. Laguna Beach, CA: Author.

Keirsey, D. (1998). *Please understand me II: Temperament, character, intelligence*. Del Mar, CA: Prometheus Nemesis.

Kobler, K., Limbo, R., & Kavanaugh, K. (2007). Moments: The use of ritual in prenatal and pediatric death. *American Journal of Maternal Child Nursing, 32*(5), 288–295.

Kumar, S. (2005). *Grieving mindfully: A compassionate and spiritual guide to coping with loss*. Oakland, CA: New Harbinger.

Levine, S. (1989a). *Who dies? An investigation into conscious living and dying*. New York, NY: Anchor.

Levine, S. (1989b). *Healing into life and death*. New York, NY: Anchor.

Levine, S. (1989c). *Meetings at the edge: Dialogues with the grieving and the dying, the healing and the healed*. New York, NY: Anchor.

Levine, S. (1998). *A year to live: How to live this year as if it were your last*. New York, NY: Bell Tower.

Lewis, L., & Hoy, W. G. (2011). Bereavement rituals and the creation of legacy. In R. Neimeyer, D. Harris, H. Winokuer, & G. Thornton (Eds.), *Grief and bereavement in contemporary society: Bridging research and practice* (pp. 315–323). New York, NY: Routledge.

Lowenfeld, M. (1979). *The world technique*. London: Allen & Unwin.

McNally, R. J. (2001). Tertullian's motto and Callahan's method. *Journal of Clinical Psychology, 57*(10), 1171–1174.

Myers, I. B., McCaulley, M. H., Quenk, N. L., & Hammer, A. L. (1998). *MBTI manual: A guide to the development and use of the Myers Briggs type indicator* (3rd ed.). Mountain View, CA: Consulting Psychologists Press.

Neimeyer, R. A. (1999). Narrative strategies in grief therapy. *Journal of Constructivist Psychology, 12*, 65–85.

Neimeyer, R. A., Torres, C., & Smith, D. A. (2011). The virtual dream: Rewriting stories of loss and grief. *Death Studies, 35, 646–672.*

Parry, A. (1991). A universe of stories. *Family Process, 30*(1), 37–54.

Riso, D. (1996). *Personality types: Using the enneagram for self-discovery.* New York, NY: Houghton Mifflin.

Romanoff, B. D., & Terenzio, M. (1998). Rituals and the grieving process. *Death Studies, 22,* 697–711.

Romanoff, B. D., & Thompson, B. E. (2006). Meaning construction in palliative care: The use of narrative, ritual, and the expressive arts. *American Journal of Hospice & Palliative Medicine, 23*(4), 309–316.

Sagula, D., & Rice, K. G. (2004). The effectiveness of mindfulness training on the grieving process and emotional well-being of chronic pain patients. *Journal of Clinical Psychology in Medical Settings, 11*(4), 332–342.

Schwartz, R. C. (1995). *Internal family systems therapy.* New York, NY: Guilford Press.

Shapiro, F. (2001). *Eye movement desensitization and reprocessing: Basic principles, protocols, and procedures.* New York, NY: Guildford Press.

Solomon, R. M., & Rando, T. (2007). Utilization of EMDR in the treatment of grief and mourning. *Journal of EMDR Practice and Research, 1*(2), 109–117.

Solomon, R. M., & Shapiro, F. (1997). Eye movement desensitization and reprocessing: A therapeutic tool for trauma and grief. In C. R. Figley, B. E. Bride, & N. Mazza (Eds.), *Death and trauma: The traumatology of grieving* (pp. 231–247). New York, NY: Taylor & Francis.

Volkan, V. (1981). *Linking objects and linking phenomena: A study of the forms, symptoms, metapsychology, and therapy of complicated mourning.* New York, NY: International Universities Press.

CHAPTER 11

悲傷諮商實務倫理

探討悲傷諮商的倫理議題,可不僅止於瀏覽讓實務工作者嘖嘖稱奇或一個頭兩個大的複雜案例而已。要成為不會傷害個案、跟個案建立真正專業關係,但又謹守社會期待與界線的實務工作者,是勝任且對得起這份工作的基本原則。倫理並非對實務「錦上添花」,而是對個案、對如何執行這個專業所做的(大大小小)選擇與決定。Gamino 與 Ritter(2009)說:

> 悲傷諮商倫理意指以品格修為與最高規格的專業標準協助個案及家庭。悲傷諮商師必須先從培養個人的正直與責任感做起,覺察並遵守與執業範圍有關的倫理守則、法律規定、判例等(p. 1)。

跟我們建立關係的個案是個活生生、有血有肉會思考的人。個案信任我們,傾訴他們內心最深處的感覺、想法、夢境與恐懼,把自己放在易受傷害的位置。信任是治療關係的必要條件。信任本身就存在著權力差距的現實,諮商師有可能會濫用這個權力而背叛或剝削個案的信任。諮商師的專業訓練與知能,以及個案願意敞開心房,希冀治療歷程能改善他們的問題,賦予諮商師極大的權力與權威,不管諮商師採取的是賦

能取向或強調平等的個人中心取向皆然。治療關係之所以如此特殊，乃因治療關係是為了個案的利益而存在。喪慟者正處於生命的低潮期，遵守倫理規範就是要確保個案此時的脆弱受到尊重，保護治療關係。

本章我們會探討到與諮商師、治療關係，以及悲傷諮商專業等切身相關的倫理議題。

諮商師的議題

諮商的陰暗面

許多學者撰文論述助人專業的「人性面」，以及諮商師的人性面對治療關係、決策意圖的影響。但 Egan（2002）卻提出了助人專業的「陰暗面」（shadow side），描述諮商師常犯的錯誤如下：(1) 欠缺倫理準則的知識；(2) 對某些特殊個案的偏見渾然不覺；(3) 未能反思治療歷程，不知道治療同盟哪裡出了問題；(4) 不去覺察自己對某些特殊個案的感覺與想法；(5) 不願透露治療歷程，高高在上，彷彿握有「秘密知識」，暗中增強個案的依賴心，不希望個案自立；(6) 固著於特定的諮商取向，不願意去評估該取向是否適用於個案、對個案有沒有效果。Page（1999）說諮商師的「陰暗面」是諮商師人格、角色與經驗中較晦暗的部分，在跟個案工作時會悄悄浮現，甚至造成傷害危險。

Gamino 與 Ritter（2009）則說諮商師的「盲點」（blind spots）會使其「快速略過重要步驟、做出錯誤的假設、忽略利益衝突、無視後果，或合理化行動意圖，宣稱是為了個案好，但其實是要維護諮商師個人的利益」（p. 3）。這些紕漏對個案造成的傷害不容小覷，因此我們要再次強調定期督導和自我反思的重要性，以保障個案的福祉。Pope 與 Vasquez（2011）引證許多背叛個案信任的案例，皆源於輕忽治療關係、沒有嚴格遵守倫理準則。學者們提及的倫理常見錯誤通常起因於缺乏自我覺察、錯估治療情境中權力差距的影響力、棄倫理守則不用、諮商師怠忽專業發展與繼續教育，實務能力不增反退。

　　本章稍後會詳細討論諮商師個人議題與需求的影響力與重要性。多數走入諮商專業的人通常都很喜歡與人相處，也很樂於助人。也因為如此，他們通常也渴望被人喜愛、被個案視為幫得上忙的人，也想得到同儕的推崇。這些好意若沒有放在對的位置，就會變成陰暗面，變成不良和有害的模式。例如，迴避難以啟口的話題、用諮商工作博取他人好感、任由完美主義與不切實際的期待主導諮商歷程，凌駕於個案的需要，以及濫用諮商關係來滿足自己和人際的需求。

諮商師的自我覺察

　　為了勝任實務工作，諮商師必須瞭解自己，熟悉個人的需要、情緒、想法、行動與感覺。如果你不願瞭解自己，就會將你自身的需要與感覺和個案的需要與感覺混為一談，傷害到個案。不去自我覺察的諮商師，不會明白他們可能會用有害甚至操控的方式對待個案（Page, 1999）。通常這些諮商師會以非口語的反應表現出對個案的偏見、評價或不舒服。他們會迴避特定的話題或試圖控制晤談的方向，不讓個案探索必要的議題或素材，用諮商師個人的潛意識需求操縱個案。表 11.1 列出諮商師自我覺察與否會如何影響個案。

治療關係的議題

182

界線

　　諮商師與個案的關係是獨特的，但跟其他類型的關係亦有相似之處。由於諮商關係特有的界線與目的，因此在初次晤談時，就應該跟個案一起討論諮商歷程。個案需瞭解歷程如何開展、你對他們的期待、他們可以對你抱持什麼期待，以及該如何界定諮商關係等。我們不能假設個案已經具備諮商歷程的知識，因此應該在你們一開始晤談時就向個案解說和討論諮商歷程。治療關係非常複雜，有時這個關係本身就是諮商

183

182 表 11.1　自我覺察

能自我覺察的諮商師	不能自我覺察的諮商師
辨識與標定個人的情緒	迴避或對自己的情緒渾然不覺
知道何時該打住自己的情緒，瞭解對個案的感受起因為何	將個人的情緒投射到個案身上
認識與接受個人的脆弱面與未解決的議題	反應失當。因為未解決的議題而無法保持客觀
瞭解個人的價值觀及其對諮商關係的影響	莫名其妙對個案動氣
認識及控管個人的內在對話	下意識地利用個案解決諮商師自己的困擾
瞭解與克制個人的防衛機轉	對防衛反應視而不見
瞭解個案對其個人風格的反應	行事模稜兩可（過度小心翼翼、撫慰的行為等）。沒有覺察個人的自我挫敗想法正在扯後腿
瞭解個人對諮商結果的影響力	不解自己的行為對他人的影響
根據個案的反應修正行動	以個人的需求和風格行動，置個案的需要和反應不顧
根據個人的優劣勢設定提升專業的目標	不知道個人和專業的需求為何，畫地自限

（Shebib, 2003, 經作者者同意引用）

183　歷程的一環（Yalom, 2002）。記住，無論你採用何種治療理論，或對個案使用多少技術及介入策略，治療關係的重要性自不待言。在諮商初期就要想想個案需要知道什麼，你該如何向他們解釋諮商歷程。以下是數種可能有用的回答：

> 「我打從心底相信，你是唯一知道什麼是最適合你的人。」
> 「我的角色是協助你更清楚地瞭解你要的是什麼。」

「你可以期待我的是……」（時間、關心的方式、聯絡的方式……。）

「我希望你可以……」（儘量敞開心胸，覺察自己、留意個人的需要。如果晤談時你覺得有什麼不對勁的地方，請讓我知道，坦誠地告訴我你對晤談的想法。）

要讓個案瞭解諮商關係是真實的關係，你跟他們分享的感覺、想法和反思都是真心實意的。不過，個案常對諮商一知半解。你是他們須付費才能得到服務的朋友嗎？你是授業解惑的教師嗎？你是給建議和評價他們行為的父母嗎？治療關係跟其他關係的不同點如下：

- 界線：侷限在晤談時間和專業場合內。
- 目的：治療關係是因個案的福祉而存在，而不是為了滿足雙方的需要。
- 費用：通常會支付諮商師這段時間報酬。
- 目標：個案的需求與問題主導諮商歷程，而非諮商師的議題。
- 結構：有固定的時間和地點。

以下是諮商關係和其他形式關係的比較，也是個案容易誤認為一樣的關係。

與朋友關係或親密關係的異同點是：

184

- 個案可能會覺得諮商關係也是一種親密關係，因為他們跟諮商師分享內心深處的自我，覺得跟諮商師之間的親密是在其他關係中未曾體驗過的。
- 諮商關係是單向的關係，以個案的福祉為主；但親密關係卻是雙向的對待。
- 朋友或親密關係會給建議；但諮商關係則否。
- 諮商師可以在朋友或親密關係中表達個人的情緒和需要；但進行諮商時，諮商師的自我揭露有限，且以個案的利益和需要為考量。
- 治療關係要遵守保密規定；但朋友或親密關係則未清楚明定。

- 專業關係有結束的一天：諮商目標達成時就是諮商關係結束時，但朋友或親密關係則否。

與親子關係的異同點是：

- 在諮商中個案有時會尋求指示與引導。
- 權力差異與希望個案不再需要你，此點和親子關係有異曲同工之妙；但在諮商關係中，諮商師會試著平衡權力關係，將主導權交給個案。
- 諮商師無條件的正向關懷與父母對孩子無條件的愛類似。
- 個案與諮商師的關係結案後，就不會再持續下去。
- 兩種關係都讓人有安全感。
- 諮商師擔任個案的「鏡子」，作用與父母親類似；尤其是對自我意像不足、鮮有機會好好認識自己的個案，這麼做更有助於他們瞭解真正的自己。
- 諮商關係以個案為首；但在親子關係裡，則是父母引導孩子。
- 我們不會告訴個案該做什麼，不會像父母一樣強要孩子接受規則教條。
- 如果個案過去缺乏適當的親職教養，那麼諮商目標就是要教育個案成為自己的父母。
- 雖然諮商師會清楚陳述諮商歷程的理念，但諮商師並不會像父母親一樣，向個案灌輸諮商師的價值觀。因為諮商的目標就是要個案覺察自己的價值觀，以合於自己而非諮商師價值觀的方式待人接物。

與師生關係的異同點是：

- 兩種關係都會傳授知識。
- 示範是其中一種教育方式；諮商師亦可為個案的榜樣。
- 個案不會像老師對學生那樣被諮商師評價或打分數；諮商師不會對個案「打叉」。
- 在諮商關係裡，是個案，而非諮商師，才是其生命的專家；但教

師卻被視為特殊教學領域的專家。

- 在諮商中，探討的主題是個案的生活與感覺，而非毫無關聯的話題。
- 兩種關係都有明確的架構和界線，與朋友關係迥然不同。
- 師生關係之間的界線不至於像諮商師—個案的關係那般絕對。
- 師生關係往後可能會變成同事關係，但諮商師和個案的關係界線分明，不會發展成其他關係。

　　諮商關係或許讓某些個案困惑不解，當個案誤解諮商特有的界限與架構時，我們有必要幫他們做好心理準備。個案或許不瞭解你為什麼不接受他的邀請，出席他的社交場合，或誤以為諮商關係中的親密感是一種朋友關係或其他形式的關係。由於諮商關係涉及權力差距，無論諮商師如何盡力平衡權力，仍然有濫用權力、傷害個案的可能性。諮商師的角色被個案賦予神聖的信任，願意分享他們內心最深處的自我與最脆弱的部分。諮商師必須保護和捍衛個案的脆弱與坦誠。

186

保密

　　或許諮商關係最重要的面向之一，就是個案對諮商師分享的訊息，不會在晤談後轉述給他人知道所建立起來的信任。由於多數的個案都習於在日常對話中分享個人訊息，所以在晤談一開始時，就應讓個案瞭解保密的原則與保密的限制。本質上，保密意指療程中所提到的任何訊息，只有諮商師知道，但除非諮商師好好說明何謂保密，否則個案常會以為他跟你分享的事，你會再說給伴侶、朋友或其他人聽。這種假設會讓他們裹足不前，不敢暢所欲言，也不敢和諮商師分享藏於內心深處的情緒與想法，因此，諮商師要特地解釋保密的意義、保密的限制。例如第一次諮商時，我們常詢問個案對我或諮商有沒有什麼想法和問題，回答完他們的問題後，接下來我們會說明諮商關係是一種具有保密性質的關係，意思就是個案在這裡所說的內容將停留在諮商室裡。出了這間諮商室後，我們不會再跟別人透露任何事情，除非：

1. 個案要求諮商師告訴另一位專業人員，並用書面文字詳載透露的內容、對象與情況。
2. 法院傳喚諮商師出庭或出示個案紀錄。
3. 若諮商師對個案的安全產生疑慮，或知曉他人涉入生命交關的立即性危險時，諮商師必須在保護個案或他人生命的情況下透露某些訊息。
4. 若個案透露的訊息引發諮商師懷疑 16 歲以下的兒童有被虐待或被忽視的可能性，諮商師有責任將此疑慮通報給兒童福利單位。

187 　　北美的司法管轄強制規定，諮商師有通報兒童虐待和兒童忽視給權責機關的責任。有時候我們也會跟個案討論，如果在公開場合看到對方，他們希望我們怎麼做，讓他們自己決定是否要將我們介紹給其他人認識。保密的另一個層面是尋求督導與跟督導討論，諮商師不需要將個案所有的個人資料說給督導聽，但可以告訴個案你正定期接受督導，討論晤談的問題以獲得督導的協助、額外的資源和實務上的建議。諮商師應該澄清並沒有跟督導透露個案的姓名或足以辨識個人的資訊，而且督導也有遵守保密的責任。另一個有關保密的警訊是，個案並不需要像諮商師一樣嚴守遵守保密倫理，也就是說，如果諮商師向個案自我揭露某些訊息，覺得這些訊息對他很有幫助，但諮商師也要知道，個案並沒有遵守保密規定的義務。

　　其他有關保密的部分有：說明諮商師如何保存紀錄、誰有機會取得紀錄等。多數情況是，諮商師是唯一能取閱紀錄的人，並將紀錄鎖好存放。不過，如果諮商師工作團隊中的其他人亦可取閱紀錄，或者你會跟團隊成員討論個案報告，個案有權利知道這些狀況。另一個跟保密有關的問題是用電話與 e-mail 聯絡。諮商師應詢問個案，若有需要聯絡或回電時，是否可用語音信箱留言，因為不是所有的個案都願意讓其他家人知道他們正在接受諮商。此外，如果個案用 e-mail 聯絡諮商師，諮商師必須使用安全的電子郵件地址，只有諮商師一人有密碼可登入。同樣地，諮商師應詢問個案其電子郵件地址是否為私人所有、是否允許諮商師回覆郵件。最後，諮商晤談的場所應隱密、隔音設備良好，這樣在

諮商室外面的人才不會聽到個案的談話。打電話給個案時要避開其他人可以聽到對話內容的範圍。假使個案離開諮商室時，有可能會在等待區碰到認識的人，這時應另設一個出口，或調整兩方的預約時間，以免兩人不期而遇，見面尷尬。表 11.2 摘錄數點保密原則。

表 11.2　保密原則

- 解釋諮商情境中保密的意義，包括保密的限制。詢問個案對哪些保密議題有疑慮（如：在公共場所看到個案、電話留言、回覆電子郵件）。
- 留意相關的法律條文對保密的限制（如：通報兒童虐待、獲知個案或他人涉入立即性的危險事件）。
- 熟悉並遵守所屬專業學會的倫理守則。
- 確保個案紀錄存放在安全的檔案系統或設有密碼保護。不要在他人可能聽到或看到的區域進行電話留言或傳輸電子訊息。
- 定期在隱密和正式的場地請益可信賴的同事或師長為督導。不可在社交聚會或公開場所討論個案的問題或資訊。
- 確保你跟個案晤談的地點隱密且不受干擾。
- 告訴個案你正跟其他專業人員合作共事，所以會有某些特定人士能接觸到個案資料。

　　許多個案會說他們的生活和關係問題錯綜複雜，例如，秘密放在心裡已久、尷尬的處境、說過話或做過的事讓他們痛苦或不安。讓個案瞭解諮商師不會任意向他人透露這些故事，使他們在跟諮商師分享內心脆弱的一面時能無所顧忌、放心安心。

雙重關係

　　雙重關係意指諮商關係和其他形式的關係共存（如朋友、商業往來、從屬關係等）。雙重關係有灌輸個案另一套價值觀的危險性，與諮商關係的宗旨相違，未將個案的需要置於首位，但這才是諮商關係最主要的考量。雙重關係陷個案於自我揭露的進退兩難中，否定諮商關係提供安全感和不評價的核心條件。在雙重關係中，諮商師的利益跟個案的利益並非一致，諮商師可能會有意或無意的剝削、傷害、操控或強迫個

案（Shebib, 2006）。雖然不同專業組織的倫理守則多少有些差異，但大部分的專業組織都同意禁止諮商師和個案間有任何形式的性接觸，因為這是一種道德瑕疵的行為，即使個案已不再求助諮商師時亦然。

我們最常碰到的雙重關係是，之前的個案來選修我們教授的課程。由於諮商關係對個案的談話內容不妄加評斷，但諮商師現在面臨的問題是：要評量前個案的學習成果，而且教師還知道這個學生的隱私，讓該生或班上其他同學處於不利的位置。在沒有其他教師教授同樣課程的情況下，我們通常會先與該生面談，建議讓其他教師批改及評分該生的作業。我們也會討論對雙重關係的疑慮，看看是否有其他可行的方法適用於目前是學生，但以前是個案的情況。

另一個關係衝突起因於個案要求諮商師見其他家人，但其中一位家人揭露的內容可能會動搖其他家人早已建立的諮商關係。有些諮商師會斷然拒絕見其他家人，有些諮商師則認為同意無妨，只要家人對談話內容達成共識即可。這種場面可能會變得難以收拾。即使一家人的晤談主題明確（如家人過世），但家人間通常會隱瞞某些秘密，讓諮商師左右為難，不知道該如何取得每位家人的信任，更何況諮商師知道了某些家人不知道的秘密，此種「內幕消息」（insider knowledge）可能會讓諮商師跟家庭成員的關係陷入緊張。想要進一步瞭解諮商晤談中複雜的雙重關係，我們推薦讀者閱讀 Lynne Gabriel（2005）撰述的《為沉默者發聲：諮商與心理治療的雙重關係倫理》（*Speaking the Unspeakable: The Ethics of Dual Relationships in Counselling and Psychotherapy*）一書。

悲傷諮商勝任能力

我們不厭其煩地強調，諮商師的自我覺察是勝任諮商工作、有效服務個案的關鍵。擴而大之，諮商師的自我覺察應包括：覺察倫理議題對悲傷諮商專業的影響，例如，持續閱讀該領域的研究與文獻、瞭解執業和訓練能力的範圍限制、尊重個人需要、家庭責任與體力上的負荷。以下所列摘錄自加拿大社會工作者學會（Canadian Association of Social Workers）（2005）與加拿大諮商與心理治療學會（Canadian Counseling and Psychotherapy Association）（2007）的倫理守則，以及勝任諮商工作的通則（Shebib, 2006）：

1. 諮商師提供的是依據教育程度、訓練與專業準則，在其專業知能範圍內的服務。超過專業知能與訓練的話，有效能的諮商師一定會尋求支援與協助。

2. 諮商師應監控個人的工作效能並尋求督導、訓練或諮詢，以評量助人工作的有效性。不斷追求專業發展，以增進專業知能，並與當代最佳實務、研究和文獻保持在最新的同步狀態。

3. 諮商師不應在沒有適當訓練和具備專門知識的情況下，執行非專長領域的實務工作。

4. 諮商師的實務工作應以理論與實證知識為依歸（詳見下面的討論）。

5. 若專業人員有限或暫時無法提供服務，如郊區地帶或等待名單過長，用非等同於專業服務的他種服務來代替，不是一個適當的解決之道。

6. 諮商師應瞭解個案容易受哪些特殊話題或問題影響。諮商師應覺察自己有哪些問題跟個案的問題一樣棘手，這樣的覺察對諮商師是否知道何時該尋求諮詢或督導、何時該進行轉介，以及自己何時該接受諮商至關重要。個案有權利期待諮商師的判斷和能力，不因諮商師個人未解決的議題而受損。

191

可能會干擾諮商師遵守這些準則的情況有：沒有時間和餘力繼續維持專業發展，使諮商師無法維持最佳執業狀態、工作量太大而缺乏反思諮商師—個案關係互動的機會、沒有定期接受督導和諮詢、對特殊個案缺乏適當的訓練或準備。

在前幾章裡，我們根據文獻與研究討論了悲傷與喪慟的最新觀念。Breen（2010-2011）回顧諮商師的實務工作，發現多數她訪談的悲傷諮商師所使用的理論與研究都過時了，跟這個專業完全脫節。的確，光是過去五年來，探討複雜性悲傷、悲傷諮商的效果，還有各種悲傷反應的

研究，徹底推翻過去言之成理的悲傷諮商實務。雖然我們認為要實務工作全數依循實徵證據是強人所難，因為許多的構念還不夠具體完備，有待考驗。但繼續採用研究報告已指出可能有害個案的方式來跟個案晤談，更是與倫理背道而馳。瞭解個案何時需要額外的資源，以及瞭解你進行的實務工作是否與該領域接軌的唯一途徑，就是孜孜不倦地閱讀諮商與喪慟的研究和理論。

結語

　　悲傷諮商的倫理實務，意指不遺餘力地投入自我覺察、自我照顧、諮商與喪慟的專業發展。遵守專業學會公布的倫理準則，保護個案對諮商師的信任，發揮堅實的實務工作效能。留意當代悲傷諮商領域最新的研究與文獻，也能夠確保來求助的個案得到最好的服務。合乎倫理的實務包括：瞭解你的執業範圍、學習有效的介入策略、瞭解個案何時需要有特殊專長訓練，或對某議題更有經驗的人來協助他。大致上，倫理是對專業保有熱情和謙卑，無論是身為一個人和實務工作者，都要面對自己、對自己誠實。

名詞釋義

- **界線（boundaries）**：定義或指引諮商關係的準則，限定治療關係可接受的範圍。界線涵蓋對晤談場所的期待，甚至連個案的社交場合也不能去。
- **諮商勝任能力（competence in counseling）**：包括明確的執業範圍、繼續教育、吸收正確的專業知能，以及辨識可能會降低諮商效能的個人議題。
- **保密（confidentiality）**：醫師或其他健康專業人員應遵守的倫理準則，亦是病人的合法權利。限制醫師或其他健康專業人員不得洩露跟病人有關的所有資訊，除非病人同意揭露。在若干情況下才能打破保密限制：獲得個案同意、已經是公開資訊、轉介（需經個案同意）、

保護他人、預防恐怖主義、法庭諭令、接受督導等。

• **雙重關係（dual relationship）**：諮商關係和其他形式的關係共存
（如：朋友、商業往來、從屬關係等）。

反思問題

1. 喬安娜，在先生意外過世後，前來找你晤談。第一次晤談時她提
到這場車禍不僅造成她先生死亡，還有他最好的朋友史帝夫亦命
喪黃泉。當她提到史帝夫這個名字時，你才發覺他是你一年前的
個案，你現在才知道他死了。喬安娜說她知道史帝夫曾找你諮
商，常跟你提到她先生的情況，喬安娜開始問你跟史帝夫有關的
問題、他的生活瑣事、跟她先生的關係等。你對這整件事有什麼
看法和回應呢？

2. 你已經跟卡洛晤談六個月了，她的兒子在兩年前過世。卡洛的支
持系統良好，雖然仍常會陷入深深的悲傷中，但情緒也漸入佳
境。她說她準備好要結束晤談了。你回顧過去晤談的狀況，卡洛
說你對她的幫助之大，讓她得以走過喪子之痛。不過她也提到
很想再跟你見面，所以她問你是否偶爾能跟她喝杯咖啡，聊聊近
況。你會怎麼回答呢？

3. 思考以下許多人有、諮商師也不例外的個人需求。以諮商師的身
分詳讀以下每種需求，想想每種需求可能會對個案造成的傷害：
   (1) 想被人喜愛，想幫助他人。
   (2) 渴求地位、名聲或他人的肯定。
   (3) 渴求控制。
   (4) 完美主義。
   (5) 渴求關係／渴望與他人連結。

4. 運用本章所列之倫理守則，討論下面的問題情境：
   (1) 一位喪妻的個案拜託你去告訴他成年的女兒，說他想開始找
      對象了。
   (2) 你剛跟一位心情低落又愛生氣的個案談話，他把矛頭指向

193

你，說你根本不關心他，你跟他晤談完全是看在他有付錢的份上。晤談結束後，你到諮商中心的餐廳吃午餐，正在吃飯的同事看到你，說了一句：「哇，你的臉色好差。剛剛發生了什麼事？」你會如何回應呢？

(3) 個案問你現在是否正跟某人交往。

(4) 你受邀參加朋友的聚餐。到了之後，朋友帶你介紹給其他人認識，席間竟然有一位是你的個案。你會怎麼處理這個情況？

(5) 當最後一位個案談完，外面開始打雷下雨。你知道她沒開車，要在滂沱大雨中走好幾條街才能到公車站。她問你是否可讓她搭便車到公車站。你會怎麼回答她呢？

(6) 個案跟你分享喪子的心情。說這些事的時候，她泣不成聲，你聽了也不禁流下眼淚。

5. 以下問題能協助你探索自身的價值觀、信念和敏感度。可以用小團體的方式相互討論，回答下列問題。

(1) 你認為人性本善或本惡？

(2) 你認為人類的行為動機為何？

(3) 人有權利自殺嗎？

(4) 你最想跟哪種個案晤談（包括：年齡、性別、人格類型、文化、宗教信仰、種族出身等）？

(5) 你最難應付哪種人？

(6) 當你過世時，你最希望別人以什麼方式記得你？

(7) 各種宗教信仰之間有高低之分嗎？

(8) 諮商師應跟個案討論宗教信仰問題嗎？

(9) 你常覺得需對他人的情緒、想法或行為負責嗎？

(10) 想像你是個案。你的諮商師需要知道哪些訊息，好能有效地跟你晤談？

6. 寫下兩頁的報告，回答「我是誰？」這個問題。

參考文獻

Breen, L. J. (2010–2011). Professionals' experience of grief counseling: Implications for bridging the gap between research and practice. *Omega, 62*(3), 285–303.

Canadian Association of Social Workers. (2005). *Code of ethics.* Retrieved May 27, 2011, from http://www.casw-acts.ca/practice/codeofethics_e.pdf

Canadian Counseling and Psychotherapy Association. (2007). *Code of ethics.* Retrieved May 27, 2011, from http://www.ccacc.ca/documents/CodeofEthics_en_new.pdf

Egan, G. (2002). *The skilled helper: A problem-management and opportunity-development approach to helping* (7th ed.). Pacific Grove, CA: Brooks/Cole.

Gabriel, L. (2005). *Speaking the unspeakable: The ethics of dual relationships in counseling and psychotherapy.* London, UK: Routledge.

Gamino, L. A., & Ritter, R. H. (2009). *Ethical practice in grief counseling.* New York, NY: Springer Publishing Company.

Page, S. (1999). *The shadow and the counsellor: Working with the darker aspects of the person, role and profession.* New York, NY: Routledge.

Pope, K. S., & Vasquez, M. J. T. (2011). *Ethics in psychotherapy and counseling: A practical guide* (4th ed.). Hoboken, NJ: Wiley & Sons.

Shebib, B. (2003). *Choices: Interviewing and counselling skills for Canadians.* Toronto, ON: Pearson.

Shebib, B. (2006). *Choices: Interviewing and counselling skills for Canadians* (2nd ed.). Toronto, ON: Prentice Hall.

Yalom, I. R. (2002). *The gift of therapy: An open letter to a new generation of therapists and their patients.* New York, NY: HarperCollins.

Part 3

當代議題與趨勢

CHAPTER ⑫

悲傷諮商師的自我照顧

　　各種形式的助人和照護專業都有其情緒負擔，就諮商師來說，關懷他人不只是動機或渴望，也是有效處遇個案的必要條件。本質上，諮商師的生計條件乃建基在深度關懷與同理個案的能力，須臾不可忘失。悲傷諮商師特別容易積累職業壓力，在不斷目睹他人深深的痛苦和絕望、聆聽個案坎坷不平的生命事件、重複暴露在個案訴說的畫面和內容後，逐漸喪失關懷的能力。諮商專業是個孤獨的行業，即使整天都在約見個案，諮商師仍不諱言時有與世隔絕之感，與其他專業人員和同事接觸的機會因工作時間安排差異而錯過，更別說這個工作的性質根本就是關起門來跟個案談話。

　　對許多諮商師來說，諮商「工作」是自我的延伸，是再自然也不過的一件事。除了天生具有高度的同理心和體貼心外，多數的悲傷諮商師都相當心甘情願地投身這個讓人神經緊繃的工作。被悲傷諮商工作吸引的人通常對失落經驗和個人痛苦並不陌生，因為曾經驗個人的失落，他們願意從事此份工作。因此，悲傷諮商師個人與諮商專業一職並非涇渭分明，然而，它也有特別的缺點。過於認同工作可能會導致界線不清，懷有想受到肯定、確認自身價值的強烈需要，若沒有好好經營其他的生活領域，生命的各個層面恐怕會失去平衡。某些諮商師太專注於關懷他人的角色，當這個角色被壓力蠶食鯨吞或對工作環境心生不滿時，諮商

師的自尊和生命意義可能會蒙受劇烈的撞擊和破壞。

工作壓力的來源

Osipow、Doty 與 Spokane（1985）的研究曾指出助人專業的三種壓力：

1. 內在壓力源，包括個人的工作態度，以及對問題的覺察與解釋方式。
2. 外在壓力源，包括個人對工作環境壓力的覺知與體驗。
3. 對抗職業壓力的因應資源，以及在不同時刻動員內在資源的能力。

內在壓力源

　　源自內在的壓力大多難以辨識，它們通常並不明顯，諮商師本人也未視其為問題，看不到這些壓力的存在以及它們對自己的選擇和經驗造成的影響。諮商師最常見的內在壓力有：不切實際的自我期許，或想藉由這個工作來完結過去的未竟事務。在悲傷諮商中，特別是有重大失落史、親身的死亡經驗、投注過多的情緒在個案身上，卻不找機會倒掉和注入活水，以及對生活事件缺乏控制感和無助感的人，都極可能在長時間日積月累下付出巨大的代價。照顧者也可能苦於這種內在壓力，原因包括：完美主義的個性、害怕失敗、想獲得肯定。諮商師的成就與讚賞需求恐會妨礙他們陪伴與關注個案的能力。這些需求使得諮商師難以維持界線。諮商師的需求凌駕個案的需求，在治療歷程裡反客為主的徵兆有：

1. 過多的自我揭露，包括：詳述諮商師個人的問題或私生活。
2. 認為自己是個案生命中不可或缺之人，灌輸這個觀念給個案。
3. 允許個案私下跟諮商師聯絡，慫恿個案依賴諮商師，例如提供個資訊息給個案。

4. 在療程時間外，一再或長期的打電話給個案。

5. 在損及其他人權益的情況下，安排比較好的治療時間給某位個案。

6. 買禮物給個案或接受個案的餽贈，象徵意義不言自明。

7. 借錢或出借個人所有物給個案。

8. 與個案或個案的家人打情罵俏。

9. 當諮商師跨越或迴避界線問題時，卻不去尋求督導（Sheets, 1999; Taylor, 1998; Wogrin, 2007）。

　　上述都是助人專業間心照不宣，但卻實際上演的問題，導致諮商師自絕於他人，不去接受必要的同儕支持或督導，以確保諮商師的需求不會喧賓奪主，乘人之危侵害個案的需求。

　　論及諮商師不切實際的自我期許時，Herman（1992）稱這是「自戀的陷阱」（narcissistic snares）。最常見的陷阱有：想治癒、瞭解、愛所有人的抱負和期望。此外，Herman 另提到「創傷的反移情」（traumatic countertransference）一詞，意指諮商師被個案強烈的情緒經驗席捲，弄得不知所措。Herman 說任何人自認可以處理他人的創傷經驗，卻欠缺良好的支持系統和自我照顧的時間不足，都不太可能長期從事這份工作。

　　諮商師的自我覺察是從事悲傷工作的關鍵。事實上，自我覺察和自我照顧是優秀的諮商師必須培養和定期實踐的專業能力。想想你為什麼想從事這種工作呢？是什麼吸引你進入這個領域？本書稍早曾提到悲傷諮商工作很容易吸引曾有重大失落或死亡經驗的人，也就是負傷的治療者（wounded healer），他們站在有效處遇喪慟者的起跑點（Nouwen, 1996）。然而，在介入他人的療癒歷程前，諮商專業工作者必須檢視自身重大失落事件造成的傷口是否已妥當治癒。我們都曾見過真心希望幫助他人的好心人，但最適合他們的形容詞應該是「行動傷患」（walking wounded），因為他們的傷口仍相當明顯，需要妥善的關懷照護。另有一群人是「受損物品」（damaged goods），由於羞於啟口失落經驗，反倒要利用他人來提升自己的情緒。後兩種情況均具有

潛在的危險性，他們不可能將全副注意力放在個案的議題和經驗上。不可與那些雖有傷口，但看來反而相當耀眼出色的諮商師同日而語（見圖12.1）。

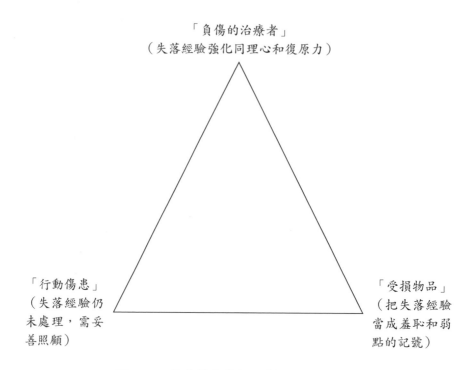

圖 12.1　個人的失落經驗對諮商師的影響

199　　　Worden（2009）指出喪慟工作對諮商師的影響有：(1) 更覺察自身的失落；(2) 更「正視」自己害怕的失落（如：喪子）；(3) 更覺察自身死亡的必然性與存在焦慮。與有重大失落經驗的個案密集互動時，諮商師必須非常覺察自己的失落史、對死亡和悲傷的態度，以及注意任何觸及自身經驗或脆弱之處、相當棘手的特殊問題。諮商師覺察個人經驗的清單，應包含諮商師是否能與處遇喪慟個案時升起的無力感、無助感和挫折感共處。如同本書稍早強調的，我們無法帶走悲傷，不可能讓故人死而復生，也無法改變已然發生的事實。目睹喪慟個案的痛苦，極可能觸動諮商師個人的傷痛，這種不舒服的感覺會讓諮商師想封閉自己的

情緒，更糟的是為了消弭不安，竟將個案拒之門外（Worden, 2009）。
Worden（2009）和 Wogrin（2007）兩位學者都建議諮商師要好好探索
個人的失落史（見表 12.1），並和朋友或同事分享自己的失落經驗，
確保這些失落經驗不會成為「伺機而動的陰影」（lurking shadows），
妨礙諮商師有效處遇喪慟個案。

表 12.1　個人失落史

問問自己下面的問題，接著花點時間跟你信任的朋友或同事分享你的想
法。想想這些失落經驗和你對它們的反應，會如何影響你和喪慟者的互
動。

1. 畫出你的失落經驗線（包含死亡和非死亡的失落事件）。
2. 你碰過最嚴重的失落經驗是？這些經驗為何對你深具意義？
3. 你如何回應這些失落經驗？你對失落經驗的反應幾乎大同小異嗎？
4. 你周遭的人對失落有何反應？那段期間他們對你的反應為何？
5. 從死亡、悲傷和自身的生命經驗，你學到了什麼？
6. 你對死亡的宗教或靈性信仰為何？對生命又有何看法？
7. 你的文化對表達悲傷的方式，特別是感覺和社會責任方面，有何信念
　和假設？
8. 根據你自己的經驗，你認為遭遇悲傷和失落時，人們通常希望從別人
　那裡得到什麼幫助？

外在壓力源

200

　　外在壓力源衝擊諮商師的效能及能否完全發揮與個案同在的能力。
常見的外在壓力源包括：即便時間表排得滿滿的，仍得擠出時間見個
案、非比尋常的工作量（特別是在機構和單位工作的諮商師）、個案的
資源受限，付不起諮商費用、缺乏專業支持，及不為其他專業人員知道
的辛苦（Wogrin, 2007）。從實務層面看來，私人執業的諮商師常得面
臨他人生命起伏跌宕、時間表安排和存款餘額等現實問題，每月收入此
起彼落，不時被時間和資源等預算問題弄得焦頭爛額。而在單位或機構
任職的諮商師雖然收入相當穩定，但卻無法自由控制時間、行程和工作
量。

　　根據 Vachon（2004）對緩和照護醫療人員的研究，她發現照顧者最主要的壓力源有：工作負荷過重、未被賦予做決定的權利、同儕之間鮮少有互相提供支持的時間等等。Vachon（1987）以前就曾注意到照顧者的壓力多跟工作環境脫不了關係，還有督導和行政主管施壓的不當工作期待，反而跟臨終病患本人、家屬或喪慟者無關。

　　缺乏人味、士氣低落、令人心情沮喪的工作氣氛會深深影響員工的假設世界。要求和期待過多的工作環境本來就會讓諮商師質疑進入這個專業領域的意義，不管工作本身是否真的具任何意義和目標，或諮商師是否幫助到他人。如果諮商師本人被工作環境折磨得毫無人性，在諮商中當然做不出以當事人為中心的態度了。

因應與內在資源

　　因應意指嘗試適應的舉動，例如重新評估壓力或負向經驗，或將原有價值觀受到挑戰的情境再次導入善行、意義、自我價值等觀念。Corr（2002）強調因應是個體試圖調整挑戰個人假設世界的觀念，或處理個體自覺有壓力，甚至備感威脅的情境的歷程。在高壓力的工作環境中，或許最重要的因應策略，即諮商師要能夠：(1) 辨識壓力源；(2) 探討是否有任何方法可以降低壓力或改善個人與壓力的關係；(3) 瞭解當問題情境逼近「臨界點」時，若繼續與該問題纏鬥，恐將榨乾諮商師原有的內在資源，以至於到最後無心工作，只會明哲保身。

　　該如何回應高壓力的工作環境，諮商師必須瞭解，個人的潛能雖有成長延伸的空間，但也須合理地看待自己的限制，避免操之過急揠苗助長。困難的地方在於，暴露在壓力的情況下越久，越讓人心力交瘁，這種筋疲力盡的感覺會嚴重損害諮商師因應和判斷接踵而來的壓力。因此，若長期處在壓力的情況下，恐將形成惡性循環，益發疲憊不堪的諮商師喪失客觀看待自己和環境的能力，做出違背初衷和價值觀的事。喪失自我只會讓壓力情境雪上加霜。因此，瞭解自己、向沒有利害關係的同事請益討論、維持身心健康、對自己和職場抱持合理的期待，都是非常重要的。

特殊的工作壓力

　　許多進入這個領域的諮商師都懷著良善、理想的助人熱忱，順利在所選擇的專業上發光發熱，但只有極少數人想過他們也可能反被原先相當憧憬的工作將了一軍。事實上，很多人認為諮商專業就像「感召」一般，要成為一個好的諮商師前，必先經歷一番付出與犧牲（Yalom,2003）。助人的渴望與高度的專業認同兩者皆值得嘉許和重要，高度的承諾和深度的同理心有助於諮商師發揮諮商效能，但這些特質也不露聲色地扯諮商師後腿。在這一節裡，我們將探討暴露在諮商中某些特別的壓力情境下時，如何嚴重地衝擊諮商師的假設世界，對諮商師個人和專業生涯造成危害。本節將特別說明耗竭與繼發性創傷二個概念〔有時亦稱為「同情疲乏」（compassion fatigue）〕。

　　耗竭（burnout）是一種日積月累的情緒消耗、受創和失望，導致諮商師（內外在的）資源和要求喪失平衡。它是一個漸進、累積的失衡過程，逐漸演變成長期的情緒緊繃、疲乏、失去人味、不滿現狀、缺乏成就感。耗竭的諮商師通常會想遠離需要接受幫助的人，藉此保護自己免得情緒潰堤。到後來，諮商師與自己進入該專業的初衷漸行漸遠，排山倒海的冷漠和無情終於取代了愛心和關心。此外，他們還常覺得丟臉，害怕別人注意到他們的變化，越來越不敢走出去尋求他人的支持與關懷。當個案或職場的需要和期待凌駕諮商師個人的需要和期待，形成牢不可破的循環，用罄諮商師的資源，來不及補充和恢復活力，雖然諮商師想要「再加把勁」來克服困境，但這些努力只是更加曝露現有資源的匱乏與短缺。

　　耗竭是一種生理、情緒和精神的筋疲力竭現象，是助人專業工作者在工作上長期積累壓力而引發的症狀，它們通常有跡可循（Maslach,1982）。例如職場上的獨裁／官僚主義作祟，專業工作者的照護決定權微不足道，對工作量和責任歸屬無從置喙；或被指派的責任和工作量讓專業工作者忙不過來（Maslach, 1982）。耗竭涉及內在和外在兩方因素。熱情奉獻在工作上的專業工作者通常成功的欲望非常強烈，若一再

經驗失望和不適任感時，恐會加速壓力累積和耗竭。各種因素之間交互作用的情形更是普遍，尤其是工作量負荷大，但仍要處理耗時又危急嚴重的個案時更是雪上加霜（Wogrin, 2007）。

繼發性創傷（secondary traumatization）（亦稱為替代性創傷或同情疲乏）（vicarious traumatization or compassion fatigue），是一種被個案日積月累的創傷經驗內容佔據心思的緊張狀態（Figley, 1995）。諷刺的是，感受性強及同理心豐富的諮商師，正是罹患同情疲乏的高危險群。諮商專業工作不但要關注個案的情緒痛苦，令諮商師不時聽到相當不快的內容，同時亦得承受個案的痛苦（Figley, 1995）。此外，諮商「工作」乃是要對對方打開心房。當諮商師敞開心房聆聽個案的苦痛與折磨，更是加重他們受傷的程度（Johnson, 1992）。

同情疲乏的相關症狀不一，包括：彷彿親身經歷個案的經驗、被個案敘說的內容侵擾、傷害或深受打擊、不敢處理特定議題的個案、私人生活被工作糾纏干擾、對自己沒有遭受苦難心懷愧疚。繼發性創傷包含生理、情緒和靈性層面的困頓疲累，慢慢地失去感受快樂的能力，身體健康亦日趨衰退。受繼發性創傷所苦的諮商師可能會有無望感、自責、憤怒、無精打采、濫用藥物、躁動不安、難以入眠、睡眠不足及其他惱人的症狀，置諮商工作和個案的福祉於險地，大大提高諮商師罹患憂鬱症、焦慮症、畏懼症和離開這個專業的風險（Figley, 1999）。

繼發性創傷和耗竭遇到的壓力型態並不相同，因為繼發性創傷乃是諮商師間接體驗個案訴說的痛苦與創傷。雖然繼發性創傷會危害諮商師的個人和專業功能，但它是可以預防的。如果諮商師具備高度的自我覺察，知道個案分享的內容可能會對個人造成衝擊，或引發無助感、無望感和／或無力感時，若諮商師能做好接收個案訴說內容的心理準備，儘快和督導或信任的同儕商量該如何處理，或可大大減低創傷的嚴重度。

將自我照顧視為專業能力

諮商師最重要的資產，就是具備關心和悲憫他人的能力，更重要的是，平時即應滋養、善待和保護這些能力，如此一來於公於私須展現

這些能力時，方能取之不竭、用之不盡。我們撰寫本章的目的，即假設自我照顧有百利而無一害，因此必須將自我照顧視為能讓諮商發揮效能的專業能力。這可不是你有時間才做、沒時間就不做的事。在助人專業裡，總要在照顧他人和自我照顧間尋得平衡，他人的需求看似非同小可且刻不容緩，很容易遮蔽諮商師自己的需求。嚴謹的練習自我覺察有助於保持均衡，預防耗竭、繼發性創傷、無動於衷／情緒氾濫（Pomeroy & Garcia, 2009）。

當平常的工作狀態如臨大敵，懂得自我照顧、定期尋求同儕支持，是諮商師的首要之務。要協助他人自立自助，諮商師必須願意接納自己和他人的需求。諮商師最重要的資源，即是從人性的基礎上與個案建立關係。想要做到這一點，諮商師須坦然接納自己是「平凡人」這一面，有自己的需求，也瞭解自己的限制所在。事實上，許多諮商師認為，諮商師自我照顧的程度，經常直接反映出其激勵個案幸福的能力。想要預防耗竭發生，諮商師必須覺察自己的需求，以健康、建設性的方式，主動照顧這些需求。不切實際的期待、未被滿足的需求、未竟事務，以及「想被需要」的需求，均須以接納、坦誠的態度提出，讓助人者有機會探索自己的動機和傷口，取得療癒和均衡。諮商師必須培養的個人人生觀，即是能同理他人，同時亦能在自我和他人的需求間保有個人的主體性和清楚明確的界線。

專業的同儕支持是助人專業工作者最棒的資源，它提供了絕佳的場合，得以培養自我覺察、自我照顧，又可與心地善良、價值觀相似的人互動交流。在一項以諮商師為對象的研究指出，自我照顧程度不夠、同儕支持度低的人，工作壓力相對較高（Sowa, May, & Miles, 1994）。尋求其他臨床工作者的同儕支持，可以抗衡照顧個案時難免升起的孤獨感與疏離感，獲得必要的鼓勵與肯定。我們身處的社會過於強調個人主義、自給自足的「超人／女超人」形象，然而，這種形象根本不切實際，也違反相互付出與給予的人性原則。尋求支持、接受他人的協助，是諮商師參與社群支持網絡的優點，諮商師也必須在生活周遭中找到一個可以宣洩情緒、分享挫折感的人，並向他學習成功的因應策略、觀察正向的角色楷模，方能成為有效賦能個案的助人工作者。以下列出幾點

必要的支持與自我照顧策略，諮商師可據此進行反思練習：

1. 承認並尊重自己的限制；你是一個平凡人，你照顧他人的能力建基在自我照顧的能力上。
2. 找到一個可以尋求支持和訴苦的地方，但不致於洩露你和個案的隱私。
3. 定期接受資深前輩的督導。
4. 不斷地覺察個人的議題、情緒和價值觀，這樣才不會跟個案的狀況搞混。
5. 善用專業發展的機會，如：工作坊、課程、閱讀期刊文獻和最新的訊息。
6. 嚴守諮商相關領域的專業倫理準則與執業標準。
7. 監控自己的健康與幸福狀態。培養可以滋潤個人生活的興趣或嗜好。
8. 允許自己沒辦法跟所有人都合得來。
9. 監控自己花在工作、個案和討論個案相關議題上的時間。
10. 瞭解自己的人生觀，以及人生觀對你從事諮商師這份工作的影響。
11. 覺察身體發出的特殊訊號，它可能在提醒你注意跟工作有關的壓力，如：睡眠模式混亂、飲食習慣改變、身體痠痛、疼痛、經常生病等等，都可能在暗示你的免疫系統出了問題。

結語

206

諮商師是專業人士，但他們也是平凡人，諮商專業之所以能夠建立起來，靠的是每個諮商師不斷精進培養關懷和同理個案的能力。諮商師經常得聆聽個案痛苦的失落、創傷經驗及摯愛死亡的事情，暴露在成堆的心酸苦楚中，深深影響他們的自我。諮商專業化的意思並不是說痛苦不再能打動諮商師的心，相反地，專業應是諮商師已經發展出照顧自己的有效方法，找到足夠的支持系統來瞭解自己對個案痛苦的反應。自我

覺察的關鍵，即瞭解何時該關注自己的感覺，如此一來這些反應才不會干擾諮商歷程。維護自己關懷他人的能力，意即誠實地評估工作環境，瞭解工作環境是否已影響諮商師與自己和個案完全同在的能力。精熟諮商的知識體系，完成嚴苛的專業訓練雖然很重要，然而，這些因素只能在諮商師願意以有意義的方式和個案連結的前提下，才能真正發揮助益。諮商師與個案的關係被公認是諮商工作最重要的面向，因此，關注諮商師這個人，也是維持專業能力的要務。

名詞釋義

- 耗竭（burnout）：是一種日積月累的情緒消耗、受創和失望，導致諮商師（內外在的）資源和要求喪失平衡。它是一個漸進、累積的失衡過程。
- 因應（coping）：試圖調整挑戰個人假設世界的觀念，或處理個體自覺有壓力，甚至備感威脅的情境的歷程。因應的結果可能卓有成效，亦可能徒勞無功。
- 「自戀的陷阱」（narcissistic snares）：指諮商師想治癒、瞭解、愛所有人的不合理期望。
- 繼發性創傷（secondary traumatization）（有時又稱為替代性創傷或同情疲乏）：是一種被個案日積月累的創傷經驗內容佔據心思的緊張狀態。
- 創傷的反移情（traumatic countertransference）：又稱「替代性創傷」（vicarious trauma），意指諮商師被個案強烈的情緒經驗席捲，弄得不知所措。

反思問題

1. 讀完本章後，請思考並回答下列問題。如果你有信任的同儕或同事，請互相分享彼此的答案。
   - 該如何得知你已瀕臨耗竭或過度投入在工作上？

- 從事這份工作時，什麼才是人與人之間適當的界線？
- 在專業場合中，你分享了多少私人的訊息？
- 你為何從事這份工作？你從工作當中得到什麼？它對你有什麼吸引力？
- 如果你是個「天生的助人者」，你是否曾想過會成為這種人的理由是？
- 你的工作帶給你歸屬感或讓你覺得很有意義嗎？
- 你的生命中有哪些「養分」？
- 你是否能自在地與他人接觸，但在必要的時候，亦能退開保持一些距離呢？

2. 專業生活品質量表（Professional Quality of Life Scale）（本書 209 頁）要測量專業人員的同情疲乏、耗竭、同情滿足（compassion satisfaction）等向度（Stamm, 2005）。請填寫該量表並計分。你對這個量表和裡面的題目有何看法？有哪些向度是你向來處遇面臨死亡、失落和悲傷的個案時，容易讓你受傷的弱點？

3. 覺察練習。

   唯一存在的時刻就是當下，但我們卻習慣把時間花在反芻過去的回憶或空想未來。這個練習的用意是要把注意力放在當下。覺察包含三個「區域」（zones）：外在感官（五感）、內在感官（感覺）、內在認知（想法）。我們把大量的時間耗在認知，內心充塞著亂七八糟的雜念，不斷地分析經驗，思前想後，但卻不去直接體驗各種事物。

   請兩兩配對，面向你的夥伴，花五分鐘的時間分享彼此的覺察，使用以下的句子：「現在我覺察到……」說完後換對方說。當你的夥伴跟你分享時，你只要點頭和用非口語的方式輕微鼓勵就好。

   簡短討論：做這個練習活動的感覺如何？你覺察到什麼？有人笑場嗎？笑場原因是什麼？你發現自己在警覺什麼嗎？若有，原因是什麼？

4. 冥想練習。

　　覺察當下的存在。請閉上雙眼，跟著呼吸潛入身體。讓身體每個
　　緊張的部位都隨著呼氣而遠離。記住，現下僅有的，就是此時此
　　刻，在這裡你很安全。你唯一要做的事就是好好呼吸。

　　一會兒後，請想像或感覺能量隨著呼吸進入胸腔中央。體驗這個
　　能量，告訴自己：「我是被愛的。」呼氣時，請想像它正從你的
　　胯下離開，直達地面。當能量在身體內川流奔騰時，告訴自己：
　　「我在這裡。」繼續維持這個緩和、深度放鬆的呼吸狀態五分
　　鐘。

　　慢慢地把你的注意力帶回這個房間，注意你的感覺和掠過心頭的
　　想法。當你張開眼睛時，請將意識帶回到這個房間，寫下你對這
　　個練習的感想。若有信任的同儕或同事，邀請他也做這個練習，
　　然後彼此分享心得。

參考文獻

Corr, C. A. (2002). Coping with challenges to assumptive worlds. In J. Kauffman (Ed.), *Loss of the assumptive world: A theory of traumatic loss* (pp. 127–138). New York, NY: Brunner-Routledge.

Figley, C. R. (1995). Compassion fatigue as secondary traumatic stress disorder: An overview. In C. R. Figley (Ed.), *Compassion fatigue: Coping with secondary traumatic stress disorder in those who treat the traumatized* (pp. 1–20). New York, NY: Brunner Routledge.

Figley, C. R. (1999). Compassion fatigue: Toward a new understanding of the costs of caring. In B. H. Stamm (Ed.), *Secondary traumatic stress: Self care issues for clinicians, researchers, and educators* (2nd ed., pp. 3–28). Lutherville, MD: Sidran Press.

Herman, J. (1992). *Trauma and recovery*. New York, NY: Basic Books.

Johnson, C. (1992). Coping with compassion fatigue: Taking care of one's self while taking care of others. *Nursing, 22*, 116–121.

Maslach, C. (1982). *Burnout: The cost of caring*. Englewood Cliffs, NJ: Prentice-Hall.

Nouwen, H. J. (1996). *Ministry and spirituality: Creative ministry, the wounded healer, reaching out*. New York, NY: Continuum.

Osipow, S. H., Doty, R. E., & Spokane, A. R. (1985). Occupational stress, strain, and coping across the life span. *Journal of Vocational Behavior, 27*, 98–108.

Pomeroy, E. C., & Garcia, R. B. (2009). *The grief assessment and intervention workbook: A strengths perspective*. Belmont, CA: Brooks/Cole.

Sheets, V. (1999). Professional interpersonal boundaries: A commentary. *Pediatric Nursing, 25*, 657.

Sowa, C. J., May, K. M., & Miles, S. G. (1994). Occupational stress within the counseling profession: Implications for counselor training. *Counselor Education and Supervision, 34*(1), 19–29.

Stamm, B. H. (2005). *The ProQOL manual: The Professional Quality of Life Scale: Compassion satisfaction, burnout, & compassion fatigue/secondary trauma scales*. Baltimore, MD: Sidran Press.

Taylor, P. B. (1998). Setting your boundaries. *Nursing, 28*, 56–67.

Vachon, M. L. (1987). *Occupational stress in the care of the critically ill, the dying, and the bereaved*. Washington, DC: Hemisphere.

Vachon, M. L. (2004). The stress of professional caregivers. In D. Doyle, G. Hanks, N. Cherny, & K. Calman (Eds.), *Oxford textbook of palliative care* (3rd ed., pp. 992–1004). New York, NY: Oxford University Press.

Wogrin, C. (2007). Professional issues and thanatology. In D. Balk, C. Wogrin, G. Thornton, & D. Meagher (Eds.), *Handbook of thanatology: The essential body of knowledge for the study of death, dying, and bereavement* (pp. 371–386). Chicago, IL: Association for Death Education and Counseling.

Worden, J. W. (2009). *Grief counseling and grief therapy: A handbook for the mental health practitioner* (4th ed.). New York, NY: Springer Publishing Company.

Yalom, I. R. (2003). *The gift of therapy: An open letter to a new generation of therapists and their patients*. New York, NY: Perennial.

(See Professional Quality of Life Scale starting on the next page)

209

專業生活品質量表（Professional Quality of Life Scale, PROQOL）

同情滿足與同情疲乏（PROQOL）第五版（2009）

助人的時候，我們直接接觸到個案的生命。但你可能早已發現，你對個案的同情心，對你的影響有好有壞。下面的問題反映出助人者的正負向經驗，思考下列關於你和目前工作情況的問題。請誠實地填寫最近這 30 天來，符合你的頻率經驗的數字。

| 1= 從來沒有 | 2= 很少 | 3= 有時候 | 4= 經常 | 5= 總是 |

_____　1. 我很快樂。

_____　2. 我的心思幾乎都放在個案（們）上。

_____　3. 我能從助人當中得到滿足感。

_____　4. 我覺得我和別人有連結。

_____　5. 我會被突如其來的聲音嚇得跳起來。

_____　6. 助人工作結束後，我仍覺得精神奕奕。

_____　7. 我很難將私人生活和助人工作區分開來。

_____　8. 個案的創傷經驗讓我輾轉難眠，因此我的工作效能不像以往那麼好。

_____　9. 我覺得我已經被個案的創傷壓力影響到。

_____　10. 我覺得被助人者這個工作困住了。

_____　11. 由於這份助人工作，很多事情讓我變得緊張兮兮。

_____　12. 我喜歡這份當助人者的工作。

_____　13. 個案的創傷經驗常令我陷入憂鬱。

_____　14. 個案的創傷過程彷彿在我身上體驗重現。

_____　15. 我有信仰在支撐著我。

_____　16. 我很高興我能跟上最新的助人技巧與模式。

_____　17. 我前後一致，始終如一。

_____　18. 我很滿意我的工作。

_____　19. 助人者這份工作讓我疲憊不堪。

_____　20. 想到我幫助到的人以及我能幫到他們，就讓我的心情很愉快。

_____　21. 看似無止盡的個案量讓我筋疲力盡。

_____　22. 我相信我能藉由工作發揮影響力。

_____　23. 我會避開某些特定的活動或情境，因為那會讓我想起個案令人恐懼戰慄的經驗。

_____　24. 我對自己能夠助人很自豪。

_____　25. 由於我的助人工作，嚇人的想法不時闖入我的腦中。

_____　26. 我被體制卡得動彈不得。

_____　27. 我認為我是個成功的助人者。

_____　28. 我無法回想起處遇創傷受害個案的重要細節。

_____　29. 我是一個非常有愛心的人。

_____　30. 我很高興我選擇了這份工作。

分數的意義：專業生活品質解析

根據你對各個題目的回答，請將你得到的三個分數填在下方。如果有任何擔心憂慮之處，請跟醫師或心理健康專業人員聯絡討論。

同情滿足＿＿＿＿＿＿＿＿＿

同情滿足意指能從把工作做好當中獲得樂趣。例如，覺得能透過工作幫助別人是一件令人高興的事。你對同事、你的工作能力，甚至貢獻社會懷有正向樂觀的情緒。高分表示你對自己能成為一位有效能的助人者深具信心。

平均分數是 50 分（標準差 10；α 量尺信度 .88）。大約有 25% 的人分數高於 57 分，也大約有 25% 的人分數低於 43 分。若你的分數落在高分區段，表示你可以從工作中得到相當大的專業成就感。若你的分數低於 40 分，可能你的工作出了問題，或另有其他原因——例如，比起工作，你比較能從其他活動當中得到滿足感。

耗竭＿＿＿＿＿＿＿＿＿

大部分的人都知道耗竭是什麼。從研究的角度來看，耗竭是同情疲乏（CF）的要素之一。它通常跟無助感、工作難以應付和無法有效工作有關。這些負面感覺常常慢慢開始累積。它們反映出你的努力徒勞無功，或工作量太高、工作環境缺乏支持。高分表示耗竭的風險較高。

平均分數是 50 分（標準差 10；α 量尺信度 .75）。大約有 25% 的人分數高於 57 分，也大約有 25% 的人分數低於 43 分。若你的分數低於 18 分，意味著你有信心、有能力做好你的工作。若你的分數高於 57 分，你可能要想想為什麼這個工作和職位無法讓你發揮效能，你的分數可能反映出你的心情，或許你最近心情很糟，或需要休息一段時間。如果高分的狀況持續下去，或其實它反映出另有其他擔心的事，這可能是個警訊。

繼發性創傷壓力＿＿＿＿＿＿＿＿＿

同情疲乏（CF）的要素之二就是繼發性創傷壓力（STS）。意指你因為工作的緣故而間接暴露在極端或創傷性的壓力事件下。因暴露在他人的創傷下而出問題的情況相當罕見，但有許多人卻會因照顧曾經歷極端或創傷性壓力事件的人，引起繼發性創傷壓力。例如，反覆聽聞他人的創傷故事，通常也稱為替代性創傷。如果你的工作場所就在危險區域，例如戰地或內戰頻仍地區，這是直接暴露，而非間接暴露。但若因為工作而暴露在他人的創傷事件下，例如身為治療師或急救工作人員，這就是間接暴露。繼發性創傷壓力的症狀常因某一特別事件突然出現，包括：恐懼不安、睡眠困難、令人心煩意亂的畫面冷不防閃過心頭、迴避會想起創傷事件的事物。

平均分數是 50 分（標準差 10；α 量尺信度 .81）。大約有 25% 的人分數低於 43 分，也大約有 25% 的人分數高於 57 分。若你的分數高於 57 分，你可能要花些時間想想工作哪裡嚇到了你，或可能有哪些原因造成高分。分數高並不是說你有問題，而是要提醒你檢視對工作的感覺和你的工作環境。可以的話，請找督導、同事或健康照護人員談談。

計分說明

在這一部分,你要核計分數,並對照比較下面的解釋分數。
看看你的分數落在哪一欄。所有的題目都列在表格的左邊,計算分數後,看看你的分數落在右方表格的哪個欄位。

同情滿足量表

3. ＿＿＿
6. ＿＿＿
12. ＿＿＿
16. ＿＿＿
18. ＿＿＿
20. ＿＿＿
22. ＿＿＿
24. ＿＿＿
27. ＿＿＿
30. ＿＿＿
小計：＿＿＿

同情滿足題項總分	相等分數	同情程度
少於 22 分	少於 43 分	低
23 ～ 41 分之間	大約 50 分	平均
42 分以上	57 分以上	高

耗竭量表

*1. ＿＿＿ = ＿＿＿
*4. ＿＿＿ = ＿＿＿
8. ＿＿＿
10. ＿＿＿
*15. ＿＿＿ = ＿＿＿
*17. ＿＿＿ = ＿＿＿
19. ＿＿＿
21. ＿＿＿
26. ＿＿＿
*29. ＿＿＿ = ＿＿＿

有「＊」者為反向題,計分方式如下：
0=0、1=5、2=4、3=3、4=2、5=1
小計：＿＿＿

耗竭題項總分	相等分數	耗竭程度
少於 22 分	少於 43 分	低
23 ～ 41 分之間	大約 50 分	平均
42 分以上	57 分以上	高

繼發性創傷量表

2. ＿＿＿
5. ＿＿＿
7. ＿＿＿
9. ＿＿＿
11. ＿＿＿
13. ＿＿＿
14. ＿＿＿
23. ＿＿＿
25. ＿＿＿
28. ＿＿＿
小計：

繼發性創傷題項總分	相等分數	繼發性創傷壓力程度
少於 22 分	少於 43 分	低
23 ～ 41 分之間	大約 50 分	平均
42 分以上	57 分以上	高

CHAPTER 13

當代悲傷諮商的
趨勢與議題

開始撰寫本章時，《悲傷的真相》（*The Truth about Grief*）一書正好出版（Konigsberg, 2010），以記者為業的作者潛心研究悲傷諮商的理論與實務，從媒體的獨特角度揭開美國「悲傷諮商工業」（grief counseling industry）頗受爭議的一面。該書與近來的研究引起我們的注意，不禁回頭檢視悲傷諮商工作的信念，該怎麼以有事實根據的訊息說明我們的實務作法。前幾章已經討論悲傷諮商的功效，現在要來進一步探討當代依舊爭議不斷、僵持不下的議題，做為嚴格反思悲傷諮商實務工作的跳板。

仍認同悲傷的階段理論

悲傷的階段理論強調喪慟者須經歷一系列清楚分明、有時限的心理階段。死亡教育者和臨床工作者常很驚訝的發現，許多專業訓練課程和悲傷諮商師依然服膺 Kübler-Ross（1969）的階段理論。熟悉研究和當代喪慟實務的人都知道階段理論的實徵證據有限，不是所有的喪慟者都會經歷相同的悲傷階段。事實上，每個人的反應不一。否認、憤怒、難過等各種反應，可能同時發生，也可能在不同時間點單獨出現（Prigerson & Maciejewski, 2008）。階段理論會廣受大眾文化和專

業課程青睞，原因是階段的概念符合我們對「正常」（normal）的期
待和定義，當然也說明了何謂「不正常」（abnormal）。Prigerson 與
Maciejewski（2008）說階段理論「反映出我們的內在想要將全然無法
接受的事件和情況，轉變成可以理解和接受的渴望」（p. 435）。

　　這段討論的重點是要提醒悲傷諮商師，不要妄想用簡單的懶人包
理解悲傷經驗。雖然階段理論頗受歡迎，也指出悲傷經驗某些值得參考
的方向。但仍應謹記在心的是，悲傷是一個多變項的反應，沒有標準軌
跡，有許多因素會影響喪慟者經驗悲傷的方式、長短和最後的結果。
Konigsberg（2010）曾在她寫的書中強烈質疑那些主張悲傷諮商有既定
步驟、階段和介入策略的人，不但過度簡化悲傷諮商工作，且與當代有
助於瞭解喪慟者的研究背道而馳。記住：要以個案的經驗為主，而不是
由你（或理論）斷言他們「應該」處在哪個階段。

何時該提供悲傷諮商？

　　近期對悲傷諮商功效的研究均指出，多數喪慟者都具備不錯的內在
復原力，不需要專業的治療介入，既然如此，怎麼知道何時該求助悲傷
諮商呢。如前所述，大約有 10% 至 15% 的喪慟者會有延宕性、持續性
的悲傷症狀，引發強烈不適的健康問題，增加死亡的風險。因此，從事
諮商工作，包括處遇喪慟者的專業人士應熟悉複雜性悲傷／延宕性悲傷
（PGD）的徵兆，若發現個體患有此種危害身心的悲傷症狀，應提供能
緩解其痛苦的求助管道。

　　多數的文獻並未支持悲傷諮商具有防患未然的效果，也就是說，
並不需要主動提供支持或諮商服務給剛遭遇失落、未求助專業治療的
人（Schut, Stroebe, van den Bout, & Terheggen, 2001）。自行求助諮
商，或由其他臨床工作者如家庭醫師轉介而來的人，較有可能受惠於
專業治療的協助。這一點跟帶著其他議題求助關係治療的個體殊無二
致（Larson & Hoyt, 2009）。Altmaier（2011）更主張，實徵研究並未
「捕捉到」某些跟個案與諮商師特質有關的治療關係變項。她說：

要讓實務發揮最佳效果，很重要的一點，在於如何為喪慟者選擇諮商介入方式。記住，悲傷諮商是否適用於每個人，仍有待商榷，還是它只適於尋求治療或罹患複雜性悲傷的人。甚者，雖然多數諮商取向堪稱有效，但這些研究並沒有告訴我們，諮商師的個人特質、個案與諮商師的關係、個案的自我療癒過程才是改變的重要面向（p. 35）。

換句話說，她提醒大家注意，那些強調個案症狀和特殊介入效果的實徵研究，並沒有將治療關係、個案和諮商師的特質列為考慮因子。

悲傷諮商的特色是？

即使這個問題前面已討論過，在此仍要從別的角度說明悲傷諮商為何是諮商工作中獨具特色、專業的領域。一般說來，諮商是提供支持的方式之一，協助個體適應日常生活面臨到的事件和問題，死亡和失落事件自非例外，它們是每個人在這世間必會遭逢的定數。因此，若諮商的重點是適應與自我成長，那麼悲傷諮商的特色究竟為何？要回答這個問題，必須瞭解悲傷是一個適應性的反應，而非出問題的反應。悲傷諮商的目標是要協助個體開展這段適應的歷程，不要把它們誤認為是憂鬱症、焦慮症或創傷後壓力反應。多數的悲傷諮商工作將悲傷視為加強個體重新展開生活的歷程，而非需要治療的症狀。悲傷諮商關心的是認可並鞏固個案的優勢能力，扭轉常被視為病態或被社會邊緣化的反應，給個案一個安全的處所，說說這段混亂時期中最讓他們痛苦的部分，重新踏上適應的過程。

216

著眼於復原力而非負向指標

悲傷諮商發展為一門獨特的臨床專業招致不少批評。表面上看來，它讓臨床實務工作者吸收到大量的喪慟文獻與研究，積累不少知識。隨著悲傷諮商專業化，處遇的喪慟者與日俱增，同時也改善了諮商師處遇

伴有悲傷臨床特徵個案的技巧。然而，悲傷諮商發展為特殊專業的結果，卻演變成強調悲傷的缺點——悲傷需要介入處理，或視悲傷為需被「治療」的疾病，殊不知悲傷是適應的歷程，通常不需要專業的介入（Coifman, Bonanno, Ray, & Gross, 2007; Wortman & Silver, 1989）。

另一方面，對喪慟的關注和研究增加，關於悲傷的資訊越多，卻只讓我們越來越強調悲傷的陰暗面。大部分的研究看到的是適應困難的失落與悲傷，但這種困難的悲傷其實只發生在少數喪慟者身上，不符合適應良好的個體的經驗，見樹不見林。此外，評量受試者悲傷經驗的研究設計通常著眼的是出問題的部分，而非有益的因應方式、成長和復原力。只有少數的問題詢問開懷大笑和歡樂的時刻，除此之外問的問題幾乎是難過、哭泣和孤單的心情（Bonanno & Keltner, 1997）。

即使個案求助諮商的原因乃出於無力因應悲傷，在諮商中仍應指出和發掘他們的內在優勢和復原力。雖然失落經驗挑戰喪慟者的世界觀，也帶給他們極大的痛苦，但悲傷諮商的重點還是必須放在個案的正向因應能力和內在資源。記住，多數經歷重大失落的人，最終仍可過著充實、有意義的人生。

認可悲傷與悲傷諮商的多元性

悲傷和悲傷諮商的主流觀點乃出自美國出版的研究與文獻，幾乎跟西方工業國家的文化相去無幾。但若要將悲傷的定義與期待，以及悲傷的介入方式應用在價值觀和經驗相異的社會與文化，問題就產生了。Konigsberg（2010）探討西方社會下的個體如何看待非西方文化的悲傷表現方式時，暗指我們有「輸出」西方的悲傷理論、強行灌輸西方的標準到別的文化的傾向。她的說法讓人想起殖民時代，侵略的一方宣稱對當地的文化與規範握有支配權，欲替當地人建立一套「更好」與更合乎「道德」的文明。然而，在悲傷諮商工作裡，所謂「更好」的方式卻是強人所難，無視這些文化自有一套有效因應失落與悲傷的方式。因此，若在缺乏文化覺察與敏感度的情況下盲目地學習喪慟的理論與實務，根本是無知而又狂妄自大。

　　許多文化並未將難過或受苦視為應該集會抗議的對象，相反地，這些經驗被默認是生活的一部分。即便是西方文化，面對死亡也有相當不同的表現方式和儀式。愛爾蘭的守靈夜原意在頌揚故人的生命，但卻被外人惡意曲解為存心否認與舉辦派對的藉口。而重視禁慾堅忍的英國人也被他人斷定為鼓勵壓抑的社會風氣。想多瞭解和探討宗教與文化影響下的悲傷反應，讀者可參閱 Morgan 與 Laungani 於 2002 年編著的《世界各地的死亡與喪慟》（*Death and Bereavement Around the World*）系列叢書（Baywood Publishing）。

　　除了文化的差異外，亦有許多論述探討性別社會化對悲傷歷程的影響，也就是探討男性和女性的悲傷差異（見 Doka & Martin, 2010; Golden, 2000; Lund, 2001; Staudacher, 1991）。雖然西方社會對男性和女性的情感表達與關係建立仍有強烈的性別社會化存在，但女性和男性在工作、教育、收入等角色的變化已不可同日而語，意味著男性和女性的悲傷型態和風格已漸趨相似，同多於異。注意，多數的悲傷研究仍以女性為主，因為女性比男性還更願意參與研究，何況大部分的喪慟研究參與者仍是以西方文化裡的中上階級為最大宗。

218

　　此處最需要考量的，是我們對「正常的」悲傷的默會知識，多是取自無法類化到其他文化的樣本所做成的研究和形容，遑論放諸四海而皆準。如前所述，悲傷諮商的重點須與個人一致（congruence）——此人經驗和表達悲傷的方式，和他的人格特質、信念、文化和經驗一致嗎？

從社會脈絡看悲傷

　　延伸前述關於多元化和悲傷議題，接下來要探討喪慟者生活的社會脈絡。臨床工作者常把處遇的重點侷限在個體對悲傷的反應。畢竟，多數的臨床工作，不管是個別諮商或小團體，仍是將重點放在個人上〔有時亦稱為「微觀實務」（micro practice）〕（Wronka, 2008）。但是我們必須瞭解，個體存在於家庭、組織、甚至社會政治結構等系統，在在影響他們對失落經驗的解讀和悲傷的表現方式〔有時亦稱為「宏觀實務」（macro practice）〕（Kirst-Ashman & Hull, 2008）。諮商師必須

敏銳覺察社會期待、文化信念和價值觀如何影響自己的實務工作，如此一來這些諮商師的個人變項才不會不慎地加諸在信念和價值觀不同的個案身上。

檢視諮商介入的層面十分重要，僅聚焦於微觀層面看不出個體生活的社會對其產生的深遠影響。著重於內心層面的諮商或有將社會問題看成是個案本人問題的風險，但有些問題實際上是社會規範與個人的經驗相衝突的結果。因此，從微觀的角度處理個案的「自我內言」（self-talk），可能只會看到被個案內化的社會訊息。在這種情況下，應該用「特寫鏡頭」（macro lens）揭開這些被內化、隱藏其下的社會訊息是怎麼納入到個案的價值觀和自我評斷裡面。

由於多數喪慟者求助悲傷諮商時，多採一對一治療或小團體的形式，如何從這些微觀面的治療實務支持個案，同時亦對社會規範和國家政策如何影響個體保持覺察，成為一個很重要的課題。Lee 與 Hipolito-Delgato（2007）強調，臨床工作者必須培養個人的覺察力，瞭解自己如何受到社會和政治勢力的影響，方能辨識和解開這些勢力的束縛，不至於妨礙對個案的瞭解。

悲傷諮商師必須覺察個案經驗失落時的社會脈絡，瞭解社會如何影響適應失落的歷程。我們是社會性的動物，共享經驗、緊緊相繫。我們不可能自外於群體，每個人都和其所生活的社會、政治結構相互牽引。每個人碰到的失落型態或許不同，我們不但須具備瞭解這些失落的能力，還要能以符合個體需求的方式回應失落，掙脫那些否定或抹煞內在經驗的社會規範，免於社會規範的束縛。

診斷的爭議

由於悲傷有可能造成傷害和孱弱，要求更清楚定義並制定明確準則的呼聲日殷，因此複雜性悲傷是否應納入下一版的《精神疾病診斷與統計手冊》（*Diagnostic and Statistical Manual of Mental Disorders*, *DSM*）中成為一個定義明確的疾病，至今仍爭議不斷。PGD（延宕性悲傷）現與 *DSM* 裡的創傷後壓力違常和重鬱症雖不中亦不遠。贊成納

入者聲稱確實地辨識因 PGD 而可能衍生出併發症的喪慟者（Prigerson et al., 2009），可以早期發現，早期施以有效治療，避免惡化成長期的後遺症。此外，舉 *DSM* 裡明確的診斷和代碼為證，能為有需要的個體提供額外的資源和支持，如由第三方替治療服務付費的機制。

許多臨床工作者反對將悲傷納入 *DSM* 成為心理疾病的代名詞，擔心這麼做的話會對喪慟者貼上更多污名化的標籤。臨床工作者也擔心經常跟醫療評估和疾病診斷綁在一起的某些臨床用語與「行話」，會害得個體被診斷標籤物化，而不是賦予更多的選擇權來回應失落。某些用語，如：失能（dysfunctional）、失調（disordered）、障礙（impaired）、病態（pathological），甚或認定個體患有某種診斷病名（diagnosis），都可能令個體在經歷改變一生的失落事件後，更加重了他們的社會弱勢（Dietz, 2000）。假設診斷成為用來劃分「健康者」和心理疾病患者的楚河漢界，且將憂傷與痛苦視為診斷的準則和代碼，那麼就更應該善加照顧這些個案才對。

與時俱進

Breen（2010-2011）以悲傷諮商師為研究對象，訪談目前專精於悲傷諮商的臨床工作者，請他們描述個人的實務工作。從她的研究可看到，多數受訪的悲傷諮商師並不瞭解當代的悲傷諮商，有多位諮商師提到他們依然信奉悲傷的階段理論，篤信「悲傷工作」假說適用於所有的個案，主張所有的喪慟者應該談論失落、釋放情緒，方能自悲傷中「復原」。本章稍早前曾討論到，缺乏實證但卻口耳相傳的悲傷階段理論，並不符合多數喪慟者的真實經驗。強調喪慟者必須在摯愛離世後面對及表達情緒的悲傷工作假說，經實證研究發現，此種看待悲傷的方式並不適用於多數的喪慟者（Stroebe & Stroebe, 1991）。不過，許多臨床工作者並沒有跟上當代的喪慟研究，依然堅信情緒宣洩和直接面對失落的必要性，以為這樣才能讓喪慟者從重大失落中「恢復原狀」。

此種囿限於理論、千篇一律的悲傷諮商作法帶來的害多利少，根本無視喪慟者的獨特需求與個人特質。某些研究已證實，毋須談到情緒或

失落事件，有的喪慟者一樣能漸入佳境（Coifman et al., 2007; Stroebe, Schut, & Stroebe, 2005）。或許最重要的是要明白，有許多因素會影響喪慟者的經驗與需求，有效能的悲傷諮商師應根據個案的敘述，協助他們找到適合自己人格、優勢和需求的方式來理解和因應失落。

　　與時俱進的重要性不言而喻。不計其數的悲傷諮商相關研究和文獻告訴我們悲傷諮商何時能發揮作用，何時則否，哪些方法適用或不適用於特定的群體，何時該轉介給其他的專業人員等。許多諮商師聲稱難以獲知研究發現，因為他們隸屬的學會所發行的刊物沒有報導這個領域的最新研究結果，而沒有時間閱讀研究報告也是個問題（Altmaier, 2011; Breen, 2010-2011）。近來，死亡教育與諮商學會（Association for Death Education and Counseling, ADEC）和出版商達成協議，只要是學會會員，即可訂閱數本最具口碑的死亡學刊物，滿足臨床工作者渴望取得學術論文的殷盼，與最新的文獻和研究接軌。許多悲傷諮商師組成線上專業社群，分享和討論與實務有關的最新消息和爭議話題，此種線上社群和交流方式對平日工作繁忙或資源短缺的諮商師特別有用。

資格與訓練

　　悲傷諮商與其他諮商領域不同的地方是，它容易吸引生命中曾經歷重大失落的人成為同病相憐的「助人者」。的確，助人者治療的原理（helper-therapy principle）已廣為人知，悲傷諮商師的親身經驗或有助於諮商師與個案間建立同理連結（Reissman, 1965）。然而，它也伴隨了許多不利條件。例如，怎樣的人才堪稱合格的悲傷諮商師呢？如果你的孩子過世，你參加了一個自助或支持團體，從團體「畢業」後，就可宣稱自己有資格輔導其他喪子女的父母親嗎？記得大學一年級修悲傷支持團體動力課時聽到授課教師的發言，讓我（本書作者 Darcy L. Harris）震驚不已。這位喪夫五年的授課教師竟說她深信只有同樣身為寡婦的人，才懂得丈夫猝逝後她經歷的點點滴滴。我特地去查她的「專業」訓練背景，英文系畢業後到先生過世前，她一直在高中任教，後來她辭去地方上的教育委員會一職，開始帶領寡婦的悲傷支持團體。由於

她被社區公認為寡婦團體的帶領者，因而受邀到當地的大學授課。不過，她並不懂當前最新的團體動力研究或文獻，也未接受諮商或團體的正式訓練，更沒讀過重要學者或臨床工作者的論文。

這位授課教師的經歷聽來相當寶貴，但上完這門課後，我們的悲傷知識仍侷限在悲傷的表達方式（根據女性主義對喪夫的觀點），甚至覺得有點沮喪，以為若跟個案沒有同樣的失落經驗，就完全幫不上忙——這種說法根本沒有得到諮商實務界的文獻支持，與多數個案的陳述更是背道而馳（Altmaier, 2011; Norcross, Beutler, & Levant, 2005）。

到底該具備何種資格與訓練，才算適合提供悲傷諮商呢？首先要檢核的即諮商師的資格是否符合當地政府的法律和規定。執行諮商和／或心理治療業務的規定因州省而異，許多州都具體規定最低的學歷要求（通常包含最低的臨床諮商督導時數）為必備條件。另一個資格檢核問題則由保險公司的理賠服務認定，此項認定通常包括隸屬和／或具備某個監督管理組織的證照（如：治療師學會、美國諮商學會、美國心理學會等）。若具備監督管理機構的會員資格，通常已符合證照的最低標準，這些標準極可能涵蓋學歷與儲備教育的水準和種類、繼續教育，服從現行的執業標準，並遵守專業的倫理準則。要將這些資格認定標準化並不容易，儘管某些機構的臨床訓練方案十分嚴格，與研究所的課程不相上下，卻仍因不屬於大學教育環境而只能視同於資格訓練。心理分析和完形治療訓練方案即是一例。詭異的是，就算具備高等學歷，並不表示能有效處遇某些特定群體。然而，為維護社會大眾權益，嚴守專業工作倫理，仍必須在此提出來給沒有完成諮商受督訓練課程的人參考。

悲傷教育的形式目不暇給，從大學層級的悲傷復原週末工作坊，到研究所層級的死亡學等等。瞭解你計畫執業的地方有哪些要求、哪種教育最能讓你獲得必要的訓練和經驗，好成為合格勝任的實務工作者。現今提供悲傷諮商服務的人其學歷通常足以在護理、心理學、牧靈關懷、社會工作和醫學等臨床場域提供訓練。訓練結束後，這些學生可以投入另一個專業課程，繼續接觸最新的死亡、瀕死與喪慟理論、研究和實務，並聚焦在和悲傷與失落相關的專業學習和訓練。

至於該如何稱呼提供喪慟支持的人，目前仍是眾說紛紜，Konigsberg

（2010）曾在書中提到有人自稱「悲傷專家」（grief specialists）和「悲傷催化員」（grief facilitators），以及悲傷諮商師和死亡教育者等，莫衷一是。一般說來，擔任志工、沒有接受正式諮商教育或喪慟理論的人提供的是同儕支持。這些人亦可在教會社區擔任非專業志工，給特別需要維持日常生活行動、陪伴、分享和信仰支持的喪慟者提供外展和訪視服務。這些人通常已從悲傷的谷底爬上來，以自身的經驗成立和帶領基礎的自助支持團體。若某人接受轉診、提供收費服務、採用資深助人者模式，提供此服務的人應接受基本的諮商訓練，符合隸屬監督管理組織的資格要求規定，遵守專業倫理守則。心理治療師一般都具備諮商相關研究所層級的訓練，完成最低的臨床督導時數，並加入授予證照的監督管理組織。

ADEC 引介了一套認證方案，頒發給證實具備基礎死亡學知識的個人〔稱為「死亡學專業證照」（Certified in Thanatology, CT）〕。想申請 ADEC 核發的 CT 證書，至少須有大學學歷、死亡學相關領域工作的最低工作時數、兩封相關工作者的推薦信，也必須通過紙筆測驗，證實其熟悉瞭解當代的死亡學原理與實務。可惜的是，該證書常被誤認為已完成訓練方案或成為臨床工作能力的指標，或被當作某種臨床要素證書，上述這些假設沒有一樣反映在 CT 這張證照的設計目的。CT 證書僅能說明此人擁有特定的教育知識背景，從事相關領域的工作達最低時數要求，熟悉死亡學相關的專門知識體系。

結語

近 20 年來，喪慟領域的研究與實務獲得許多關注與興趣，加強了我們的悲傷知識，但同時也引發該如何將這些新的知識整合應用至悲傷諮商實務的爭議。以喪慟者為服務對象的諮商師必須覺察新的研究帶來的啟示，也要堅守研究和文獻的見解和建議，使臨床實務與之並行不悖，才能提供給個案博識、合宜、有效的支持。

名詞釋義

- 一致（congruence）：個體以符合自我人格特質、信念、文化和經驗的方式體驗與表達悲傷。
- 宏觀實務（macro practice）：從家庭、組織、甚至社會政治結構等系統層面，探討其如何影響個體對經驗的詮釋。
- 微觀實務（micro practice）：重點放在個人對失落的反應。大部分的臨床工作，不管是個別諮商或小團體，幾乎都把焦點放在個人上。
- 復原力（resilience）：快速地從疾病、變化或災難中恢復的能力；重整旗鼓，東山再起。
- 悲傷的階段理論（stage theories of grief）：面臨失落時的自然心理反應，為一連串脈絡分明的喪慟階段發展。

反思問題

1. 有哪些社會和政治因素會影響個體的失落與悲傷經驗？
2. 你是一位悲傷諮商師。請列出你可以定期獲取實務與研究訊息的資源，避免與此領域脫節。有哪些阻礙讓你無法定期獲取這些訊息？有哪些管道可以讓你和此領域的專業人員建立聯絡網和交換資訊？
3. 在本章中，我們討論了將悲傷納入新版 DSM 的可能性。一方面，成為 DSM 的診斷代碼或有利於某些喪慟者獲得第三方的經費，得到原先無法取得的資源與協助，另一方面，DSM 的診斷可能會對喪慟者貼上患病的污名標籤。請討論將複雜性悲傷納入新版 DSM 的利與弊。
4. 協助喪慟者時，你認為至少應具備的教育、訓練和資歷為何？
5. 當前悲傷諮商的諸多爭議之一，就是強調需有專業介入悲傷，暗指正常的悲傷需要專業的幫忙才辦得到，儘管多數人並不需要專業的協助，一樣可以成功地度過悲傷。你認為人們何時需要悲傷

諮商師的協助？何時並不需要悲傷諮商，甚至悲傷諮商可能是有
害的？

參考文獻

Altmaier, E. M. (2011). Best practices in counseling grief and loss: Finding benefit from trauma. *Journal of Mental Health Counseling, 33*(1), 33–45.

Bonanno, G. A., & Keltner, D. (1997). Facial expressions of emotion and the course of conjugal bereavement. *Journal of Abnormal Psychology, 106*(1), 126–137.

Breen, L. J. (2010–2011). Professionals' experience of grief counseling: Implications for bridging the gap between research and practice. *Omega, 62*(3), 285–303.

Coifman, K. G., Bonanno, G. A., Ray, R. D., & Gross, J. J. (2007). Does repressive coping promote resilience? Affective-autonomic response discrepancy during bereavement. *Journal of Personality and Social Psychology, 92*(4), 745–758.

Dietz, C. A. (2000). Responding to oppression and abuse: A feminist challenge to clinical social work. *Affilia, 15*(3), 369–389.

Doka, K. J., & Martin, T. L. (2010). *Grieving beyond gender: Understanding the ways men and women mourn.* New York, NY: Routledge.

Golden, T. R. (2000). *Swallowed by a snake: The gift of the masculine side of healing* (2nd ed.). Kensington, MD: Golden Healing Publishing.

Kirst-Ashman, K. K., & Hull, G. H. (2009). *Understanding generalist practice* (5th ed.). Belmont, CA: Brooks/Cole.

Konigsberg, R. D. (2010). *The truth about grief: The myth of its five stages and the new science of loss.* New York, NY: Simon & Schuster.

Kulber-Ross, E. (1969). *On death and dying.* New York, NY: Macmillan.

Larson, D. G., & Hoyt, W. T. (2009). Grief counselling efficacy: What have we learned? *Bereavement Care, 28*(3), 14–19.

Lee, C. C., & Hipolito-Delgado, C. P. (2007). Introduction: Counselors as agents of social justice. In C. C. Lee (Ed.), *Counseling for social justice* (2nd ed., pp. xiii–xxviii). Alexandria, VA: American Counseling Association.

Lund, D. A. (2001). *Men coping with grief.* Amityville, NY: Baywood.

Morgan, J. D., & Laungani, P. (2002). *Death and bereavement around the world.* Amityville, NY: Baywood.

Norcross, J. C., Beutler, L. E., & Levant, R. E. (2005). *Evidence-based practices in mental health: Debate and dialogue on the fundamental questions.* Washington, DC: American Psychological Association.

Prigerson, H. G., Horowitz, M. J., Jacobs, S. C., Parkes, C. M., Aslan, M., Goodkin, K., ... Maciejewski, P. K. (2009). Prolonged grief disorder: Psychometric validation of criteria proposed for *DSM-V* and *ICD-11*. *PLoS Medicine, 6*(8), e1000121.

Prigerson, H. G., & Maciejewski, P. K. (2008). Grief and acceptance as opposite sides of the same coin: Setting a research agenda to study peaceful acceptance of loss. *British Journal of Psychiatry, 193*, 435–437.

Reissman, F. (1965). The "helper" therapy principle. *Social Work, 10*, 27–37.

Schut, H. A., Stroebe, M. S., van den Bout, J., & Terheggen, M. (2001). The efficacy of bereavement interventions: Determining who benefits. In M. S. Stroebe,

R. O. Hanssen, W. Stroebe, & H. A. Schut (Eds.), *Handbook of bereavement research: Consequences, coping, and care* (pp. 705–738). Washington, DC: American Psychological Association.

Staudacher, C. (1991). *Men and grief: A guide for men surviving the death of a loved one: A resource for caregivers and mental health professionals.* Oakland, CA: New Harbinger.

Stroebe, M. S., & Stroebe, W. (1991). Does "grief work" work? *Journal of Consulting and Clinical Psychology, 59*(3), 479–482.

Stroebe, W., Schut, H., & Stroebe, M. S. (2005). Grief work, disclosure, and counseling: Do they help the bereaved? *Clinical Psychology Review, 25,* 395–414.

Wortman, C., & Silver, R. (1989). The myths of coping with loss. *Journal of Consulting and Clinical Psychology, 57*(3), 349–357.

Wronka, J. (2008). *Human rights and social justice.* Thousand Oaks, CA: Sage.

未來發展

卡珊德拉，43 歲，在她的丈夫突然過世三個月後，打電話過來預約諮商。當她前來晤談時，她談到一想到醫護人員在丈夫死前來到家裡的畫面，仍然心有餘悸。她也被丈夫留下的財務問題弄得焦頭爛額，對於要獨自處理這些事情感到忿忿不平，更擔心三個才五歲、八歲和 11 歲的孩子。她用接下來的療程梳理丈夫死亡時的創傷畫面，並優先處理跟生意、家人和她自己有關的日常生活事務。她很關心孩子們的狀況，想為他們安排兒童治療師進行悲傷諮商。不過，他們並不想晤談，似乎勸不動他們。她覺得他們需要悲傷諮商，因為她知道失去父親是一件相當難受的事，她很掛心他們是否有能力處理這麼大的失落。

在某次晤談時，卡珊德拉問到該如何化解孩子們的抗拒，才能讓他們心甘情願前來諮商。她從來沒有想過孩子們最需要的是她的關心與陪伴，而不是接受諮商。卡珊德拉深受北美社會最無所不在的觀念影響，以為悲傷是需要治療的疾病。回頭檢視她的孩子們適應良好與否的指標時，看得出來雖然有時難免悲傷難過，想談談爸爸過世的事，或覺得他的死不公平。但他們都想方設法因應這塊失落，懂得運用身邊現有的資

源，雖然仍有些不安，但卡珊德拉決定取消孩子們的悲傷諮商晤談，回報說他們似乎鬆了一口氣，終於不用再被她逼著去諮商了。我們分享孩子們未來可能需要專業人員協助的信號，討論特殊節日、場合，以及其他少了父親出席的重要里程碑，可能會造成悲傷復發的種種情境。經過一番討論後，卡珊德拉覺得更有信心關懷處在悲傷期的孩子。繼續接受諮商數個月後，她的睡眠品質改善許多，準備重回職場，可以結束諮商了。

　　回頭想想本書的內容，你覺得可以做些什麼來協助卡珊德拉度過失落呢？該怎麼處理她對孩子的擔心？你覺得諮商的重點是什麼？我們希望讀完本書的內容後，你會更有自信知道該如何支持像卡珊德拉這樣的個案，協助她發掘內在力量和復原力，重新再站起來。

　　在本書中，我們討論許多悲傷諮商的面向。說明悲傷諮商有別於其他諮商的特點。正常的悲傷歷程是不需要被治療的病症，相反地，是要讓它以健康和適應的方式表露呈現。無論你是這個領域的資深或新手實務工作者，也不管你是專業人員或是陪伴同行的旅人，期待你一點一滴、腳踏實地的瞭解悲傷歷程，明瞭與喪慟者完全同在的重要性。我們也希望你能儘快瞭解近似至親死亡的重大失落經驗和改變所引發的悲傷。有時候，不一定要有「遺體」存在，無形的或象徵性的死亡仍在人們的生活中上演。

　　悲傷諮商真正要做的，其實是尊重失落，視其為正常人類生活經驗的一部分。悲傷反應常被社會貼上污名的標籤，因為在當今過度看重生產力、效能和粗糙的個人主義的社會，悲傷暴露了我們的脆弱。人類是社會性的動物，為了生存，注定要與他人形成強烈的依附關係。然而，過度看重個人主義和物質主義的現象，讓我們的人性中相互關懷的這一面，變成了傷害而非禮物。我們看到來求助諮商的個案，他們的世界被失落砸得粉碎，但在這麼心碎、脆弱的時刻，他們仍具有莫大的潛能。在重大失落發生後、重建假設世界的痛苦過程中，個案也要開始重新排序過去視為理所當然的優先事項和目標，或從新的角度看人生。

　　不久之後，個案會慢慢地瞭解他們比以前更堅強、更有韌性了。有了這層體悟，新的出口、新的可能性，都開展在眼前，這可能是他們以

前想都沒想過的事。當你一路陪伴喪慟者，看到希望從絕望中升起，你會越來越信任這個過程，你會發現這個工作能滋養出希望感和意義感，而不是只帶來沮喪與恐怖。Halifax（1993）曾將這趟旅程比喻為「暗夜豐收」（fruitful darkness），意指走過生命中的某些黑暗時刻，我們更願意敞開心胸，從自己、他人和這個世界學到更寶貴的功課與領悟。

　　當你開始服務喪慟者時，你會發現上面所說的都是真理。你的關懷能力提升了，完全同在的能力更深刻。你也會對前來尋求你協助的人更有信心，知道這趟艱辛的旅程能造就他們更有悲天憫人的胸懷。但最重要的，期盼你從更寬廣、更多元的角度尊重各種生命和經驗，欣賞每個人本有的堅韌與力量，深受感動與折服。

參考文獻

Halifax, J. (1993). *The fruitful darkness: A journey through Buddhist practice and tribal wisdom*. New York, NY: Grove Press.

索引

（條目後的頁碼係原文書頁碼，檢索時請查正文側邊的頁碼）

國家圖書館出版品預行編目(CIP)資料

悲傷諮商:原理與實務/Howard R. Winokuer,
Darcy L. Harris 原著;陳增穎譯.--初版.--
新北市:心理,2016.05
　面;　公分.--(輔導諮商系列;21116)
譯自:Principles and practice of grief counseling
ISBN 978-986-191-717-7(平裝)

1.心理治療　2.心理輔導　3.悲傷

178.8　　　　　　　　　　　　　105005195

輔導諮商系列 21116

悲傷諮商:原理與實務

作　　者:Howard R. Winokuer & Darcy L. Harris

譯　　者:陳增穎

執行編輯:高碧嶸

總 編 輯:林敬堯

發 行 人:洪有義

出 版 者:心理出版社股份有限公司

地　　址:231026 新北市新店區光明街 288 號 7 樓

電　　話:(02)29150566

傳　　真:(02)29152928

郵撥帳號:19293172　心理出版社股份有限公司

網　　址:https://www.psy.com.tw

電子信箱:psychoco@ms15.hinet.net

排 版 者:鄭珮瑩

印 刷 者:竹陞印刷企業有限公司

初版一刷:2016 年 5 月

初版三刷:2023 年 1 月

I S B N:978-986-191-717-7

定　　價:新台幣 280 元